PIERRE BIÉTRY

LE SOCIALISME

ET

LES JAUNES

PARIS

LIBRAIRIE PLON

PLON-NOURRIT et Cⁱᵉ, IMPRIMEURS-ÉDITEURS

8, RUE GARANCIÈRE — 6ᵉ

1906

Tous droits réservés

LE SOCIALISME

ET

LES JAUNES

PIERRE BIÉTRY

LE SOCIALISME

ET

LES JAUNES

PARIS

LIBRAIRIE PLON

PLON-NOURRIT ET Cⁱᵉ, IMPRIMEURS-ÉDITEURS

8, RUE GARANCIÈRE — 6ᵉ

1906

Tous droits réservés

A

M. GASTON JAPY

———

Je crois ne pouvoir mieux faire que vous dédier ce livre. Aussi bien il est un peu vôtre. Vous y retrouverez, comme nos autres collaborateurs de la Fédération, plus d'une pensée émise ou rectifiée en commun.

Le mouvement jaune, que j'ai voulu montrer tel qu'il fut et tel qu'il est, ne peut être mieux symbolisé que par l'hommage que je vous rends aujourd'hui.

Nous fûmes l'un à l'autre de violents ennemis. Simple ouvrier, sous l'influence d'idées généreuses, mais faussées par une doctrine pernicieuse, je vous ai, autrefois, attaqué furieusement.

Notre rencontre dans une période agitée prit une tournure tragique, et j'en sortis cependant troublé.

Ce n'est pas vous offenser de dire que, de votre côté, vous fûtes un patron à idée préconçue contre la classe ouvrière et les organisations syndicales.

La franchise avec laquelle vous êtes venu

ensuite à moitié du chemin rend joyeuse cette évocation.

S'il existe aujourd'hui un mouvement jaune avec une doctrine sociale pure, je puis dire que c'est à vous en partie qu'on le devra. Le jour où, instruit par l'expérience et l'étude, je répudiai, sans crainte de me tromper, des errements funestes, vous vîntes, sans arrière-pensée, à ma rencontre.

C'est l'image de ce que nous voulons réaliser par le mouvement jaune entre les ouvriers et les patrons qui, au lieu de s'expliquer et de s'entendre pour le bien commun, continuent à s'entre-dévorer et à se ruiner mutuellement.

Si notre union crée un exemple salutaire et fécond, ce qui n'est pas douteux, c'est pour moi une joie sincère d'en reporter les plus grands mérites à la spontanéité de votre collaboration.

Pierre BIÉTRY.

LE SOCIALISME
ET LES JAUNES

CE QUE NOUS VOULONS

Détruire le socialisme, tous les socialismes, qu'ils soient athées ou confessionnels.

Le socialisme n'est pas un système philosophique, ou une inclination humanitaire, ni une science, ni une politique. C'est un microbe. Il ne contient pas davantage l'avenir que le présent ; il ne crée pas, il désagrège.

Dans les pays de libre discussion et de suffrage universel, — comme la France, — le socialisme vit du chantage exercé sur la classe bourgeoise. Ce parti a tellement conscience de l'inexistence scientifique, économique, ou politique de ses théories et de ses doctrines, qu'aucun de ses adeptes n'a encore osé formuler en projets de loi ses principes.

Les tendances du socialisme sont meurtrières dans le domaine économique, ainsi que ses réflexes.

Au point de vue social, elles aboutissent pratiquement à réduire les êtres humains à l'esclavage, après avoir déchaîné l'anarchie dans les sociétés.

Au point de vue ouvrier, le socialisme est une suprême abdication.

L'ouvrier « rouge » a pour programme cette devise insensée :

Je renonce à la LIBERTÉ *et à la propriété individuelles.*

Évidemment, les *meneurs* disent *autrement* aux travailleurs ; dans leurs discours, ils parodient le vieux chant révolutionnaire :

> Ouvrier, prends la machine ;
> Garde la terre, paysan,

sans faire remarquer que ce couplet combat le programme socialiste qui prendrait à l'ouvrier la machine, au paysan la terre. Mais les syndiqués « rouges » ne sont pas difficiles.

*   *

Jusqu'ici et depuis les débuts de l'humanité, les dépossédés se sont organisés entre eux, pour *conquérir la propriété.* Aujourd'hui, par une tactique monstrueusement réactionnaire, le socialisme, avant-garde du capitalisme centralisé, fait signer aux ouvriers, à tous ceux qui ne possèdent rien, *leur renoncement à la conquête de la propriété.*

Ces gens, qui prétendent combattre les monopoles et l'accaparement, veulent créer à leur profit un monopole unique, faire à leur gré l'accaparement total des moyens de production et d'échange, et il se trouve des malheureux pour applaudir à cet attentat contre la civilisation et l'indépendance humaine.

Les esclaves se sont révoltés contre leurs maîtres pour conquérir la propriété individuelle, les serfs contre les féodaux pour conquérir la terre, les ouvriers socialistes, eux, préparent la révolution pour renoncer à ces conquêtes, pour se constituer en troupeaux, sous la houlette de bergers qu'ils choisiront, pauvres âmes basses, nées pour la servitude !

** **

Le régime esclavagiste est évidemment tout ce que méritent de mieux des syndiqués rouges, des « intellectuels » ratés et en général les gens capables de rêver comme un progrès d'une organisation sociale socialiste. Mais, nous, qui ne voulons pas être du bétail humain, ni de la « semence de bétail », ni un numéro sans volonté, obéissant servilement, aveuglément, dans la société socialiste, nous nous révoltons.

La bête empoisonnée, dont les morsures ont gangrené tout le corp social, c'est le socialisme. Nous l'abattrons, nous enfouirons ses dépouilles dans le mépris public et désinfecterons les cités qu'il occupa.

Ce petit livre n'est dans la bataille contre le monstre qu'un faible coup. Nous en avons déjà porté de plus vigoureux; nous en préparons d'autres. Mais il faut marquer les étapes pour ceux qui nous suivent et pour ceux qui nous succéderont.

En quelques pages, nous ferons d'abord l'historique du socialisme, puis la genèse de notre intervention, la marche de notre propagande, les résultats obtenus.

Ces explications seront assez lumineuses, nous l'espérons, pour qu'après leur énumération nos lecteurs soient convaincus de la grandeur et de l'efficacité de notre *cause*.

Les *Jaunes* sont, à n'en pas douter, les libérateurs sincères du monde du travail, asservi par la spéculation et l'accaparement des matières premières ou des produits manufacturés.

On apprendra ici à faire la distinction nécessaire entre le *capital qui travaille* et le *capital qui spécule*, et on verra clair comme le jour que le socialisme n'est, ne fut, qu'un agent du capitalisme spéculateur contre le capital producteur.

Nos théories, nous l'espérons, se suffiront à elles-mêmes pour convaincre les esprits de bonne foi. Nos principes sont pénétrants et féconds. Ce sont les *Jaunes* qui rétabliront l'équilibre dans l'organisation du travail et la répartition de ses fruits. Et ce sont eux encore qui apportent l'harmonie et la renaissance dans les sociétés modernes.

LE SOCIALISME EN ALLEMAGNE

Ses origines. — Karl Marx, Engels. — Le manifeste socialiste. — Les premières attaques contre le capitalisme producteur. — La guerre « d'abord » contre les religions.

Vers la fin de 1847, les Juifs Karl Marx et Frédéric Engels publièrent le *Manifeste socialiste* qui renferme, au point de vue théorique et pratique, presque toute la science et la tactique du socialisme moderne.

On y trouve la conception matérialiste de l'histoire, la haine de toutes les religions et ces appels pressants aux prolétaires, aux ouvriers de fabriques, aux travailleurs manuels, qui sont comme la marque, la tare originelle du socialisme dans tous les pays.

Cette persistance, l'espèce d'hallucinations qui place toutes les revendications socialistes parmi ceux qui travaillent manuellement est bien l'idée sémite par excellence. *Vögelsang* [1] a très bien résumé cette menta-

---

1. Fils d'une maison chevaleresque de la Saxe (lisons-nous dans la traduction de M. *La Tour du Pin-Chambly*), émigré dans le Mecklembourg et en Suisse, le baron de Vögelsang avait fait de solides études juridiques.

Né protestant, il se rapprocha des hautes autorités catholiques, notamment du futur évêque de Mayence, alors curé à Berlin, Msr de Ketteler.

Vögelsang s'expatria, alla étudier le catholicisme et se convertit.

Il vint se fixer en *Autriche* après différentes péripéties et

lité particulière en une phrase lapidaire s'appliquant au règne du Juif :

« Sera maître quiconque peut donner de l'argent. *Est méprisé quiconque ne peut donner que du travail.* » Sous ce qu'écrivent les Juifs, dans ce que disent les socialistes on retrouve constamment cette préoccupation dominante : faire croire au travailleur que le travail est dégradant, avilissant, et que toute l'exploitation sociale repose sur le travail humain. C'est donc partant de ce principe — et en attaquant l'organisation du travail, *exclusivement* — que les socialistes ont essayé de détruire l'ordre économique et social actuel.

La propagande de Marx et d'Engels put s'effectuer d'autant plus facilement que leurs travaux, traduits et publiés en plusieurs langues, pénétrèrent bientôt les milieux ouvriers. La *Ligue internationale des Travailleurs* y contribua pour une large part.

Quelle était la doctrine de Marx ? Avait-il une doctrine ?

Nous ne trouvons, nous, dans son œuvre que des allégations non vérifiées et des constatations de fait qui ne sont, en réalité, que de pâles images des critiques de nos auteurs français, par exemple Proudhon.

devint directeur du grand journal catholique social *le Vaterland.*
Polémiste ardent, sociologue averti, il développa avec une extrême vigueur la thèse sociale catholique intégrale, malgré les procès de presse, les confiscations du journal, les condamnations multiples et les abandons de ceux qui auraient dû être ses alliés. Vögelsang répandit et acclimata cependant ses idées et, quand il mourut d'un accident de voiture, il avait la consolation de voir se lever les continuateurs de son œuvre. Le Dr Luegen, qui a arraché l'Hôtel de Ville de Vienne aux œuvres de la ploutocratie juive, fut un de ses disciples. Il laisse, entre autres, un traité de *Morale et Économie sociale* absolument remarquable.

Parmi ces *constatations*, nous trouvons le relevé des
« inconvénients » de la production par la grande industrie capitaliste, qui prolonge le travail d'une manière immodérée, diminue les salaires, et nuit à la
santé par l'insalubrité des ateliers et le surmenage des
hommes, des femmes et des enfants.

Mais en cela Marx n'était pas un précurseur : tous
les hommes d'esprit libre depuis longtemps étaient
d'accord quant à la réglementation des heures de travail, à la protection de l'enfance et aux conditions
d'hygiène des ateliers.

Vauban, qui ne se targua jamais de socialisme, avait
écrit depuis de longues années sur le même sujet des
choses bien autrement intéressantes.

Où Marx se distingue, c'est donc seulement dans la
doctrine qu'il émit « métaphysiquement » et que l'on
qualifia improprement de *socialisme scientifique*.

Voici en quels termes Engels désignait cette partie de
l'œuvre de son coreligionnaire :

« *Nous devons à Marx*, dit-il, deux grandes découvertes (*sic*) : il nous a donné la conception synthétique
de l'histoire au point de vue matérialiste et il a dévoilé
(*sic*) le mystère de la production capitaliste en rendant
compte de la plus-value. *Grâce à ces deux découvertes,
le socialisme est devenu une* science. »

Si la science est le *fait contrôlé*, démontrable, résistant à l'examen et supportant l'expérience, non seulement dans le sens négatif, mais surtout dans le sens
objectif et positif, on verra que l'affirmation d'Engels

était purement gratuite, *et que le socialisme n'est pas une science;* qu'il est, au contraire, la négation de la science parce que réfractaire, inapte à toute expérience pratique, et que lesdites expériences, même si elles étaient réalisables, aboutiraient à des résultats absolument opposés et contradictoires avec ceux que l'on recherche.

La théorie de l'histoire de Marx se base sur ce principe qu'il n'y a dans l'homme d'autre élément que l'élément matériel. Celui-ci est en perpétuel mouvement et en développement incessant. Le genre humain, la société humaine, eux aussi, se développent perpétuellement et tendent chaque jour à une forme meilleure.

« De même que, selon Darwin, l'homme parti des bas fonds s'est élevé peu à peu, par la sélection et la lutte pour la vie, à la hauteur à laquelle il est maintenant arrivé, de même la société humaine, la culture matérielle et intellectuelle des hommes sont en progrès constant suivant un développement qui s'effectue nécessairement et physiquement. »

« Dans la préface qu'il a écrite pour le livre : *Zur Kritik der politischen Œkonomie,* Marx déclare que le mode de production de la vie matérielle détermine en général l'action sociale politique et intellectuelle. Autrement dit : les principes fondamentaux des opinions et des institutions politiques intellectuelles et religieuses d'une certaine époque dépendent toujours de l'état du commerce et de la production, et c'est d'après lui que ces opinions et ces institutions s'orientent nécessairement. Donc la doctrine sociale de Marx est *athée* et *matérialiste.* C'est lui d'ailleurs qui a déclaré que la religion était *une idée déraisonnable (ein Verkehrte*

Weltbewusstsein[1]). Il ramène toute la science sociale à l'organisation économique, et, partant, le salut pour lui se trouve dans le renversement de la production capitaliste. »

* * *

Nous n'entreprendrons pas de démontrer que Marx niant Dieu ne faisait qu'imiter d'autres athées, juifs, païens, ou antidéistes nés chrétiens, mais dont la « négation » constitua la seule originalité.

Ce serait perdre son temps que dire combien peu sont influentes, si ce n'est en mal, de pareilles méthodes négatives sur le corps social.

En ce qui concerne les autres allégations particulières à Bebel, elles sont plutôt amusantes à l'heure présente. — *La religion*, dit-il, *devient une fonction officielle dans une société où il y a des classes dirigeantes.*

Or, nous vivons, si je ne me trompe, en France, sous le régime d'une classe dirigeante, — la classe bourgeoise et sectaire qui est au pouvoir. — Elle a chassé les religieuses et les religieux, fermé les couvents, brisé le Concordat, traqué partout la religion catholique qui

---

1. Cette idée fondamentale de Marx est restée celle du socialisme allemand, puisque Bebel, l'un de ses chefs actuels, écrit : « La religion est le reflet transcendant de l'état social de chaque époque. Elle se transforme dans la même mesure que le génie humain se développe lui-même et que se perfectionne la société. Les classes dirigeantes cherchent à la conserver comme un moyen propre à maintenir leur domination, et la parole célèbre : *qu'il faut laisser au peuple sa religion*, en est la preuve. La religion est une chose comme une autre qui devient une importante fonction officielle dans une société où il y a des classes dirigeantes.

« Il se forme une sorte de caste qui accapare cette fonction et qui s'ingénie à entretenir et à consolider l'édifice, parce qu'elle assure par là même sa puissance et son crédit. »

est celle de la majorité des citoyens. — En quoi la classe dirigeante, *dans ce cas*, s'est-elle servie de la religion pour opprimer les autres classes ? N'a-t-elle pas, au contraire, traqué la religion pour retirer au peuple un point d'appui et d'indépendance ?

Comment se fait-il, enfin, que *toujours* les Juifs mettent le reniement de Dieu, du Dieu des chrétiens seulement, à la base de leurs spéculations économiques, intellectuelles et politiques, et par quels arguments leurs défenseurs peuvent-ils expliquer qu'après avoir persécuté, spolié, chassé de leurs églises les chrétiens ils en soient encore à prétendre que ce sont eux les opprimés ?

En fait, le Juif s'est installé à nos foyers. Les religions, d'autre part, sont toutes, sans exception, en même temps que des affirmations de foi et d'amour envers Dieu, *les véhicules des revendications populaires légitimes.*

Combien cette page, de Vögelsang déjà cité, est plus convaincante, plus *naturelle*, plus *scientifique*, que les cris de colère des Juifs et de leurs prosélytes.

« Toute la doctrine sociale chrétienne, dit-il, est basée fermement et nécessairement sur la foi en une descendance unique et commune à tous les hommes.

« Cette doctrine de la ressemblance divine, de l'unité, de la consanguinité du genre humain est la racine de vie d'où la science sociale chrétienne fait sortir la dignité innée de chaque homme, son droit inaliénable au respect dû à cette dignité donnée par Dieu.

« C'est de là que nous partons pour établir la nécessité de l'échange des services entre les diverses classes de la société, et le fondement de ces rapports sociaux qui constituent la grande charte de l'humanité.

« Cette obligation générale à une assistance fraternelle emprunte aux conditions diverses dans lesquelles se produisent les rapports sociaux une forme concrète et variée. Mais, quelles que soient les formes et les exigences d'un contrat, elle le domine en quelque sorte par un devoir de fidélité réciproque à la loi de fraternité.

. . . .

« Les grandes vérités fondamentales si négligeables et irritantes pour l'orgueil obstiné des Juifs, incroyables, folles pour le paganisme grec et romain, ont agi comme le levain dans la pâte. La lutte de la justice chrétienne contre l'exploitation et l'oppression païennes de l'amour chrétien, contre le mépris païen de l'humanité, fit surgir ses héros, ses témoins, ses martyrs ; l'empire romain, fondé sur la violence, n'y put à la longue résister. Elle fit naître, en opposition avec lui, la famille des peuples chrétiens, et en elle la protection de la dignité humaine pour chaque classe, l'honneur du travail, la sécurité du foyer, le respect de la propriété.

« L'esprit révolutionnaire du libéralisme a dû revenir lui-même aux fondements des rapports de l'homme avec Dieu et au principe fondamental du salut, mais pour les nier tous deux. Pour ne pas vénérer en Dieu le Créateur et le Rédempteur, il proclame, comme étant ses ancêtres, le hasard, le limon générateur, le singe. Afin de ne pas régler la vie sociale et économique d'après la volonté de Dieu, il dénie à celle-ci d'en avoir posé les principes fondamentaux et rapporte son développement à la volonté propre de l'homme, à son bon plaisir. Il se proclame lui-même législateur suprême.

« Nous sommes au tournant d'une époque dont l'on peut dire : *Mirabilis facta est scientia tua !* L'esprit du peuple se tourne plein d'espérance vers la source de la dignité humaine et supplie qu'elle lui soit rendue. Il reconnaît, à travers l'histoire, l'œuvre de la Rédemption et l'action providentielle. Il voit, dans la reprise sans discontinuité de ce développement historique de la société chrétienne le chemin, qui seul peut conduire au salut pour le travailleur, le rétablissement d'une justice nouvelle et pourtant de toute ancienneté, pour ce travail imposé par Dieu à toute l'humanité et non pas à une classe seulement. »

A ce langage si noble, si généreux, si élevé, le Juif Karl Marx eût haussé les épaules. Ses coreligionnaires et disciples ne manqueront pas de le faire à sa place. Ils en sont, en effet, tombés à ce point d'orgueil et d'aberration qu'ils présentent leurs arguments sans preuves comme une *science*, alors que les arguments de leurs adversaires, éprouvés cependant par les siècles, sont considérés comme inventés de toutes pièces pour les besoins de la cause.

En laissant percer le bout de l'oreille *antichrétienne* dans toutes leurs critiques contre la société, les socialistes ont démasqué leur plan secret. Ce sont eux, en effet, qui nous accusent d'apporter les questions religieuses dans les débats professionnels, économiques ou politiques [1]. Or, nous venons de le voir par les propres déclarations de Karl Marx, puis de Bebel, auxquelles on pourrait ajouter celles de Guesde, Jaurès et consorts, le travail préparatoire du socialisme est d'extirper la Foi. Le tout est de savoir si c'est bon ou mauvais pour les travailleurs, et en cela comme en d'autres sujets — n'en déplaise aux Juifs, aux loges et aux socialistes

1. Ce qui est matériellement faux.

qui ne sont que des valets de Juifs — *nous avons le droit de penser autrement qu'eux.*

C'est encore *Vögelsang* qui flétrit nos émancipateurs modernes par ces lignes :

« Par la déchéance du christianisme, notre temps retombe, en faisant travailler la femme, dans la barbarie des peuples sauvages.

« La question du travail de la femme et la façon dont y correspond le parti de la démocratie sociale sont, pour ceux qui trônent aujourd'hui au banquet de la vie, un dernier avertissement. *Mane, Thecel, Pharès.* »

LES THÉORIES FONDAMENTALES
DU SOCIALISME

Échange et plus-value. — Où Marx ne prend comme élément d'appréciation que ce qui est utile à sa thèse. — Capital qui spécule et capital qui travaille.

De même que la conception matérialiste de l'histoire dont fait état Karl Marx repose sur le matérialisme de Darwin, de même aussi la théorie de la valeur et de l'échange s'appuie sur cette thèse de l'*école libérale*, très fausse à tous les points de vue qui dit que l'activité et le travail de l'homme sont les seules sources de la richesse.

Dans les sociétés primitives, dans la formation initiale du capital, on pourrait à la rigueur soutenir cette opinion; mais, dès l'heure où l'accumulation des capitaux, les *réserves d'intelligences et d'argent* deviennent un facteur initial, moteur, il est inexact de ravaler le capital comme l'unique but poursuivi : il est souvent le seul moyen probe permettant la multiplication, la division et la répartition de l'effort (du moins et surtout dans l'organisation de la production). Il est le coursier qui porte le progrès, l'humanité et la civilisation.

En réalité, les deux systèmes — et cela paraît très paradoxal — celui de l'école libérale et celui de Karl Marx, tendent au même but : *donner* au travailleur la conscience de sa force et la dignité de son rang social ; ce qui est parfaitement légitime ; en second lieu, présenter le *travail manuel* comme le principal ET MÊME L'UNIQUE LEVIER de toute civilisation et de tout progrès, afin de l'exciter à la révolte contre la société du côté socialiste, afin de l'asservir en le courtisant du côté libéral.

La thèse du *travail manuel qui produit tout* est en elle-même aussi stupide, aussi monstrueuse, disons le mot, que celle du patronat de Droit Divin, — ou que le système des porteurs nègres réquisitionnés par notre civilisation pour transporter les fardeaux de nos missions civiles ou militaires dans le centre africain.

*
* *

L'objet, le but de tout effort humain est le capital. Que ce capital soit du bien-être, de la moisson, le produit de la pêche, de la chasse, de l'argent ou de l'or, ce que l'homme veut, en échange de son travail, c'est la valeur d'échange, marchande, de ce travail ; répétons le mot : du capital.

Dans les sociétés modernes il est inutile d'ergoter autour de faits probants : le travail manuel réduit à lui-même n'est rien, pas plus que l'intelligence. Seul, et pendant un certain temps, le capital (qui est du travail accumulé) pourrait vivre isolé. La *spéculation*, l'*agio*, les *accaparements* sont des formes haïssables du capitalisme, parce que, sous ces trois formes, l'argent travaille pour l'argent, produit de l'argent par le jeu, et *toujours* au détriment du capital producteur dont le rôle est bienfaisant.

Le capital producteur, le seul qu'aient visé les socialistes (peut-être parce qu'il faudrait le défendre au lieu de l'attaquer), ne peut agir, se mouvoir utilement qu'avec la collaboration des deux autres facteurs qui sont l'intelligence et le travail manuel.

Retournant les arguments socialistes, nous pourrions dire à la rigueur que c'est le capital, dirigé vers la production, *qui produit tout.*

Exemple :

Pour une industrie quelconque, tirer du charbon du sol, fabriquer de la fonte, ou simplement pour mettre de l'eau en bouteille, nous nous formons en société (remarquez que l'exemple est le même si un seul individu — *un patron* — fournit tous les fonds).

Nous estimons le capital nécessaire à la mise en train de notre industrie en formation *à un million.* Ainsi que cela arrive fréquemment pareil cas, nous dépensons en recherches, frais d'installation, lancement, le cinquième du capital social, soit 200.000 francs. Les années suivantes, pour des causes diverses, nous continuons à dépenser notre capital. Au bout de dix ans, il ne reste pas un sou. C'est la faillite, ou un nouvel appel de fonds.

Or, pendant ces dix ans, l'*intelligence* en la personne des ingénieurs, directeurs, dessinateurs, aura reçu son salaire; le travail manuel aura chaque jour reçu son salaire ; le seul des trois facteurs qui aura tout sacrifié, qui aura nourri les deux autres, sans rien recevoir en échange que des responsabilités, *c'est le capital !*

Remarquez que le million peut aussi bien être fourni par des actions de 100 francs ou de 50 appartenant à des ouvriers, que par des gens riches. Pour l'un comme pour l'autre cas, le *capitalisme producteur* représente une fonction sociale de *labeur initial.* Mettez en regard maintenant le capitalisme qui spécule.

*
* *

L'argent producteur allié à l'intelligence et au travail, soutenant et récompensant les uns et les autres, est engagé dans la lutte industrielle.

Les *actions* de la mine, de la Compagnie de navigation, des carrières, de l'atelier ou de l'exploitation agricole, sont en pleine prospérité. Il n'y a qu'un défaut : si la participation au capital n'existe pas, les bénéfices vont en grande partie, ou totalement, au facteur capital.

Mais avec de l'organisation, de la méthode, un programme précis, les ouvriers pourraient rapidement accéder à la propriété de l'outil commun, en devenir les co-propriétaires.

La *spéculation* ne leur en donne pas le temps. D'abord les journaux socialistes et leurs *meneurs* interviennent. — Notez, en passant, que tous les journaux socialistes, *sans exception* (et il suffit d'ouvrir le *Bottin* des sociétés anonymes pour en avoir la preuve) sont la propriété de banquiers et financiers, — israélites pour la plupart. Dès l'intervention du socialisme par ses journaux dans une usine ou dans un chantier, c'est la grève en préparation : elle éclate bientôt.

Immédiatement après cette déclaration de guerre, les actions de la Société industrielle ainsi attaquée, qui valaient 500 ou 100 francs, tombent à 400 ou 60 francs.

Si la grève s'éternise, elles baissent à 300 ou 40. *Quand la baisse est au maximum, les financiers qui sont derrière toutes les agitations socialistes achètent à vil prix; puis, ils font rentrer les meneurs en leur payant le salaire du crime.* Le travail reprend, les actions remontent, les spéculateurs revendent à la hausse ce qu'ils ont acheté pour rien ; le tour est joué. Les ouvriers, plus meurtris, plus courbés, plus affamés, reprennent le licou dans les usines à demi ruinées ; le socialiste ajoute un domestique à son personnel et quelques titres de rente à sa réserve.

Voilà ce qu'a oublié de nous expliquer Marx dans sa théorie de l'*échange* et de la *plus-value*. Mais revenons-en à sa *science* de ghetto et d'estaminet.

LES FAUSSES PROPHÉTIES

La théorie de la valeur de Karl Marx peut être étudiée à deux points de vue : d'abord la théorie de l'*échange*, ensuite celle de la *plus-value*.

La première énonce les propositions suivantes qui sont à peu près aussi « profondes » et aussi « nouvelles » que nos vieux proverbes nationaux :

« L'eau va à la rivière. »

« Un chat est un chat, et un socialiste un fripon. »

Karl Marx commence par une vérité selon M. de La Palice :

« Il faut distinguer, dit-il, la valeur d'usage de sa valeur d'échange », et il continue par les pédanteries sans signification que voici :

« La valeur d'usage résulte des propriétés *physiques*, *chimiques* ou *mécaniques* de l'objet, puisque ce sont ces propriétés qui, en lui donnant son utilité, nous incitent à l'acquérir et à attacher du prix à sa possession.

« Les propriétés de l'objet proviennent soit de sa nature (*sic*), soit du travail de l'homme (*sic*).

« C'est ainsi que la peau de certains animaux a diverses propriétés : à cause de sa *nature*, elle est flexible, elle conserve la chaleur, etc.; et à cause du *travail de l'homme* qui peut en faire des chaussures. (*C'est nouveau cela, n'est-ce pas ?*)

« L'objet a une valeur d'autant plus grande qu'il vous est plus *utile* et plus *nécessaire* [1].

« Ce qui lui donne une valeur d'usage, c'est sa *nature* et le travail de l'homme. »

Jusque-là, on le voit, le Juif Karl Marx n'a pas dû attraper une méningite en « découvrant » ces « faits nouveaux » qui font du *socialisme une science*. Suivons-le plus avant dans son système personnel, en admettant qu'il en ait un.

Par *valeur d'échange* il entend ce que vaut un objet d'une certaine espèce et qui doit être utilisé tel quel après une manipulation, comparativement à un autre objet de même valeur contre lequel il doit être échangé. Ainsi on échange une quantité x de blé contre une quantité y de soie ou une quantité z d'or. Dans le commerce :

$$x \text{ blé} = y \text{ soie} = z \text{ or.}$$

Ce raisonnement, dit Karl Marx, prouve que x blé, y soie, z or doivent contenir quelque chose qui les rend égaux.

« Ce ne sont pas leurs propriétés naturelles qui les rendent égaux, car ces propriétés sont *différentes*, et c'est même l'unique raison pour laquelle on peut échanger ces objets. »

On voit où veut en venir Karl Marx : « Ce qui

1. Ce qui donne la valeur aux diamants, objets d'art, sculpture, peinture, est-ce aussi l'utilité et le nécessaire ? (Note de l'auteur.)

ajoute à la valeur d'échange de tel produit, *c'est le travail de l'homme.* » *La valeur d'échange*, d'après lui, doit donc se mesurer exclusivement d'après la mesure du travail humain.

Dans ces conditions, il faudrait nous prouver qu'un wagon de blé ne représente pas une somme de travail supérieure à la valeur d'échange d'un diamant valant une somme correspondant au wagon de blé, que l'or monnayé représente une valeur de travail correspondant à une valeur d'échange quelconque. Je sais bien que Marx ajoute que, pour cela, il faudrait organiser le *travail social*, extraire le *pur travail de l'homme*. A l'heure actuelle, les Juifs du monde entier sont en train de l'extraire le *pur travail de l'homme :* ils accaparent toutes les matières premières, l'étain, le cuivre, le fer, le nickel, le coton, la laine, le blé, le pétrole, les cuirs et les céréales. Quand nos usines, *notre capital producteur*, entrent en ligne, elles sont déjà obligées de subir dans leurs prix d'achat les lois draconiennes des boursiers, des spéculateurs, des accapareurs. Ceux-là mêmes qui ont accaparé toutes les matières premières sont à l'affût derrière chaque chantier, font le vide autour des produits fabriqués, de manière à imposer leurs prix d'achat. Nous volant *avant* la matière travail, nous volant *après* le produit fabriqué, les Juifs nous font encore nous battre *pendant* entre ouvriers et patrons, afin de mieux nous dévaliser, et c'est pour cette besogne infâme qu'ils entretiennent à grands frais des députés et des journaux socialistes. Voilà à quel point de vue l'on est obligé, pour être juste, d'examiner l'*échange* et la *plus-value.*

LASSALLE

La loi d'airain des salaires. — Un drôle de système. — Plus libéral
que nos démocrates socialistes.

Le dernier siècle vit cependant en Allemagne un
autre socialisme qui lutta pendant quelque temps
contre le marxisme : c'était la doctrine de Lassalle qui
essayait de canaliser les efforts des prolétaires allemands en un mouvement national. Lassalle ne voulait
pas le renversement absolu de l'État prussien ; il
tenait beaucoup plus de Proudhon, d'un Proudhon qui
aurait été bonapartiste, que des idéologues ses com-
patriotes.

Il voulait *produire directement*, au moyen de sociétés
coopératives de production subventionnées par l'État.
C'est un peu le système que Millerand essaya d'acclimater en France, en subventionnant scandaleusement
d'abord la *Banque coopérative*, ensuite toutes les
sociétés coopératives, même celles qui n'existaient
que sur le papier et qui lui firent des appels de
fonds (les fonds des contribuables). Lassalle, lui, ne
rêvait rien moins que l'industrie d'État à laquelle travaillent nos républicains et socialistes « avancés » ; il
demandait cent millions de thalers au ministre — de
Bismarck — pour « affranchir l'ouvrier » dans le
royaume de Prusse.

Nos radicaux socialistes et socialistes, eux, simplifient et « modernisent » les choses ; ils votent *avec notre argent* le rachat de ceci, la mise en régie de cela, la municipalisation ou l'étatisation de telle ou telle industrie et réduisent ainsi les travailleurs de France à l'état de troupeau fonctionnarisé, domestiqué, sous la férule de maîtres anonymes et irresponsables.

Supérieur à nos modernes *émancipateurs*, Lassalle conviait cependant les ouvriers à briser ce qu'il appelait : la *loi d'airain des salaires*, qu'il faisait dériver du régime de l'offre et de la demande, alors qu'en réalité le système de nos étatistes français reconstitue une *loi d'airain bien plus immuable*, par l'accaparement progressif des moyens de production et d'échange (manufactures d'armes, de tabac, d'allumettes, arsenaux, postes et télégraphes, ponts et chaussées, chemins de fer, enseignement, etc., etc.).

De même que tous les théoriciens de son temps, Lassalle resta dans l'ignorance du rôle utile que remplit le capitalisme producteur, et il n'attira jamais l'attention des travailleurs sur sa conquête.

Lassalle distinguait dans une entreprise quelconque les trois éléments suivants : la *matière première*, le *salaire de l'ouvrier* et le *produit* ou le bénéfice de l'entreprise. On ne trouve aucune préoccupation chez lui, en vue de faire circuler parmi ces facteurs, ainsi arbitrairement divisés, la sève, la vie, l'avenir, sous la forme du capital moteur.

Pas plus que Marx, Lassalle ne songe que la solution pourrait bien se trouver dans la participation des travailleurs au capital, dans l'accession des travailleurs à la propriété, dans la conquête de l'usine par les ouvriers propriétaires. Alors que Marx veut « socialiser », pré-

voit une centralisation de tout qui permettra momentanément à sa chimère de saisir les organes concentrés de
la production, Lassalle, lui, ne voit d'amélioration que
par la *régularisation des salaires*, oscillant mathéma-
tiquement selon la volonté des « directeurs du travail ».

La moyenne du salaire, d'après lui, serait établie par
ce qui est communément exigé dans les rangs du
peuple pour la conservation de la vie et la reproduction.
Le salaire réel balancerait autour de cette moyenne
comme les oscillations du pendule, sans pouvoir jamais
monter longtemps plus haut, ni *descendre longtemps*
plus bas.

Il expliquait cela en disant que l'amélioration du
sort des travailleurs provoquerait un accroissement de
la population ouvrière qui serait suivie d'une offre plus
grande de bras. Cette offre plus grande ferait baisser
les salaires, laquelle *baisse*, toujours d'après lui, ramè-
nerait une diminution de la population, qui, raréfiant
les bras, reporterait les salaires à la hausse.

On le voit : ce sont là, comme les *suppositions* de Marx,
des divagations d'intellectuels, ne reposant sur aucun
contrôle, aucune expérience.

Lassalle mourut, en 1864, dans des circonstances qui
ne lui font pas honneur. En 1863, il avait fondé *l'Association générale allemande des Ouvriers* qui devait continuer son œuvre. Cependant les disciples de *Marx*, les
partisans du *socialisme international*, devenaient plus
nombreux. Ils combattaient ostensiblement les *lassalléens*.

En 1869, au Congrès d'*Eisenach*, ils se séparèrent
de l'*Association générale allemande des Ouvriers* pour
former le *Parti ouvrier socialiste démocratique*. Les
deux associations ne vécurent pas longtemps côte à côte ;

l'Association des *lassalléens* fut dissoute au mois de mars 1875, en vertu d'un arrêt du tribunal de Berlin. La paix se fit du coup entre les deux camps du socialisme allemand. Un Congrès fut convoqué à *Gotha*. Malgré l'opposition de Marx, les deux camps fusionnèrent en mélangeant leurs programmes.

L'APOGÉE DU MARXISME ET SA DÉCADENCE

La concentration capitaliste n'est pas un fait exact.

En Allemagne, le marxisme ne régna en maître qu'à partir du Congrès d'Erfurt, qui siégea du 14 au 20 octobre 1891, *plus de huit ans après la mort de Marx.*

A cette époque, l'autorité du prophète du socialisme international était incontestée. Son buste dominait tous les Congrès socialistes. Engels, grisé par les succès électoraux, osa même annoncer pour 1898 la grande catastrophe de la société capitaliste. Il en fut autrement. La catastrophe frappa Engels, qui disparut à son tour. Les choses et les hommes semblaient railler les révolutionnaires qui avaient passé si arrogants. Eléonore, la fille aimée de Marx, la dépositaire de sa doctrine, se suicida à l'heure des chagrins domestiques.

L'autorité doctrinale du Juif lui-même fut attaquée ou lâchée.

L'opportunisme envahit le parti, et peu à peu, à la suite de Bernstein, de Schippel, de David, les voix des dissidents s'élèvent, les schismes se dressent, les théories du maître sont décortiquées impitoyablement, ses idées définitives remises au creuset, son œuvre bafouée sinon fortement entamée. Le chef du mouvement nouveau, par une coïncidence fréquente en ces sortes de conflit, était aussi un Juif : *Bernstein.*

C'est d'Angleterre que Bernstein, réfugié politique,

lança ses premières critiques fondamentales contre le système marxiste, contre la *théorie matérialiste* de l'histoire et contre celle de la *valeur* et de la *plus-value.*

En 1898, il envoya ses observations au Congrès socialiste de Stuttgart, où, malgré son absence personnelle, elles produisirent une grande émotion.

Des polémiques s'engagèrent : Bernstein se défendit avec force; il réunit ensuite ses objections dans une brochure qui parut sous le titre : *les Suppositions du socialisme et la Tâche de la démocratie socialiste.*

Bernstein y constate que le système de Marx repose sur sa théorie matérialiste de l'histoire et que, cette théorie écartée, le système est réduit à tomber avec elle. Il appelle ces fondements du marxisme qui, pour se justifier, sont obligés de faire appel à l'inflexible fatalisme : *une espèce de calvinisme sans Dieu.* « Cette théorie, dit-il encore, fait des hommes des agents vivants de force historique aveugle, dont ils exécutent l'œuvre malgré eux et sans savoir ce qu'ils font. »

Bernstein prouve aussi que les conditions économiques de la vie des peuples ne *déterminent pas seules* les évolutions de l'histoire de l'humanité.

Dans la critique de la théorie de la *valeur* et de la *plus-value*, il s'est attaché principalement à détruire la doctrine d'une loi économique inflexible qui devait livrer forcément les capitaux à un nombre toujours plus réduit de détenteurs et pousser non moins impérieusement les masses ouvrières dans l'appauvrissement. Et Bernstein a accumulé les chiffres pour s'inscrire en faux contre la prétendue loi de l'*accumulation* et de l'*appauvrissement.*

L'atelier du monde, écrit-il, est loin d'appartenir exclusivement à la grande industrie. L'Angleterre comptait, en 1851, 300.000 familles ayant un revenu de 150 à 1.000 livres sterling ; elle en comptait 990.000 en 1881, et 1.500.000 en 1900.

Nous ajoutons pour la France des chiffres non moins éloquents :

Il y avait, en 1789, 4 millions de propriétaires; en 1825, 6 millions et demi; en 1850, 7 millions et demi; et, en 1875, 8 millions.

Il est curieux de noter que, de 1875 à 1883, il y eut en France un ralentissement considérable dans le morcellement de la propriété et même qu'il y eut recul léger après 1883. C'est donc au moment exact où cesse le morcellement de la propriété que le socialisme trouve en France des oreilles complaisantes à ses doctrines.

Depuis ces dernières années, si l'on tient compte de statistiques récentes, la propriété est de nouveau en évolution de « morcellement ».

Ajoutez à ces chiffres la force de pénétration du programme des Jaunes de France, qui peu à peu conduit les travailleurs à la co-propriété des instruments de travail. Dans dix ans, la grande industrie sera probablement de *la plus grande industrie* encore ; seulement, au lieu d'être la propriété d'un seul homme ou d'actionnaires se contentant de détacher annuellement les coupons, les travailleurs y employés en seront, dans la plus large mesure, — dans toute la mesure, s'ils sont assez intelligents, — les associés co-propriétaires. Que restera-t-il alors des critiques et des prophéties catastrophales de Karl Marx?

Mais nous allons en finir avec le socialisme en Allemagne.

Naturellement les critiques de Bernstein provo-

quèrent un schisme : les Congrès de Lübeck, en 1901,
de Munich en 1902, retentirent du bruit des querelles.

Bebel, en socialiste pur et infaillible, essaya de faire
excommunier son adversaire et celui de son maître Marx ;
il proposa une motion disant : « Si, au sein du parti, on
ne peut contester à personne le droit de critique, on ne
doit pas cependant tolérer que ce droit s'exerce d'une
manière aussi négative que la critique de Bernstein. »
Ce qui revenait à dire que le marxisme était un dogme
sacré, que l'on pouvait bien discuter entre « initiés »,
mais qui devait rester intangible pour les profanes.
Bernstein eut beau supplier : par 203 voix contre 4, le
Congrès vota la motion Bebel.

Il y a maintenant encore une autre division dans le
camp des socialistes allemands. C'est *Kautsky*, qui
dirige la *New-Zeit*, organe officiel du parti. Or, cette
publication est tombée, pour l'exercice 1901-1902 seulement, à un déficit de 10.000 marks.

De là, long et violent débat au Congrès de Munich.
Un orateur alla jusqu'à dire que « *tous les théoriciens
du parti devraient être enfermés jusqu'à ce qu'ils se
fussent entre-dévorés* ».

Depuis 1902, les Congrès internationaux ayant
rendu à Bebel toute son autorité, il redevint le chef
incontesté du parti socialiste allemand. Bernstein continue cependant ironiquement son travail de démoli-
tion ; Kautsky grogne ; et Bebel, par un petit coup
d'État, vient de chasser d'un seul coup toute la rédaction
du *Vorwertz* (quotidien du parti), afin d'y commander
sans partage. C'est le caporalisme des *doctrinaires* sous
sa forme absolue.

LE SOCIALISME EN FRANCE

Sa formation, ses tendances, ses leaders

Ce n'est qu'après l'écrasement de la Commune que le socialisme prit en France une allure doctrinale, et, si nous avons mis en tête de ce travail l'étude du *marxisme*, c'est parce que, dès que le parti socialiste français commença à se constituer, il adopta les doctrines de Karl Marx.

Avant 1870, il y eut bien en France quelque tentative d'organisation générale ; la seule dont le souvenir reste encore fut celle de Blanqui. Blanqui, à l'heure actuelle, compte encore des adeptes. Rochefort, Ernest Roche se réclament de lui. Il est vrai que cette qualité de disciples du vieux révolutionnaire à laquelle s'attachent ces deux personnages, surtout pour des raisons électorales, leur est vivement contestée par les adhérents du C. R. C. (Comité révolutionnaire central) que dirige Vaillant et qui est plus connu sous le nom de P. S. R. (Parti socialiste révolutionnaire). A l'heure actuelle, ce groupement est, lui aussi, saturé de *marxisme*, malgré son obstination à se dire *blanquiste*. Beaucoup de députés sortirent de ce vieux creuset révolutionnaire, parmi lesquels nous citerons, à côté de *Vaillant*, *Marcel Sembat*, *J.-L. Breton*, etc., etc.

Landrin, conseiller municipal, président actuel du

Conseil général de la Seine, est le trésorier de cette association purement politique et révolutionnaire.

LE PARTI SOCIALISTE RÉVOLUTIONNAIRE

On ne se représente pas, en général, ce qu'il y a de chétif dans ces groupements aux titres inquiétants, et qui puisent toute leur force dans l'ardeur de militants clairsemés et dans l'habileté des formules démagogiques et des proclamations.

Le C. R. C. se réunit, tous les mercredis soir, à Paris, 118, rue du Temple, dans une salle de café louée annuellement par Vaillant, au premier étage de l'immeuble. On accède à cette chambre garnie sommairement de chaises en paille et de bancs de sapin par un escalier en colimaçon, comme il s'en rencontre fréquemment à Paris dans ce genre d'établissement.

Vers neuf heures du soir, les affiliés commencent à arriver, — un à un, quelquefois deux à deux, jamais en groupe. Aucune camaraderie réelle n'unit ces hommes. Ils ne vibrent en commun que par la colère, pour la haine et les passions révolutionnaires qui les animent. Depuis des années, les figurants sont à peu près toujours les mêmes ; les *élus*, à part *Vaillant* et *Landrin*, n'assistent jamais, ou presque, à ces réunions de Comité. Quand ils y assistent, ils sont constamment sur la sellette, accusés de tiédeur par les uns, de bourgeoisisme par les autres, de réformisme par le troisième. Vaillant, assis dans un coin, laisse les discussions s'animer. On voit les *Capjuzan*, les *Dumas*, ou quelques commis d'épicerie — nouvellement initiés — se faire inscrire gravement pour prendre la parole, avec un souci de la forme, du protocole, que nous ne saurions trop recommander à nos députés.

Si un orateur commet une incorrection ou abuse de la parole, il y a toujours un « militant » pour demander la parole *pour une motion d'ordre.* Et cela provoque, pour l'observateur froid, des effets d'un haut comique.

Tous les yeux des assistants brillent d'une sorte de fièvre, à part chez ceux qui discrètement... notent les nouveaux... Les séances ne se lèvent pas avant que tous ceux qui ont quelque chose à dire aient eu le loisir de le dire ; et ceux qui ont la parole s'observent, visent à l'éloquence, martèlent leurs phrases comme s'ils répétaient là, une leçon, pour la prochaine réunion publique.

Les discussions roulent généralement sur la tactique des élus, sur leur contrôle, sur la propagande et sur les moyens de susciter des agitations révolutionnaires favorables au développement des idées socialistes. Quand le débat devient confus, *Vaillant,* dont la tête blanche paraît taillée dans un marbre, placé, au coin, en témoin, demande la parole ; la forte voix de Dubreuilh s'élève aussitôt pour faire silence ; Lepage s'assure que chacun observe vis-à-vis du *Vieux* l'attitude respectueuse et décente qui s'impose ; et *Vaillant* parle d'un verbe rapide qui coule en propos nerveux et raisonné, mais sans arrêt : jamais le ton ne s'élève ; il remet les choses au point, concilie, explique ; il est médecin, ingénieur civil, plus versé qu'aucun politicien dans toutes les questions de ce temps. Quand *Vaillant* a causé, l'affaire est entendue. On fait une collecte qui rapporte invariablement 5 francs et quelques sous, — 5 francs donnés par *Vaillant* et quelques sous par le fretin; puis, chacun s'en va de son côté jusqu'au mercredi suivant.

Nous le répétons, il n'y a pas plus de *trente* affiliés sérieux dans ce *Comité révolutionnaire central*, qui joue au parti; mais on sait y rédiger des *manifestes*, utiliser les périodes électorales, les grèves. Ce qui prouve que l'action est toute la vie d'un parti, c'est que, tel quel, ce groupe (comme les autres, qui sont à peu de chose près dans les mêmes conditions) est arrivé à donner au pays l'illusion qu'il forme un vaste groupement prolétarien national.

Notons, en passant, que le *C. R. C.* n'a pas dans son programme la *grève générale*, et qu'il dédaigne, ou à peu près l'action syndicaliste; quand elle ne lui est pas nécessaire pour préparer des élections ou faire de l'agitation. Jusqu'à l'*unité*, les blanquistes croyaient à la possibilité d'une révolution par un coup de force qui leur aurait donné le pouvoir et la possibilité de transformer la société, même par la violence. A l'heure actuelle, leur tactique, comme celle des autres groupements, est subordonnée à celle du *Parti socialiste unifié* (section française du Parti socialiste international).

Ni Blanqui, ni Vaillant et ceux qui se réclament de l'Enfermé [1] n'ont laissé aucun ouvrage indiquant leurs théories et doctrines sous une forme qui puisse les perpétuer.

VAILLANT

C'est un vieillard déjà blanc, de taille moyenne, vêtu correctement, comme un professeur cossu. Il porte des lunettes sur un nez émerillonné, sur un nez d'ivrogne,

1. Nom donné à Blanqui par Gustave Geffroy dans un beau livre portant ce titre.

et c'est une injustice de la nature. Qui sait ? C'est peut-être pour cela que Vaillant est un révolté, car il est sobre, buveur d'eau ; quoique très riche, il vit personnellement comme un ascète.

Disciple de Blanqui, assoupli cependant à la phraséologie marxiste afin de continuer à jouer un rôle dans le socialisme en France, Vaillant est le type de l'intransigeant et tout à la fois du parlementaire.

Il ne manque pas une séance de la Chambre, monte fréquemment à la tribune, où, grâce à la monotonie de son langage qui fait rapidement le vide dans la salle des séances, il se livre à des hardiesses de langage que ses collègues lisent le lendemain, non sans ahurissement, dans le *Journal officiel*.

Le rêve du vieux député révolutionnaire était de se faire un *fils intellectuel*. En effet, son fils, le fils de *sa chair*, ne paraît avoir aucun goût pour la politique socialiste : c'est douloureux pour un doctrinaire.

Vaillant couva donc littéralement l'élection et l'éducation politique de *J.-L. Breton*, l'actuel député du Cher, mais celui-ci vola bientôt de ses propres ailes ; comme Zévaès vis-à-vis de Guesde, il fut un ingrat et abandonna le roc où l'avait conduit son maître, pour les moelleux fauteuils de Millerand embourgeoisé.

LE PARTI OUVRIER SOCIALISTE RÉVOLUTIONNAIRE

Le P. O. S. R. est un autre groupement, presque une autre école, dont le genre de vie et d'action ressemble sensiblement au P. S. R., mais qui se développa sous l'impulsion d'une autre personnalité, laquelle rêva longtemps d'être le Grand-Maître du socialisme en France. C'est indiquer par là même qu'il y eut dans toutes les chapelles socialistes françaises — et *entre elles* — des compétitions de personnes, ardentes, qui ne sont pas encore apaisées.

Le P. O. S. R. fut fondé par *Allemane*, ouvrier typographe, qui prit une part active à la Commune et fut déporté en Nouvelle-Calédonie. Ouvrier d'intelligence bornée, mais têtue, Allemane réussit à grouper autour de son programme, qu'il nomma lui-même « communiste », un certain nombre de militants. Ses théories ne furent jamais bien nettes : tantôt nous le voyons se rallier aux conquêtes électorales et politiques, tantôt il semble vouloir organiser un parti ouvrier autonome ; d'autres fois il préconise la conquête des communes. C'est vague, indécis et cependant vivant par la force d'une propagande persévérante.

Moins heureux que Vaillant, il ne semble pas qu'*Allemane* ait suscité autour de lui des fidélités ou du dévouement. Peu dédaigneux des biens de ce monde, Allemane, en même temps qu'il faisait les affaires de son propre parti, n'oubliait pas les siennes propres. A la tête d'une imprimerie, rue Saint-Sauveur, il baptisa son entreprise « Imprimerie ouvrière », selon les traditions des socialistes qui donnent les mots à leurs troupes et gardent la chose pour eux-mêmes.

Ceux qui l'approchent l'accusent d'être le seul patron et le seul bénéficiaire de ladite *Imprimerie ouvrière* et d'y traiter son personnel comme un vulgaire bourgeois.

En province, notamment dans la *Côte-d'Or*, dans le *Doubs*, les *Allemanistes* firent pendant quelque temps bonne figure, ainsi que dans certains départements du Midi et de l'Ouest. A Paris, ils eurent plusieurs *élus*, et ce fut le commencement de la dislocation du *parti allemaniste*. Parmi ces députés, citons *Victor Renoux* — aujourd'hui décédé, — *Dejeante, Groussier, Chauvière*, etc., etc. Il est bon de remarquer que tous ces élus étaient ou sont des ouvriers. Or les statuts du P. O. S. R. obligent les militants pourvus de mandats électifs rétribués à laisser à la caisse du groupe central la moitié des appointements afférents à la fonction élective. En échange, le groupe prend à sa charge les frais d'élection de ses candidats. Afin de mieux les tenir, Allemane avait imaginé de faire signer leur démission, en blanc, à chacun de ses militants élus, pour le cas où ils ne se conformeraient pas à la discipline du parti.

Un beau jour, *Groussier, Dejeante, Chauvière*, etc., qui ont les dents longues, songèrent que c'était un bien gros crève-cœur, pour des gens accoutumés à socialiser le bien d'autrui, que de laisser chaque jour à leur groupement la moitié des 25 francs du salaire journalier de député, et ils cessèrent de payer les cotisations. Allemane réunit ses fidèles et, séance tenante, envoya au président de la Chambre la démission de *ses* hommes qui monopolisaient ainsi outrageusement à leur seul profit tous les gains.

Les réfractaires furent réélus cependant et restèrent joyeusement des *dissidents*, trop heureux, après être arrivés sur les épaules de leurs camarades, de jouir égoïstement *à la bourgeoise* d'une situation privilégiée.

L'ouvrier charron Victor Renoux, qui était resté fidèle à ses engagements, fut battu par le corps électoral. Groussier échoua dans la même législature.

Pendant l'affaire Dreyfus, Allemane se lança, avec ses troupes, à corps perdu au secours du capitaine juif. Il recueillit momentanément le fruit de cette campagne inattendue par un siège de député au XIe arrondissement.

Battu aux élections suivantes, Allemane paraît, depuis, occupé à ramasser les débris de son organisation. A part quelques comparses, J.-B. Lavaud, et quelques autres besogneux, le P. O. S. R. vit les travailleurs s'éloigner peu à peu. Il ne lui reste qu'un élu au conseil municipal de Paris, un Juif nommé Fribourg, dont la venue parmi les ouvriers socialistes ne fut pas sans intriguer les esprits clairvoyants du parti.

Allemane et ses partisans sont révolutionnaires et, depuis quelques années, partisans de la *grève générale*. Unifiés comme les blanquistes, leur tactique est maintenant subordonnée à celle du parti entier. A côté des Guesde, des Vaillant, des Jaurès, la figure d'Allemane, que cessent d'éclairer les circonstances favorables, s'estompe de plus en plus et finit par disparaître.

ALLEMANE

Brun, maigre, paraît une soixantaine d'années, affecte des allures « populo ». Le ton est dur; les yeux arrogants. Sa longue moustache tombe comme celle des anciens Gaulois.

Allemane affecte de l'érudition; il n'en a point. Très ombrageux, jaloux des autres chefs de groupes, ambitieux, il passe sa vie à se brouiller avec ses adeptes.

Rien de cet homme ne restera, pas même ceci.

PARTI OUVRIER FRANÇAIS (P. O. F.)
MARXISME ET COLLECTIVISME

JULES GUESDE ET BENOIT MALON

Le véritable vulgarisateur du marxisme en France fut *Jules Guesde*. Son premier instrument utile à la doctrine fut le journal *l'Égalité*. Aucun tâtonnement chez l'ancien député du Nord, et pour cause. Celui que tant de gens prennent pour un prophète ne se donna jamais la peine de penser par lui-même. Professeur, il piocha le *Capital* de *Karl Marx*, étudia les manifestes du Juif allemand, s'identifia avec le Maître, avec ses doctrines, ses utopies, *et il les professa* avec un acharnement têtu. Voilà *Guesde* et le *guesdisme*.

Peu à peu, l'obstination de Jules Guesde pénétra les Congrès, et, à partir de 1876, ses théories, qui ont leur source où nous venons de l'indiquer, devinrent à peu près le catéchisme du pur socialisme collectiviste et internationaliste. L'organe officiel du Guesdisme qui est devenu celui du socialisme unifié est *le Socialiste*.

Benoît Malon, qui fut directeur de la *Revue Socialiste* et l'un des promoteurs du mouvement socialiste, interprète ainsi qu'il suit le marxisme, auquel il apporta d'ailleurs de nombreuses modifications. Ce n'est pas notre faute si nous ne discutons pas les idées de Guesde; il n'en a jamais donné, n'a rien produit que des « démarcations » et encore il fut court de souffle en traduisant.

Selon Benoît Malon, le collectivisme repose théoriquement sur l'acceptation de cinq points principaux :

1° Le fond tragique de l'histoire est rempli par les mouvements incessants de la lutte des classes ;

2° L'organisation technique de la production et ses modifications dominent exclusivement l'organisation et les transformations économiques et, par ricochet, l'organisation et les transformations politiques ;

3° Le mode capitaliste de production qui a succédé aux formes productives précédentes a pour caractéristique vis-à-vis des travailleurs :

a) Le producteur séparé des moyens de production ;

b) L'intensification du travail ;

c) La raréfaction de la demande des bras sur les marchés du travail, par les perfectionnements nécessaires du machinisme et par l'entrée dans la fabrique de la femme et de l'enfant ;

d) L'accroissement incessant de la prélibation capitaliste, ou part de travail non payé que s'approprie le capitaliste, et la transformation de ce nouveau capital en capital d'exploitation ;

e) L'absorption des petits capitaux par les grands et la constitution d'une féodalité industrielle de moins en moins nombreuses, disposant arbitrairement de tous les moyens de production.

4° De cette action dépressive et violente de la production capitaliste résulte un antagonisme aigu entre capitaliste et producteurs directs. Ceux-ci ne peuvent vaincre qu'en se plaçant sur le terrain de la *lutte des classes* et en visant d'abord à la *conquête des pouvoirs publics*.

5° Le prolétariat victorieux ne pourra remplir sa mission historique (abolition des classes et organisation du travail) qu'en procédant graduellement ou révolutionnairement, suivant les circonstances, à la SOCIALISATION des forces productives.

On le voit, la doctrine de Karl Marx est presque seule interprétée. Benoît Malon ne s'encombre pas des entités métaphysiques dont ont si largement joué ses successeurs. Il laisse au repos la Justice, la Vérité, la Fraternité et autres balançoires à l'usage des démagogues ; il va droit à ce qu'il croit être le fait essentiel, la clef de voûte de l'édifice qu'il veut mettre à bas pour le reconstruire. L'analyse du processus économique suffit à cet autodidacte, pour concevoir une cité idéale dans laquelle les conditions transformées de la production apporteraient le bonheur.

Et par la même aberration qui aveugle Marx et les autres théoriciens dont il s'inspire, Benoît Malon affecte de ne voir le salut du prolétariat que dans la *socialisation*, c'est-à-dire dans l'*expropriation générale*. Ne lui demandez, pas plus qu'à Guesde — et qu'à leurs maîtres *Karl Marx* et *Engels* — où ils ont puisé cette conviction qu'ils érigent en science et par laquelle « seules les sociétés collectivistes peuvent donner le bonheur à l'humanité ». Ils n'en savent rien eux-mêmes ; ils ont décrété par leur seule volonté qu'il doit en être ainsi ; mais, si vous discutez, ils vous traiteront de haut en bas comme un être ignorant ou grossièrement réactionnaire.

*
* *

Eh oui ! « l'organisation technique de la production et ses modifications dominent exclusivement l'organisation et les transformations économiques » ; il n'en découle cependant pas forcément — *au contraire* — que cette organisation sera meilleure si elle devient collective ou communiste, en un mot si elle est *sociali-sée*. C'est simplement une opinion, défendable à la rigueur, mais qui n'a que la valeur d'une opinion, non d'un fait *scientifique* ou d'un événement *fatal*, alors que l'on peut, au contraire, prétendre *scientifiquement* que l'organisation actuelle du travail peut se modifier *d'une manière totale*, en restituant *aux travailleurs producteurs* la co-propriété de leur outil commun.

Et par là même, les objections qui suivent tombent en poussière.

Si l'ouvrier est coopérateur, associé ou simplement participant aux bénéfices :

A. Le producteur n'est plus séparé des moyens de production.

B. L'intensification du travail le sert, le repose, l'enrichit au lieu de l'épuiser.

C. Le chômage disparaît peu à peu par une augmentation de la puissance de consommation des individus correspondant à l'augmentation des ressources.

La femme rentre au foyer. L'accord entre producteurs faisant place à la lutte des classes paralyse une concurrence forcenée.

D. La prélibation capitaliste n'existe plus que sous la forme utile.

E. Les petits et les grands capitaux évoluent librement chacun pour leur compte dans les industries si centralisées soient-elles.

Enfin, l'antagonisme aigu entre producteurs capitalistes et producteurs manuels, fait place à une association où, à des degrés différents, tous les producteurs

sont plus ou moins capitalistes et peuvent par là
même s'organiser :

1° Pour se rendre maîtres des matières premières
aux conditions les meilleures ;

2° Pour régulariser la production ;

3° Pour réserver aux producteurs les bénéfices de
la production ;

4° Pour lutter contre le capitalisme de spéculation
qui tond les producteurs capitalistes et manuels, par
l'accaparement des matières premières et des matières
industrialisées.

Le prolétariat accédant méthodiquement à la propriété, c'est-à-dire supprimant le salariat, aura donc,
par le programme *antisocialiste* qui est la *consécration*
et le développement de la propriété individuelles, rempli sa mission historique qui est, comme le dit Benoît
Malon (malgré qu'il conclue à un résultat autre par
son système) la fusion des classes et la réorganisation du travail.

La différence de tactique est essentielle : la nôtre est
sûre, éprouvée par les siècles, consacrée par la civilisation dont tous les efforts ont consisté à donner à
l'*individu* la libre possession de soi-même, de son
travail, de son bien ; celle du *socialisme* repose sur le
rêve de quelques individus hâtifs, révoltés, et qui ne
défrichent qu'à coup d'incendies.

Nous avons choisi, nous, le labour profond, de
bonnes semences, et nous savons que nous n'avons
le droit de récolter, et que nous ne récolterons, que ce
que nous aurons semé. Le *socialisme* jette du feu, il
aura la cendre, et nous la lui prendrons même pour
enrichir nos terres.

LA PENSÉE OCCULTE DU SOCIALISME

On ne saurait trop insister sur la force occulte qui pousse le socialisme dans l'abîme profond du collectivisme. Le mot d'ordre, venu d'abord des Israélites, pères de la doctrine, ensuite renouvelé par les financiers, ne semble viser qu'un objectif : la mise en commun des biens. — L'amélioration du sort des travailleurs, le relèvement progressif de l'humanité, le développement moral et matériel des sociétés ou des individus n'entrent pas en ligne dans les préoccupations socialistes.

La pensée du socialisme ne vise que deux points :

1° L'athéisme matérialiste;

2° La mise en commun des biens.

Par la conception matérialiste de l'histoire, on détruit en même temps l'Idéal, les Religions et la Patrie. Par la mise en commun des biens, les races *racinées* se livrent à la merci des races errantes, des races sans patrie, des Juifs en un mot, qui traitent tous les humains non circoncis comme de la « semence de bétail ».

Ainsi jamais on ne trouvera dans les journaux *socialistes* un mot de blâme contre les Rothschild, par exemple, qui tiennent entre leurs mains non seulement les destinées de la France, mais celles de l'Europe ; en revanche, on s'élève dans ces journaux avec une violence inouïe contre un patron qui, ayant quelques centaines de mille francs, les emploie, courre le risque de les perdre, pour faire de l'industrie, de la *production*.

Dès les premiers Congrès socialistes en France, on sent peser sur les pontifes la pensée juive.

Le IVᵉ Congrès national, qui se tint au Havre, en 1880, adopta le programme suivant :

« Considérant que les producteurs *ne sauraient être libres qu'autant qu'ils seront en possession des moyens de production*, qu'il n'y a que deux formes sous lesquelles les moyens de production peuvent leur appartenir : 1° la forme individuelle qui n'a jamais existé à l'état de fait général, *et qui est éliminée de plus en plus par le progrès industriel ;* 2° la forme collective, *dont les éléments matériels et intellectuels sont constitués par le développement même de la société capitaliste ;*

Considérant que cette APPROPRIATION COLLECTIVE ne peut sortir que de l'action révolutionnaire de la classe productive ou prolétariat organisé en parti politique distinct ;

« Les travailleurs français *donnent comme but à leurs efforts* LE RETOUR A LA COLLECTIVITÉ DE TOUS LES MOYENS DE PRODUCTION. »

Toute la perfidie, toute la pensée réactionnaire du socialisme et les instincts pillards du Juif sont réunis dans cet ordre du jour.

On veut d'abord essayer de faire croire aux ouvriers qu'ils *doivent renoncer* à la possession des moyens de production, *parce que la propriété individuelle n'a jamais existé à l'état de fait général.* On se garde bien de dire aux travailleurs que ce fait général ils peuvent, ils doivent le provoquer, et qu'il est de plus en plus facile de le faire par le progrès industriel qui divise le capital de production en infimes portions facilement accessibles sous forme de parts, actions, obligations, etc., etc. Tout de suite on veut autre chose : on suggère cette pensée stupide que la « société capitaliste moderne constitue les éléments, matériels et intellectuels de la propriété collective » ; on ne s'embarrasse pas de dire quels seront les gérants, les chefs — si c'est l'État, ou la commune, ou des fonctionnaires — qui feront une répartition meilleure que celle du présent. On va droit au fait visé, et avec l'habileté incomparable du Juif socialiste on fait voter à des ouvriers une suprême abdication, en lui donnant une forme de conquête : *Les travailleurs français donnent pour but à leurs efforts le retour à la collectivité*, — c'est-à-dire à l'État, aux *meneurs* gérants, — *de tous les moyens de production*.

TOUTE LEUR DOCTRINE. — M. GABRIEL DEVILLE
LE MARIAGE

Jaurès, Millerand, comme Guesde, nous le répétons, ne furent vis-à-vis de la doctrine socialiste que des *acclimatateurs* plus ou moins sincères. Il est beaucoup plus instructif de suivre en théorie les vulgarisateurs *scientifiques* de la doctrine.

Gabriel Deville, qui est un des écrivains les plus marquants du parti, publiait, en 1883, dans son *Aperçu sur le socialisme scientifique*, les idées dominantes de la secte.

Il n'admettait d'abord, comme moyen, que l'*action révolutionnaire*. Il veut à toute force la *lutte des classes*, la violence.

« Nous sommes partisans, écrit-il, du retour à la force pour arriver à la liberté, de même qu'on a recours dans certains cas pathologiques à la camisole de force pour amener la guérison. Nous voulons procéder autoritairement contre la caste ennemie, nous voulons supprimer les libertés capitalistes qui entravent l'épanouissement des libertés ouvrières. »

C'est toujours le même fatras malhonnête : les libertés ouvrières *doivent être, en même temps, des libertés capitalistes ;* les ouvriers, propriétaires des moyens de production sont des *producteurs capitalistes.* En ce cas, d'après Deville, il faudrait donc supprimer *toutes les libertés qui permettent aux dépossédés de posséder.*

Une fois dans cette voie, l'ancien député de Paris ne s'arrête d'ailleurs pas : il tape à droite, à gauche, sur ses amis et sur ses ennemis, ce qui est d'un bon socialiste qui voit, partout dans la société, l'ennemi.

Voici d'abord pour les anticléricaux :

« Nos brigands anticléricaux, ridicules amateurs de baptêmes civils et autres rites, qui s'imaginent dégager la société civile de toute attache mystique en mangeant une andouillette le vendredi saint, font de la libre pensée la condition première de la régénération sociale.

. . . .

« Les groupes libres penseurs et les loges maçonniques sont d'excellentes pépinières de candidats, mais c'est tout. »

Un peu plus loin, cette lumière du socialisme en France, pour se faire pardonner son accès de franchise par les libres penseurs et les destructeurs de la famille, s'en prend au mariage.

G. Deville déclare qu'il ne voit dans le mariage qu'un règlement de propriété, un *contrat d'affaires,* un résultat de la structure économique (*sic*) d'une société basée sur l'appropriation individuelle ; il déclare, en conséquence, que le mariage perd sa raison d'être après la transformation économique, *et qu'il n'y aura pas place dans la société socialiste pour le mariage.*

C'est la mise en commun non seulement des biens matériels, mais aussi de la femme personne morale, livrée sans défense aux brutalités des mâles. Belle perspective! Nous passons sous silence les tirades du même auteur contre le *suffrage universel*, contre la *participation aux bénéfices*, contre l'*épargne ouvrière*, son mépris égal pour le *libre échange* ou la *protection*, et pour toutes les réformes en général. Cet humanitaire *scientifique* ne conçoit bien qu'une chose, la Révolution, qui, comme un coup de baguette magique, transformerait la société moderne en une société idéale.

On ne discute pas de pareilles billevesées : on les note simplement pour montrer aux travailleurs mal informés dans quel guêpier ils se sont jetés en prenant au sérieux des doctrines et des hommes bons tout au plus pour le cabanon des aliénés.

PURS ET SCHISMATIQUES

Collectivistes et possibilistes. — Révolutionnaires et réformistes.
D'Amsterdam à l'unité.

En 1882, et nous ne notons le fait que pour mémoire,
une scission qui dure encore se fit entre Guesde, Benoît Malon et Brousse ; la cassure fut définitive au Congrès de Saint-Étienne de la même année.

Guesde, qui ne connaissait que le *marxisme*, était
pour le collectivisme orthodoxe. Brousse et Benoît
Malon, abandonnant l'espoir des réalisations immédiates, cherchaient à obtenir les réformes possibles,
d'où leur nom de *possibilistes*.

Ils ont actuellement des adeptes dont les uns, comme
Rouanet, sont cependant « unifiés ».

Depuis cette cassure de début, les questions de personnes aidant, les coteries ne firent que se multiplier,
au grand mépris des doctrines rigides.

Avec Jaurès, Millerand, Viviani, tous les trois admirablement dépourvus de scrupules politiques et armés
d'éloquence pour les foules, le socialisme épuré, idéa-
lisé, mis à la portée des intellectuels par l'élégance de
la forme, et des prolétaire, par des promesses illusoires, fit des progrès énormes.

En chemin, les professeurs Guesde, Jaurès, les avocats Millerand, Viviani, Sembat, Briand, les médecins
comme Vaillant qui se présentaient aux travailleurs

comme des *prolétaires types*, avaient appris à connaître la puissance des syndicats ouvriers. D'abord hostiles au syndicalisme, tous les manitous de la sociale vinrent bientôt dans les organisations ouvrières, en firent les véhicules de leurs intérêts électoraux et de leurs passions révolutionnaires, puis peu à peu corrompirent les militants et les syndicats eux-mêmes, par les subventions officielles ou officieuses, les locaux gratuits, l'appât des mandats électifs rétribués, la flatterie exagérée de tous les appétits, l'exaspération des sentiments les plus bas.

Quand vint l'affaire Dreyfus, qui porta M. Waldeck-Rousseau au pouvoir, celui-ci s'adjoignit Millerand. Ce fut encore l'occasion d'un nouveau schisme, qui prit le nom de réformisme.

L'opération n'allait pas toute seule. Fidèle à ses habitudes de chantage sur les classes bourgeoises, le Parti socialiste, afin d'exercer une pression plus forte, avait déchaîné partout des grèves violentes, fomentait des émeutes, qu'il fallut subitement éteindre quand Millerand prit sa part des responsabilités du pouvoir.

D'autre part, le clan, les chapelles socialistes qui n'étaient pas à la curée se plaignaient amèrement... Rien n'indique mieux l'état d'esprit des guesdistes — à l'époque — que cet article extrait de leur organe officiel *le Socialiste:*

« On se souvient qu'au Congrès de 1899 la grève générale, en sa conception la plus utopique, rencontra de chauds partisans dans les esprits les moins préparés à la concevoir. Le clan ministériel, auquel l'astucieux Briand avait appris qu'un Congrès du P. O. F. avait condamné la « bataille des bras croisés », s'était em-

pressé d'acclamer ce moyen de combat et d'en faire le plus suprême de « ses principes ». Ce ne fut pas une de nos moindres stupeurs que d'entendre les radicaux à la Narbonne, les socialistes à la Viviani et tous ceux qui marchaient à la conquête des portefeuilles célébrer, avec autant d'ardeur que Lavaud et autant de « battage » que Briand, « la Révolution par la grève générale ».

« Au fond, ces messieurs les députés se moquaient de cette panacée comme de leur première opinion. Ils s'y ralliaient d'autant plus volontiers qu'elle leur paraissait plus chimérique. Que la Révolution soit accomplie dans deux mille ans par ce moyen ou par un autre, ça leur était bien égal. En attendant cette échéance, il importait de couler d'heureux jours, et comme le P. O. F., avec son sectarisme, n'avait rien d'utopique, émettait la prétention de troubler tout de suite le farniente parlementaire, il s'agissait de le tomber en faisant voter contre lui les motions les plus farouches et en ralliant contre ses troupes compactes les bandes éparses qui vont du comité Peytral aux syndiqués anarchistes.

« C'est ainsi que la défense républicaine et la grève générale firent bon ménage, l'une servant pour le présent, l'autre étant réservée pour l'avenir.

« Un premier nuage passa : les ouvriers du bâtiment voulurent, un jour, généraliser la grève à Paris. Millerand eut une émotion. Aussitôt, la Petite République fit « d'éclatantes révélations » : l'or du duc d'Orléans avait coulé. C'était grave; les grévistes comprirent et, sagement, reprirent le travail, en attendant l'an 3000. L'enthousiasme parlementaire pour la grève générale ne connut plus de bornes; mais il ne devait pas durer. Lorsque les mineurs songèrent à profiter de la grève de Montceau pour imposer à la défense républicaine la

capitulation de la Compagnie de Blanzy et la réglementation des heures de travail dans les mines françaises, les parlementaires grève-généralistes sentirent
leur zèle se refroidir. Janus-Jaurès n'hésita pas à demander la soumission des héros de Montceau. Les socialistes gardiens du Portefeuille eurent des mots admirables : c'était folie que cette grève générale des
mineurs ; que d'utiliser une « arme suprême » pour em-
bêter le ministère et, à la faveur des embarras qu'on
lui crée, obtenir gain de cause dans de modestes revendications. La grève générale devait être réservée pour
faire la RRRévolution! En attendant, qu'elle se borne à
figurer au rayon des immortels principes!

« Ces raisonnements extra-supérieurs réussirent à
provoquer le désarroi dans les troupes réunies sous le
drapeau de la grève généralisée ; Montceau se rendit et
la conquête de la journée de huit heures pour et par les
mineurs fut différée.

« Mais la question se pose à nouveau aujourd'hui.
Dans quelques jours un second référendum, plus affir-
matif peut-être que le premier, va décider un grand
mouvement d'ensemble de la corporation des mineurs,
afin d'imposer aux pouvoirs publics l'adoption de revendications ouvrières. De nouveaux embarras vont surgir
de ce chef devant le Gouvernement, à la veille de la rentrée des Chambres, à la veille des élections législatives.
Quels trucs devra inventer l'imagination fertile des sauveurs du ministère pour éviter à celui-ci les fâcheuses
conséquences des troubles d'une grève? Nous le saurons
bientôt exactement. Déjà, cependant, Janus-Jaurès
prépare les voies à une nouvelle volte-face des minis-
tériels. Dans la Petite République, la grande pensée
grève-généraliste est maintenant sacrifiée. L'empereur

du confusionnisme veut dissiper le malentendu. A ceux qui, dans la révolte de leur misère, ont cru en la grève générale parce qu'ils la voyaient à portée de leur main, Janus-Jaurès demande d'attendre que les siècles de collaboration des classes soient révolus... »

* * *

Le *Briand* dont il est question dans cette épître amère est le même que celui qui fut, quelque temps plus tard, rapporteur de la *séparation des Églises et de l'État*. Cet aimable député, dont ses collègues de droite ne savaient trop vanter la « courtoisie », la « modération », « l'esprit conciliant », est proprement l'inventeur et le doctrinaire de la *grève générale*, ce dont le railla d'ailleurs très fort Jules Guesde qui, n'ayant pas trouvé dans Karl Marx d'opinion vis-à-vis de cette *révolution des bras croisés*, comme il la nomme ironiquement, ne sut jamais par lui-même se faire une opinion précise. Nous savons cependant que, dans les Congrès socialistes Guesde n'eut jamais le courage de combattre le *principe* de la grève générale, qu'il affecte de considérer comme un « moyen inefficace », sinon funeste, pour la classe ouvrière.

De son côté, Millerand — soutenu par Jaurès, Gérault-Richard et Viviani — essaya de justifier sa tactique en faisant un nouvel étalage de principes.

« La démocratie socialiste en France, dit-il, a plus que le droit, l'impérieuse obligation d'adapter sa méthode aux conditions du régime politique où elle se meut.

« Elle ne conquerra sur la nation l'autorité indispensable à la réalisation de ses vues qu'à la condition de ne demeurer étrangère, ni indifférente, à aucune de ses émotions ou aspirations.

« Si nous jugeons la violence condamnable autant qu'inutile, si les réformes légales nous paraissent à la fois l'objectif immédiat et le seul procédé pratique pour nous rapprocher du but lointain, ayons donc le courage de nous dire *réformistes*, PUISQUE, AUSSI BIEN, NOUS LE SOMMES. »

Cette déclaration mettait fin, à n'en pas douter, au socialisme doctrinale. Le réformisme ainsi compris, et la tactique de Millerand ministre confirme cette opinion, consiste simplement en un opportunisme habile où l'on charge les contribuables et l'État de la tutelle populaire.

Les tiraillements provoqués par cette attitude « bourgeoise » de Millerand donnèrent lieu à des excommunications et suscitèrent de vives polémiques. Plusieurs Congrès se réunirent pour trancher le différend entre purs et réformistes.

C'est le Congrès international d'Amsterdam, en 1904, qui trancha définitivement le débat, en condamnant la *tactique réformiste*, la *participation des socialistes au gouvernement de l'État bourgeois* et l'abandon de la lutte des classes.

· Le même Congrès enjoignit aux socialistes français divisés en chapelles et écoles d'avoir à réaliser entre eux l'*Unité* basée sur la doctrine économique et sociale indiquée par les Congrès internationaux.

Bebel et Kautsky jouèrent un rôle prépondérant dans ces décisions, que les pontifes français observèrent en baissant la tête, comme des enfants pris en faute. C'est d'autant plus amusant que la scission, en Allemagne, continue à être de plus en plus profonde entre Marxistes et Bernsteiniens d'une part, entre la démocratie socialiste et les syndicats ouvriers d'autre part, et qu'aucun de nos Jaurès ou sous-Jaurès n'osa ou ne sut le faire remarquer.

A l'heure actuelle, le Congrès national de 1905 a réalisé l'unité entre les différentes fractions du socialisme français. Guesde, Vaillant, Jaurès, Allemane et Hervé sont unis sous le même étendard. Si l'on songe à la diversité de programmes, de tendances, de doctrines, de tous ces hommes qui prétendent servir le même Idéal, l'on ne peut s'empêcher de hausser les épaules et de dire qu'il n'y a que pour tenter de mauvais coups qu'une pareille réunion d'hommes hostiles les uns aux autres et marchant à des buts différents qui fût momentanément possible.

M. JAURÈS

Jaurès est un gros homme court, ventru, avec, sur des épaules épaisses, une tête saturnienne. Visage sanguin, barbe drue, grisonnante, yeux gris clairs et droits, mais qui donnent au premier contact l'impression qu'ils « louchent ».

A la tribune, M. Jaurès est méprisant ou furibond, quelquefois tous les deux en même temps ; il place sur sa poitrine son bras gauche replié et de son bras droit terminé court par le poing fermé, il trace des gestes brusques, comme s'il frappait devant lui ; sa phrase est imagée, littéraire ; le débit véhément.

Jaurès a lu les doctrinaires du socialisme ; il se réclame tantôt de l'un, tantôt de l'autre, selon que sa politique du jour est révolutionnaire, réformiste, anarchiste ou simplement opportuniste. Il ne produit, lui, que des anathèmes vengeurs ou des apostrophes sentimentales ; il n'a pas de doctrine.

Ancien professeur, il *enseigne* toujours et impérieusement. Avec un grand mépris de la logique, il exhorte les travailleurs à la révolte, à l'anticléricalisme et à l'ascétisme ; mais il n'a, lui, jamais commis le moindre délit, fit baptiser sa fille à l'eau du Jourdain et assista pieusement à sa première communion.

Jaurès aime la bonne chère, le luxe, le théâtre, l'argent, les honneurs. A prêcher l'expropriation, il s'est fait une jolie fortune.

Quoique tonnant contre le militarisme et le favoritisme, Jaurès a aussi obtenu pour son frère de nombreuses décorations et des tours de faveur : le dit frère est maintenant vice-amiral.

Pendant qu'il fut à *la Petite République*, Jaurès passait pour un savant, un orateur, un politique, un penseur et un militant sincère. C'était Gérault-Richard qui l'avait ainsi gonflé et qui veillait avec sollicitude sur la réputation de ce *sujet* qu'il remontait chaque jour et présentait en liberté aux foules, de temps en temps. Le bruit des acclamations fit perdre la tête à *Jaurès;* il se crut capable de faire *seul* les travaux pour lesquels, à *la Petite République*, on exigeait de longues répétitions, et le pauvre homme fonda *l'Humanité* avec l'argent de Juifs narquois. Gérault-Richard, de son côté, hausse les épaules. Livré à lui-même, Jaurès s'est dégonflé. Il ne vaut pas d'autre analyse.

PREMIÈRE PARTIE

LES RÉFORMATEURS. — LES JAUNES

Tendances originelles. — Les réformes sociales. — Syndicats et
Bourses du Travail. — Les Jaunes. — Origine du mot « Jaune ».
— Quelques mots de Mirabeau.

LE MOUVEMENT OUVRIER

Le mouvement syndical, en France, tend de plus en
plus à se déformer.

La discussion des intérêts professionnels fait place
aux revendications sociales *politiquement ou révolutionnairement présentées*.

Le but avoué des associations de travailleurs est
encore l'amélioration des salaires, la défense des intérêts
communs ; mais le mobile secret, celui qui les met en
branle :

C'est la lutte de classe.

Où êtes-vous ! anciens compagnons du « Tour de
France » ?

Où sont-ils, les robustes gars, disciples de Salomon,
Jacques et Soubise, fondateurs du compagnonnage?

Les routes ensoleillées ne résonnent plus des chansons de l'apprenti, allant, le *baluchon* sur l'épaule, de
ville en ville, pour se perfectionner dans son métier ou
son art.

La « Mère » a fermé sa porte hospitalière, et, le soir,
les *trimardeurs*, au lieu de discuter dans le refuge

compagnonnique, sur les *chefs-d'œuvre* des anciens, les rites et les gestes traditionnels du compagnonnage, implorent — souvent en vain — le moderne *viaticum* de cinq sous, alloué par le syndicat officiel et subventionné.

Aux anciens groupements, mutuellistes et libres, des corporations, la loi s'est substituée.

Après avoir interdit les associations ouvrières, on les autorise en les mettant en tutelle.

La loi a réglementé les associations professionnelles, en les comprimant dans les *Unions* ou *Fédérations* par le Code de 1884, qui défend à ces groupements de posséder librement.

Ce n'était pas assez :

Aujourd'hui, une nouvelle cause de gêne paralyse les mouvements des salariés. Un trouble profond angoisse et fausse les rapports du prolétaire avec le capitaliste :

C'est la politique.

L'étude devient révolte ; les revendications sont incohérentes, visent des objets absolument étrangers aux protestations de la masse ouvrière.

Le mystérieux esprit qui anime les groupements de travailleurs et inspire leurs manifestations prend ses forces, les renouvelle, dans une étrange métaphysique active, dite humanitaire, qui n'est faite, en réalité, que de négations, de révoltes, de désespérances humaines et de faux espoirs d'une prompte jouissance matérielle.

⁂

Pour conduire le prolétaire à la bataille, on lui fait un merveilleux tableau de l'avenir.

Oublie le présent, lutte et meurs, telle est la théorie, telle est la pratique.

Les propagandistes *socialistes révolutionnaires* ayant seuls compris, jusqu'ici, le parti à tirer des associations professionnelles pour les revendications d'ordre général, il en résulte une campagne ardente de ce socialisme dans les masses prolétariennes : campagne pendant laquelle les agitateurs peuvent, sans contrainte ni concurrence, inoculer le virus de leurs passions, dans les milieux ouvriers.

Sous le prétexte d'organiser les travailleurs, dans les syndicats, pour les revendications professionnelles, ils les embrigadent dans l'*armée révolutionnaire*. Et, comme tous les partis paraissent, sinon hostiles au syndicalisme, du moins affectent de s'en désintéresser, les masses ouvrières en dégagent cette conclusion :

« Les socialistes sont les seuls défenseurs des travailleurs. »

Le résultat visé par les chefs est donc obtenu. Alors tous les élus « socialistes » sans aucune exception, depuis les illettrés comme *Coutant*, *Basly*, *Lamendin*, *Lassalle*, *Poulain*, *Benezech*, etc., etc., jusqu'aux intellectuels comme Jaurès, Millerand, Rouanet, etc., viennent au Parlement, PORTÉS PAR LES SYNDICATS OUVRIERS!

*
* *

C'est maintenant un fait acquis : les organisations ouvrières furent créées, utilisées, comme des instruments pour la conquête du pouvoir.

Ouvriers, universitaires ou docteurs, la méthode est pareille, invariable, et elle réussit : suivons-en par le menu toute la graduation.

Des phrases suffisent :

« La propriété, c'est le vol.

« Le salariat est une forme de servage. Et comme corrollaire :

« La propriété doit être commune à tous !

« Ouvrier, organise-toi, pour toi, avec tes camarades.

« Ouvriers, vous êtes le nombre.

« Quand vous serez organisés, vous serez les maîtres. »

Les phénomènes économiques les plus complexes sont ravalés en formules lapidaires, qui traînent de bouche en bouche, comme la constatation de vérités intangibles.

On trouve fréquemment des illuminés par les prédications révolutionnaires qui, ne sachant ni lire ni écrire, s'en vont, le soir, dans les réunions publiques, exposer devant des camarades, bouches bées, les plus redoutables problèmes.

Le thème est invariable ; ils démontrent à leur façon :

Que la concentration, de plus en plus accentuée du machinisme, a exproprié le travailleur de son outil ;

Que la concentration des grands capitaux tue le petit commerce et subordonne les gouvernants eux-mêmes.

Que les *trusts* tendent à se généraliser, *anonymisent* de plus en plus le capital, accroissent sa puissance oppressive et tentaculaire.

Qu'en conséquence, le nombre des dépossédés, des expropriés et des « déchets humains » de la machine capitaliste se multiplie à l'infini.

Qu'ils forment actuellement l'immense et douloureuse armée du Prolétariat universel.

Qu'enfin le capital n'ayant plus ni nom, ni frontière, les peuples ne doivent plus avoir ni nom, ni frontières !...

L'internationalisme, d'après ce raisonnement, devient une nécessité.

Pour des cerveaux ainsi préparés, la Révolution *à faire* n'apparaît plus que comme une simple formalité, un déclic, qui, faisant exploser les *vieux préjugés* et notre société *surannée*, nous ferait passer, sans transition, dans une société nouvelle où les hommes, libérés des propriétaires, des patrons, de Dieu et des gouvernements, seraient définitivement heureux.

Et voilà comment, sans avoir effleuré le moindre problème philosophique, scientifique ou politique, on en est arrivé, *par l'unique organisation des syndicats professionnels*, à donner aux travailleurs crédules l'illusion qu'il ne dépend que de leurs seuls groupements de réaliser, du jour au lendemain, l'harmonie universelle.

LES SYNDICATS « OFFICIELS »
DE 1884 A 1905

SYNDICATS, BOURSES DU TRAVAIL, SUBVENTIONS ET JOURNAUX

Répétons-le, ces idées, prodigieuses et ridicules tout à la fois, se sont épanouies sous la seule impulsion des propagandistes révolutionnaires, avec un seul instrument et une méthode unique :

Le syndicat ouvrier !

Dans l'espace de dix-huitans, malgré les restrictions apportées aux associations ouvrières par la loi de 1884, qui ne permet pas aux *unions de syndicats* de posséder et de vendre, c'est-à-dire qui les frappe d'incapacité civile et les condamne du même coup à l'impuissance pour une mise en train éventuelle de grands capitaux, malgré cette entrave, dis-je, les associations syndicales ouvrières prirent une extension considérable.

En 1884, il y avait 68 syndicats ouvriers ;

En 1890, il y avait 1.006 syndicats ouvriers ;

En 1900, on trouve 3.287 déclarations officielles ;

En 1903 enfin, le nombre s'en élève à plus de 4.000 ! dont 500 unions ou fédérations ; le tout comprenant plus de 700.000 adhérents.

Dans cette statistique, il n'est mentionné aucun syndicat patronal, mixte ou d'agriculteurs.

Je cite l'armée ouvrière, créée par la propagande socialiste et, en partie, animée du souffle et de l'esprit *collectiviste internationaliste* ; cette armée enrégimentée, disciplinée et *subventionnée*, dans ses différentes sections, unions, fédérations ou bourses du travail, compte pour la moitié du chiffre global.

Les Bourses du Travail sont les points d'attache, de propagande et de ravitaillement ; elles sont actuellement au nombre de 114.

En 1901, il y en avait 86 : certains départements, comme l'*Aisne*, l'*Aude*, le *Cher*, l'*Hérault*, la *Loire*, la *Seine*, en comptent de 3 à 6, et les frais d'installation supportés par les budgets municipaux s'élevaient à *trois millions cent soixante-quatre mille francs onze centimes.*

Le chiffre des subventions municipales ANNUELLES, à *trois cent quatre-vingt-seize mille francs.*

Celui des subventions départementales (annuelles), *à trente-trois mille neuf cent cinquante francs.*

Si vous ajoutez à ces chiffres les allocations gouvernementales et spéciales, accordées à la *Bourse centrale du Travail* de Paris, et qui, d'après l'interpellation faite par M. Prevet, au Sénat, l'année dernière, s'élèvent (*annuellement*) à *quatre cent cinquante mille francs*, vous arrivez au joli denier de *huit cent quatre-vingt-dix-neuf mille neuf cent quatre-vingt-quinze francs par an.*

Ce sont les chiffres officiels de 1901, non compris l'amortissement du capital de *trois millions et demi*, immobilisés pour frais d'installation.

Actuellement, *et depuis* 1902, les subventions annuelles *dépassent un million*.

Les contribuables commencent à s'inquiéter des proportions de ce singulier budget.

A Paris, le préfet de la Seine refusa, en 1905, d'ordonnancer une grande partie de la somme de 180.000 francs votée par le Conseil municipal. La *Confédération générale du Travail* fut exclue de la *Bourse du Travail. A Toulon, Alger*, etc., etc., les municipalités harcelées par les manifestations des syndicats anarchistes fermèrent aussi les Bourses ou supprimèrent les subventions.

Certaines villes, comme Saint-Étienne, donnent, bon an, mal an, de 25 à 30.000 francs aux agitateurs chargés de l'organisation révolutionnaire.

Bordeaux, 12.600 francs ; Saint-Quentin et Belfort paient leurs syndiqués à raison de 2 francs par tête et par an.

C'était, du moins, le tarif en 1901 ; maintenant il a sensiblement augmenté. A cette époque, Saint-Quentin donnait, en plus du logement, 6.600 francs, pour 3.385 adhérents ; Belfort et le département, 4.100 pour 2.284 adhérents. On le voit, la proportion est soigneusement gardée.

* * *

Les Bourses du travail de France sont réunies entre elles par un organisme central qui porte le nom de *Fédération des Bourses du Travail*.

Depuis le passage de M. Millerand au ministère,

cette Fédération reçoit une subvention gouvernementale annuelle et *spéciale* de 10.000 francs. Il y a même à ce sujet un détail peu banal : les membres qui en composent le bureau, Yvetot, Lévy, etc., sont en même temps du *Comité de la Grève générale*, de sorte que le Gouvernement se trouve le pourvoyeur de ce Comité, et c'est avec son argent que l'on publie les traités de *Sabotage* et *Boycottage* et le *Manuel du Soldat !*

Cette année 1905, en raison de la campagne antimilitariste à laquelle la Fédération des Bourses consacrait les ressources des contribuables, les 10.000 francs de subvention spéciale ne furent pas non plus ordonnancés.

Les journaux « de classe », organes des différentes corporations syndiquées, sont actuellement au nombre de 108, dont 96 nettement révolutionnaires.

Le moniteur politique de toutes ces feuilles est *la Voix du Peuple*, se publiant à Paris, sous les auspices de la *Confédération générale du Travail;* avec, comme principaux rédacteurs, *Pouget*, ex-directeur du *Père Peinard*, *Latapie*, *Greffulhe*, *Yvetot*, etc., tous libertaires !

Ajoutez à cela l'appoint des quotidiens ou hebdomadaires socialistes et anarchistes, qui insèrent les convocations, ordres du jour ou appels des syndicats ou comités, *la Petite République*, *la Lanterne*, *l'Aurore*, *l'Action*, *le Libertaire*, *les Temps Nouveaux*, etc., etc., et vous aurez une idée de la vitalité de ce groupe remuant et audacieux.

LES SYNDICATS JAUNES

Avant d'aborder l'historique des syndicats jaunes, nous croyons nécessaire d'en formuler les tendances en quelques explications d'ordre général.

On aurait grand tort de ne voir, dans les multiples manifestations du *syndicalisme libre*, que la forme plus ou moins savante d'une organisation d'essence négative, c'est-à-dire seulement *antigréviste*, ou exclusivement destinée à modérer les emballements, les erreurs de la classe ouvrière.

Réformateurs ou simplement « jaunes », penseurs libres, nous avons un idéal social beaucoup plus élevé et d'ailleurs nettement formulé.

Quand même nous aurions, à tout jamais, mis les meneurs des syndicats rouges dans l'impossibité de nuire, quand même nous aurions définitivement écarté la perspective d'une catastrophe révolutionnaire qui, « faite sur le terrain économique sous la poussée des idées expropriatrices, serait une véritable folie, un inconcevable suicide de la classe ouvrière », nous timerions notre tâche incomplète.

Le péril que nous font courir les violents et les violences n'est que passager : ce qui, plus que tout, est redoutable pour le prolétariat, c'est la formidable propagande qui, sous toutes les formes, avec mille séductions, nous entraîne vers le socialisme d'État.

Les « Jaunes », par leur *manifeste*, répudient le *socialisme d'État* comme le danger suprême.

Alors que l'État patron fait de nos camarades des cantonniers et des facteurs [1] faméliques, des ouvriers de nos manufactures d'allumettes les victimes marquées de la misère et de la nécrose, des ouvriers des arsenaux, en un mot de tous ses fonctionnaires prolétaires, la classe la plus dolente, la plus déshéritée, la plus dégradée (par une discipline où la délation est un

---

1. Les uns et les autres débutent à *quarante francs par mois et ils doivent avoir au moins vingt-cinq ans!!*

moyen de commandement et de direction), nous ne voyons point, sans une douleur réelle, des milliers d'autres camarades des chemins de fer, des mines, des grandes industries, etc., etc., visés par le Minotaure étatiste.

Or, c'est le faux socialisme dont est saturé le prolétariat français qui alimente cette doctrine dangereuse.

L'individu libre dans la société libre? oui.

C'est pour se rendre « *libres* » que les travailleurs indépendants, organisés dans leurs syndicats, ont déployé le véritable étendard de la classe ouvrière, celui qui couvre les revendications légitimes.

En nous libérant de la tyrannie des syndicats rouges, nous n'avons pas seulement voulu élever une barrière à des agissements professionnels momentanés, nous avons regardé l'avenir.

Qu'ils soient ou non révolutionnaires, les groupes, les éléments qui composent l'armée des syndicats officiels, sont animés par l'esprit de *leur socialisme ;* ils sont internationalistes et communistes nés. Ils travaillent sans relâche et sous toutes les formes au socialisme d'État, acheminement vers le collectivisme.

A nos yeux, ces doctrines, cette conception sociale équivalent à une suprême abdication de la personnalité humaine.

Au nom de la raison, animés par le bon sens national, les prolétaires français, organisés sainement, se sont élevés contre ces fausses et dégradantes prédications.

Les syndicats, en revenant aux conquêtes traditionnelles, ont affirmé qu'ils connaissaient l'histoire de la civilisation, ses éternels enseignements et aussi l'histoire de leur propre pays.

Ils veulent affermir et dispenser le droit à la vie, au travail et à la propriété dans la liberté.

Voilà 'ce que sont les « Jaunes » au point de vue ouvrier et au point de vue social.

On verra plus loin quels furent les tâtonnements du début, et comment peu à peu, en même temps que se précisait notre vaste et salutaire programme concernant les réformes sociales profondes, l'*organisation générale* s'acclimatait dans tous les milieux — ouvriers, patronaux, agricoles et intellectuels — au point de donner, à l'heure actuelle, l'impression tangible que les *Jaunes* forment un vaste parti de rénovation sociale.

LES PREMIERS SYNDICATS LIBRES (CATHOLIQUES)

Rendons à César ce qui est à César.

Il est impossible d'écrire l'histoire du *syndicalisme libre* sans citer les tentatives, très sincères, des militants catholiques, qui, en réalité, furent les premiers à entrer dans cette voie.

Le groupe le plus important, le plus ancien aussi (il date de 1887), est, à Paris, celui qui siège 14, *rue des Petits-Carreaux*, en ce qui concerne spécialement la corporation des employés de commerce. Ce groupe des Petits-Carreaux est particulièrement florissant : il compte actuellement plus de 2.000 adhérents, dont le chiffre des cotisations annuelles dépasse 15.000 *francs*.

Ces organisations ont un organe, *l'Écho des Syndicats*, où l'on mène, depuis longtemps, ainsi que dans les différents Congrès, une belle campagne pour le repos du dimanche.

En province, le groupement *type* des syndicats catholiques est évidemment celui de Tourcoing, présidé par un ouvrier tisseur, François Loth, et dirigé par Deguesselle, rédacteur à la *Croix du Nord*.

Nous avons vu sur place cette organisation : elle rend d'inappréciables services à ses adhérents, en leur procurant tout ce qui est nécessaire à l'existence, dans des conditions sans pareilles de qualité et de bon marché.

A *Valenciennes*, sous l'impulsion de M. Delcour-Haillot, une fédération des mineurs dite *Union des Syndicats Sainte-Barbe* fonctionne avec beaucoup de vigueur et de méthode. Des groupes similaires fonctionnent dans l'Aisne, à Lille et à Roubaix.

L'influence *sociale*, ou plutôt nationale, exercée par ces différents groupes, purement catholiques, est pourtant très restreinte, *presque nulle !* Nous l'affirmons ici, sans aucun parti pris.

Ces associations peuvent vivre, même s'augmenter de quelques unités, pendant encore de nombreuses années ; il n'en reste pas moins *que, malgré une indéniable sincérité d'intentions*, elles sont condamnées à l'isolement.

Elles n'arriveront point à déterminer un courant général ; permettez-moi le mot :

Elles sont trop confessionnelles !

Nous n'affirmons pas cette opinion comme une critique, mais comme une constatation.

D'ailleurs, le devoir de celui qui étudie impartialement est d'exposer les faits, non comme il désire les voir, mais selon le véritable aspect sous lesquels ils se déroulent.

Or, les groupements que nous venons d'indiquer, s'ils ont des recrues assurées parmi les *catholiques militants*, n'exercent, en fait, qu'une influence à rebours, dans la grande masse ouvrière.

Les événements de ces dernières années se chargent, d'autre part, de nous donner raison.

Alors que les syndicats exclusivement catholiques ou dirigés par des prêtres, ou des religieux, restent stationnaires, les syndicats indépendants, ayant un même programme économique, mais laïque, se développent vertigineusement.

C'est parce qu'ils sont « jaunes » simplement, sans prosélytisme confessionnel.

L'ORIGINE DU MOT « JAUNE »

Au plus fort de l'agitation qui accumulait les ruines industrielles et multipliait, dans la classe ouvrière, les foyers sans pain, 1898, 1899, 1900, 1901, personne, parmi les classes dites « dirigeantes », ne songea à la création d'associations ouvrières dont l'éducation professionnelle et civique eût fait contrepoids aux débordements révolutionnaires.

Il fallut la révolte d'ouvriers *qui désiraient ne point cesser le travail, tout en poursuivant leurs revendications légitimes*, pour déterminer le mouvement de sagesse qui est, aujourd'hui, appelé à rendre de si précieux services aux travailleurs et au pays, parce que de négatif qu'il était d'abord il est devenu réformateur.

La protestation fut d'abord individuelle, ensuite collective.

C'est de *Montceau-les-Mines* que vint le premier geste, puissant et fécond ; il fut accompli par Dessolin, Monamy, Burtin, etc., etc.

Pour lutter contre la tyrannie des meneurs, ces braves compagnons risquaient, chaque matin, de se faire écharper par les grévistes exaltés.

Faibles, isolés, ils furent, dans les débuts, victimes des plus odieuses brutalités. Les circonstances, les violences dont ils étaient l'objet les conduisirent à l'organisation.

Et c'est ici que se place l'origine du mot « Jaune » que les syndicats indépendants arborent comme un drapeau.

Le *Café de la Mairie*, à *Montceau-les-Mines*, était le lieu de rendez-vous des mineurs qui voulaient travailler.

Très intelligemment soutenus par un rédacteur de *la Liberté*, M. E. Charles, et M. Janne, de *la Croix*, qui suivaient, pour le compte de leurs journaux respectifs, les péripéties de la grève, les *antigrévistes* voyaient chaque jour affluer les secours, ainsi que les recrues.

Ce syndicat dissident fut nommé : le numéro 2.

Effrayés et furieux de ce qu'ils considéraient comme une trahison, les « Rouges » résolurent de châtier ceux qui voulaient travailler, et, pour ce faire, ils assaillirent le siège de ceux-ci, qui était, ainsi que nous venons de le dire, le *Café de la Mairie*.

Ce fut une émeute :

La troupe, la gendarmerie eurent fort à faire pour empêcher les assaillants de démolir l'édifice. Des coups de revolver, d'énormes pierres, des projectiles divers défoncèrent les vitrines.

Quand ils furent débloqués par les charges de police, les assiégés, qui n'avaient point le choix des matériaux remplacèrent, tant bien que mal, les carreaux cassés par des feuilles de papier « jaune » dont ils avaient un stock.

Ils étaient ainsi baptisés.

Les « Rouges », par dérision, désignèrent le siège social des Indépendants qu'ils avaient saccagé : *Syndicat Jaune !*

Depuis cette époque, nos organisations se parent orgueilleusement de l'épithète décochée en pleine bataille. Notre insigne est le *genêt ;* celui des rouges l'*églantine ;* de là aussi, pour eux, le qualificatif *Eglantinards.*

Les *Jaunes* ne sont pas, si nous nous en référons au document ci-dessous, les premiers qui se sont servis des noms jetés ironiquement ou avec des injures par leurs adversaires.

SÉANCE DES ÉTATS GÉNÉRAUX DU 17 JUIN 1789
(EXTRAIT DU DISCOURS DE MIRABEAU)

..... « Plus habiles que nous, les héros bataves qui fondèrent la liberté de leur pays prirent le nom de GUEUX ; *i's ne voulurent que ce titre parce que le* MÉPRIS DE LEURS TYRANS *avait prétendu les en flétrir*, et ce titre, en leur attachant cette classe immense que l'aristocratie et le despotisme avilissaient, fut à la fois leur force, leur gloire et le gage de leur succès.

« Les amis de la Liberté choisissent le nom qui les sert le mieux et non celui qui les flatte le plus ; ils s'appellent les REMONTRANTS en Amérique, les PATRES en Suisse, les GUEUX dans les Pays-Bas ; *ils se parent des injures de leurs ennemis*, ils leur ôteront le pouvoir de les humilier avec des expressions dont ils auront su s'honorer. »

Cela vient, à un siècle de distance, justifier, s'il en était besoin, le geste des *Jaunes*, revendiquant fièrement, comme un drapeau, l'épithète avec laquelle on les voulait flétrir.

NOTRE INSIGNE

Le *Genêt* — comme le *Jaune* — a son histoire. D'abord la jolie fleur d'or pousse sur toutes les parties de notre sol français. En *toutes saisons* il y a, en France, des fleurs naturellement écloses. Jadis, quand nos corsaires partaient en course, ils plantaient sur le grand mât de leurs navires une poignée de genêt fleuri.

Bientôt le rude souffle de la mer éparpillait les pétales morts sur les flots, et alors restait rugueux, impertinent et résistant à tous les vents, jusqu'au retour, le balai de bruyère dépouillé de ses parures dorées, mais symbole quand même de la terre de France, qui va, généreuse toujours, belliqueuse quelquefois, au-devant des iniquités, pour les combattre, à la rencontre de la misère, pour lui tendre une main secourable.

LES DÉBUTS DES JAUNES

Les débuts de la campagne « jaune » sur le terrain national ne remontent, en fait, qu'aux premiers mois de 1901.

Une sourde, mais profonde évolution s'accomplissait dans la classe ouvrière.

Les meilleurs parmi ceux qui avaient favorisé, sinon implanté, le syndicat socialiste faisaient un retour sur eux-mêmes, refusait nettement de suivre plus longtemps les Jaurès, Millerand et autres mauvais bergers, dans leurs théories antinationalistes, athées, négatrices de tout idéal et nettement révolutionnaires, au mépris des revendications légitimes et possibles.

Nous avions vu trop d'infamies, trop d'attentats contre la classe ouvrière — attentats dirigés par ceux-là mêmes qui se disaient les représentants du Prolétariat. — Las, écœurés, les travailleurs rentraient chacun chez soi ; les organisations ouvrières ne conservaient que les Meneurs et les *Suiveurs* de la Révolution.

Avec quelques camarades, nous avions résolu de remonter ce courant, fait de la haine des uns, de l'ignorance des autres ; et, dans toute la France, on vit s'édifier des Syndicats *indépendants*.

Le gouvernement de MM. Waldeck-Rousseau et Millerand était trop habile pour ne pas sentir le danger que faisait courir, à une politique réprouvée, la constitution de groupements ouvriers, jaunes, patriotes et complètement détachés des influences de leur *socialisme* et des *politiciens*.

Avec la complicité d'un homme qui, sous le prétexte d'organiser les « Jaunes », fit un mal énorme à l'idée même du syndicalisme indépendant, les prédécesseurs de M. Combes mirent la main sur la direction intellectuelle du mouvement.

Il y eut là de beaux jours pour M. Paul Lanoir, qui fut l'artisan de notre échec momentané.

On nous dira, sans doute, qu'en acceptant la tutelle d'un homme suspect, nous n'avons fait preuve d'aucune clairvoyance, et le reproche paraît mérité.

Mais il faut tenir compte que nous arrivions, les uns et les autres, de tous les points de l'horizon ; que M. Lanoir nous était présenté, par des personnalités évidemment sincères, comme un militant, loyal, honnête et dévoué.

Bref, les événements, les constatations *journalières* nous imposèrent la certitude que non seulement M. Lanoir n'organisait et ne voulait point organiser le monde ouvrier, *mais qu'il avait créé, grâce au concours aveugle de nos groupes et de nous-mêmes, une véritable industrie dont il était, avec le Gouvernement, le seul bénéficiaire.*

Nous aurions évité, d'ailleurs, de prononcer le nom de cet homme complètement disparu de la vie publique si, malgré tout, sa personnalité n'appartenait à l'histoire. Quels que soient les sentiments auxquels M. Lanoir obéit jadis, il n'en joua pas moins un rôle prépondérant, pendant deux années, à la tête du mouvement *jaune*, et, volontairement ou involontairement, il contribua dans une faible mesure au travail obscur qui peu à peu dégagea des ténèbres le programme lumineux qui est celui des « Jaunes » d'aujourd'hui.

C'est, en particulier, M. Lanoir qui eut, le premier, l'idée de créer une *Bourse du Travail indépendante*, et voici en quels termes il annonça lui-même au *Ier Congrès des Jaunes*, qui tint ses assises au Salon des Familles, avenue Saint-Mandé, les 27, 28 et 29 mars 1902, la genèse de cette idée :

« M. LANOIR. — L'idée première de la création à Paris d'une *Bourse du Travail indépendante*, qui serait le siège social, le domicile légal des syndicats professionnels, *nous est venue le 15 septembre* 1901.

« A cette époque, nous étions, avec beaucoup d'amis, adhérents à la Bourse du Travail du Château-d'Eau. A ce moment, la campagne se faisait active par MM. Jaurès, Millerand, Guérard, Beaumé, Briat et tous les autres agents de la Révolution par la grève, pour nous embrigader, nous aussi, dans ce qu'il est convenu d'appeler : l'*Union des Syndicats de la Seine* et la *Fédération des Bourses*, ces deux groupements à la tête desquels se trouvent, vivant du travail des autres, tous les meneurs de la gréviculture, les partisans de la lutte des classes.

« Or, tous ceux qui ont refusé de se courber sous la tyrannie que l'on voulait faire peser sur eux et de prendre pour chefs de file les hommes dont nous venons de dire les noms, tous ceux-là, contrairement au droit, à l'équité et à la plus élémentaire justice, tous ceux-là ont été privés de leurs bureaux syndicaux et expulsés de la Bourse.

« *Une voix*. — Au nom de la liberté.

« A ce moment, nous avions déjà réussi à grouper autour de nos idées sociologiques, 65 syndicats ouvriers de la Seine qui tous, pour ce seul motif, se trouvèrent du jour au lendemain privés de siège social.

« Nous avons pensé qu'étant donnée la responsabilité morale qui nous incombait, nous ne pouvions laisser nos amis dans une si cruelle situation. Expulsés de la Bourse des syndicats politiques, nous en avons formé une autre pour les syndicats professionnels. (*Applaudissements prolongés. — Très bien ! très bien !*)

« Il était indispensable d'entreprendre cette œuvre dont l'utilité sautait aux yeux. Il n'était pas possible, pensions-nous, que, pour une œuvre ouvrière intéressant la France entière et dont la création était réclamée par tous, il n'était pas possible, disons-nous, que nous ne rencontrions d'une façon ou d'une autre les appuis qui nous étaient nécessaires. (*Applaudissements.*)

« Nous comptions sur deux concours : 1° les subventions municipales auxquelles nos syndicats professionnels avaient droit, au moins au même titre que les syndicats politiques; 2° les concours moraux et matériels des membres les plus intelligents et les plus clairvoyants du patronat qui, comprenant, eux, la nécessité de notre œuvre de paix sociale, aideraient à son éclosion. » (*Vifs applaudissements.*)

Plus loin, il dit encore :

« Nous ne nous étions pas trompés sur les sentiments des élus de la ville de Paris. Trois mois après notre création, une première subvention de 38.500 francs nous était votée par le Conseil municipal de Paris; c'était peu, si l'on pense que l'autre Bourse bénéficie d'une subvention annuelle de 460.000 francs. Mais, enfin, cela nous suffisait, et nous allions pouvoir assurer la vie de la Bourse du Travail indépendante. Nous avions compté sans la haine, toujours en éveil, de M. Millerand, qui refusa au Préfet de la Seine l'autorisation de signer nos mandats de payement. Et, malgré un second vote du Conseil municipal confirmant le premier, nous ne pûmes toucher les subventions qui nous étaient légalement dues. Ce fait est unique dans les annales de l'histoire !

« *Une voix.* — C'est une indignité.

« *Une autre voix.* — Dites, c'était un vol manifeste. (*Applaudissements.*)

« Devions-nous, dans ces conditions, renoncer à notre action? Déchirer le bail déjà consenti et signé, puis abandonner nos amis à la haine féroce de ceux dont ils étaient devenus les ennemis, parce qu'ils en combattaient à nos côtés les utopies sociales? (*Applaudissements. — Non! non!*)

« Nous ne l'avons pas pensé et nous avons cherché, pour suppléer à ce qui était notre droit, les concours moraux et matériels dont nous avons parlé tout à l'heure. (*Mouvement.*)

« L'argent qui nous était nécessaire nous l'avons trouvé. Je voudrais pouvoir vous dire les noms de ceux qui ont collaboré à l'œuvre dont nous célébrons aujourd'hui le triomphe : je payerais ainsi une dette de reconnaissance ; mais j'estime n'avoir pas le droit de le faire. Et sur ce point, spécialement délicat, laissez-moi résumer toute ma pensée en deux mots : NOTRE BOURSE DU TRAVAIL EST LOUÉE POUR DIX ANNÉES CONSÉCUTIVES, NOTRE TERME EST PAYÉ, LE GAZ ET LE TÉLÉPHONE INSTALLÉS.

« Nos 27 bureaux syndicaux sont meublés, aménagés ; tous les frais de premier établissement sont faits ; tout est payé, nous ne devons rien à personne. *Je n'ai jamais ni engagé la responsabilité des syndicats, ni permis à qui que ce soit de toucher à ma liberté et à mon indépendance.* (*Vifs applaudissements.*) Dans ces conditions, qu'importent les noms de ceux qui ont apporté un si utile et si précieux concours à l'édification de l'œuvre que je remets aujourd'hui entre vos mains ?

« Et puis, vous dire leurs noms, cela nuirait à votre indépendance vis-à-vis de ces donateurs, qui, tous, sont de *bons Français* et DE GROS INDUSTRIELS ; je trouve plus conforme à notre besoin d'indépendance vis-à-vis de tous le fait, pour vous, de ne pas connaître leurs noms. (*Applaudissements prolongés.*) Et je demande au Congrès de manifester par un vote s'il approuve :

« 1° La création de notre mouvement des « Jaunes » de France ;

« 2° La fondation de la Bourse du Travail indépendante ;

« 3° Les moyens d'action employés pour arrriver au but atteint. »

Par d'unanimes acclamations, tous les délégués, dans une manifestation de sympathie, démontrent l'étroite communion d'idées qui existe entre eux et M. Lanoir.

*
* *

On le voit, la préoccupation dominante de M. *Lanoir* n'était pas de formuler (en même temps que des critiques contre les agissements répréhensibles des syndicats « rouges ») des bases d'organisation *réellement indépendante* ou *jaunes* avec un programme spécial.

M. *Lanoir* voulait simplement *faire une cassure* dans le syndicalisme, rendre possible la formation d'associations ouvrières *antigrévistes*, et pour cela il espérait trouver des moyens d'existence identiques à ceux des « Rouges » :

1° Par les subventions officielles;

2° Par les subventions patronales qui auraient compensé celles des politiciens entre les mains des meneurs socialistes.

Il faut évidemment faire la part du !bluff dont usait immodérément M. Lanoir, par exemple quand il disait : « Notre Bourse est louée pour dix années, terme payé, gaz, téléphone installés, etc., etc. »; car, si ces faits étaient vrais, comment le même personnage expliquerait-il que, *deux ans* après, la « Bourse » était fermée pour cause de non-payement de loyer. Ce premier mensonge en avait néanmoins entraîné un autre. Dès le moment où M. Lanoir prétendait avoir à sa disposition *tout l'argent* qu'il désirait, il fallait en indiquer la source, et il le faisait en disant : « Les donateurs *sont tous de bons Français* et DE GROS INDUSTRIELS. » Il ne faut pas s'étonner, en conséquence, après de telles déclarations, d'ailleurs exagérées, — l'avenir le prouva, — si on accusa les premiers Jaunes d'être les « agents du patronat ».

Si chétif, le mouvement vécut cependant, nous devons donc l'examiner avec ses tendances, ses idées et son développement.

Le programme, si programme il y avait, consistait en cette formule :

« Le CAPITAL-TRAVAIL et le CAPITAL-ARGENT sont les deux facteurs indispensables à la vie sociale. L'un complète l'autre; les deux se font vivre mutuellement. Le devoir de ces deux collaborateurs est donc de rechercher amiablement, de bonne foi et en toutes circonstances, le point de rencontre des concessions réciproques qu'ils se doivent l'un et l'autre (Paul LANOIR). »

C'était tout, c'était peu; rien au point de vue professionnel, rien au point de vue national, rien au point de vue social.

Tel quel, le mouvement jaune fit néanmoins des progrès : les industriels, las des grèves politiques, inquiets de la désorganisation du pays, mirent pendant quelque temps la bride sur le coup de la partie intelligente du monde ouvrier, désireuse aussi de secouer le joug des meneurs révolutionnaires et de briser la tyrannie des syndicats rouges.

D'autre part, la grande presse et les journaux de province à la presque unanimité, sauf les journaux socialistes, appuyèrent les tentatives des *Jaunes*.

Dans le monde politique, M. Méline et son groupe,

l'Association républicaine, les journaux catholiques et même les organes radicaux comme *le Petit Parisien*, *le Siècle* et *le Journal*, firent chorus en faveur du groupement nouveau, qui se trouva ainsi en quelque sorte soulevé par un mouvement favorable de l'opinion publique.

Presque dès sa fondation, l'auteur de ces lignes fut nommé secrétaire général adjoint de la *Bourse du Travail indépendente*, dont le siège social était 6, rue des Vertus (III⁰ arrondissement).

Dans la coulisse, et à côté des industriels, agissaient certainement des hommes politiques désireux de faire de l'organisation nouvelle un tremplin électoral, pour la consultation législative de mai 1902.

En effet, le 23 décembre 1901, M. E. Loubet, président de la République, soucieux de donner un essor nouveau aux syndicats indépendants, reçut officiellement à l'Élysée une importante délégation de la Bourse indépendante. Voici le texte officiel de la harangue que M. Loubet prononça à cette occasion :

« MESSIEURS,

« Je viens d'écouter avec la plus grande attention la lecture que vous venez de me faire. N'ayant pas sous les yeux le dossier dont il s'agit, je ne puis, vous le comprenez bien, vous promettre de donner suite à votre demande. Mais ce dont je veux vous assurer, c'est *de toute ma sympathie.*

« Oui, je tiens à vous démontrer ma sympathie, parce que je considère que l'œuvre à laquelle vous vous êtes voués est absolument digne d'intérêt. Vous avez bien fait d'organiser vos syndicats ouvriers en les plaçant sous l'égide de la loi de 1884.

« J'ai toujours pensé, et non seulement depuis que je suis Président de la République, mais quand j'étais ministre, sénateur ou député, que l'avenir des travailleurs était dans leur organisation rationnelle et raisonnée.

. . . .

« Comment ne pas approuver une si belle action! Diviser en deux le monde du travail? Quelle faute! La lutte des classes? Quelle utopie!

« Puis, où commencent et où finissent les classes à soutenir ou à combattre; aussi, comme je vous approuve de ne voir, entre patrons et ouvriers, qu'une seule et même classe : *la classe du travail.*

« Et il faut bien le dire, les hommes ou, mieux, LES POLITICIENS, puisque vous avez employé ce terme, QUI ATTISENT LES HAINES, QUI EXCITENT LES CONVOI-TISES, QUI LANCENT LES UNS CONTRE LES AUTRES DES HOMMES QUI SONT FAITS POUR S'ENTENDRE ET S'UNIR ; CES HOMMES-LA, VOUS NE SAURIEZ TROP LE RÉPÉTER, SONT : OU DES NIAIS OU DES MISÉRABLES.

Aussi, Messieurs, l'œuvre que vous avez entreprise a toutes mes sympathies; je vous félicite de votre courage et je vous souhaite de tout mon cœur une grande réus-site. »

On le voit, les encouragements aux Jaunes venaient des sommets de la République.

M. LANOIR

De taille un peu au-dessus de la moyenne, cheveux châtain presque crépus, barbe blonde, petits yeux gris, myopes, constamment abrités derrière un lorgnon légèrement impertinent, l'ensemble de l'homme est assez sympathique, sauf l'allure astucieuse des gestes très instinctifs.

Si M. Lanoir avait eu le désir sincère de créer en France un mouvement ouvrier indépendant, il eut, durant quelques mois, la possibilité de le faire et de graver en même temps son nom dans le granit pour la postérité. Mais cet homme, malheureusement, n'avait pas d'aussi hauts desseins.

Astucieux, remarquablement intelligent et menteur effronté, il dominait toujours ses interlocuteurs par l'assurance et la force avec lesquelles il attestait des choses dont il ignorait le premier mot. Avec cela, doué d'une incomparable puissance de travail, M. Lanoir aurait pu faire, malgré ses tares, un des premiers politiciens de ce temps peu productif d'hommes si, au milieu de tous ses défauts, une seule ambition noble eût poussé des rameaux. Lanoir n'avait aucune ambition ; il n'avait que des appétits, et même de bas appétits ; il n'était pas de ces prolétaires, qui ont des instincts de patriciens ; il n'avait pas le goût du luxe, des œuvres d'art ou de la vie élégante et large ; il mangeait gras dans de petits restaurants, buvait du gros vin au litre, mais abondamment, se délassait en jouant à la manille avec des sans-travail, ou se livrait aux orgies de casernes, sans souci du qu'en dira-t-on, chez les ouvriers qu'il méprisait. Par contre, très hypocrite avec les riches et les puissants, il affectait des idées religieuses outrées et une discipline de vie familiale exemplaire. La passion dominante de Lanoir était l'*argent*, l'argent pour l'argent. D'aucuns l'ont accusé d'appartenir à la police, d'autres de servir des intérêts purement patronaux, d'autres d'être aux gages de tel ou tel parti politique. Il y avait quelque chose de fondé dans chacune de ces assertions ; mais, pour nous qui l'avons connu, aucune ne répond complètement à son type.

Ex-employé à la Compagnie d'Orléans à laquelle il rendit des services secrets, Lanoir avait, en réalité, appris de bonne heure à *ne servir complètement* que SES INTÉRÊTS A LUI. Il toucha de l'argent de toutes les mains, servit à demi toutes les causes, mais il ne servit complètement que lui-même. Quand il estima sa fortune faite, il s'en alla, avec le même cynisme qu'il avait vécu, en jouir dans le Midi, sur la côte d'Azur, à *Juan-les-Pins*, dont il devint, selon la courbe par laquelle finissent les hommes « arrivés », conseiller municipal.

APOGÉE DU PREMIER MOUVEMENT JAUNE

Le point culminant de cette première tentative de syndicalisme antirévolutionnaire fut le *Congrès de mars* 1902.

D'après les chiffres fournis, le nombre des syndicats ouvriers représentés à ce Congrès était de 317, représentant 201.745 salariés. Il y a lieu, cependant, de faire observer que notre enquête, faite aussitôt, nous permit de constater que ces chiffres étaient majorés de plus de moitié.

Les débats prirent néanmoins une certaine ampleur, en raison de la présence des délégués de l'*Union centrale des Syndicats agricoles de France*, des représentants de quelques unions patronales et des associations du Nord dont nul ne peut contester la vitalité.

Le directeur spirituel et effectif de cette manifestation fut toujours Lanoir. Étant donné le tempérament et les desseins particuliers de ce personnage qui ne visait qu'au bluff, destiné à frapper l'opinion publique et à lui rapporter ensuite de l'argent ; les travaux accomplis en cette occasion sont de minime importance, surtout au point de vue social.

Au point de vue professionnel, quelques interventions furent cependant intéressantes. Nous citons celle de M. *Léon Verleye*, qui est, à l'heure présente, un des membres du Comité, directeur de l'actuelle *Fédération nationale des Jaunes de France*.

« LE PRÉSIDENT. — La parole est à M. Léon Verleye, dessinateur industriel, président de l'Union syndicale de la Bijouterie parisienne.

« M. VERLEYE :

« CAMARADES,

« A vous, les masses prolétariennes productrices de choses essentiellement indispensables à l'homme, laboureurs, mineurs, constructeurs, tisserands et autres, je viens présenter les revendications de ceuxdont le labeur, s'il n'a pas pour but les nécessités primordiales de notre existence, n'en répond pas moins à un indéniable besoin : l'art n'est-il pas le complément obligé de la vie agréable ? Nos aspirations à la beauté ne sont-elles pas invincibles ? (*Approbations.*)

« Contrairement à ceux qui, dans le prolétariat, font une sélection, retiennent les ouvriers dits manuels, rejettent les hommes des professions dites libérales, nous considérons que l'armée du travail est un tout ; nous demandons qu'on ne la partage pas en classes plus ou moins intéressantes, dès lors fatalement ennemies, mais nous voulons que tout homme œuvrant de son cerveau ou de sa chair, tout être utilisant les forces qu'il détient, intelligence ou muscles, à l'entretien comme à l'embellissement de la vie, soit tenu comme frère. C'est au nom de ceux qu'on voudrait rejeter de l'armée du travail, les ouvriers et professionnels de l'art, que je vous parle ici.

« Ces travailleurs se divisent en deux parts : la première régulièrement inscrite à l'atelier ; la seconde, travailleurs libres ou façonniers, dessinateurs, modeleurs, inventeurs et créateurs de modèles qui écoulent au jour le jour les produits de leur imagination et de leur travail manuel.

« Pour la première partie de ces hommes, une distinction est faite encore : les uns sont classés parmi les employés, les autres parmi les ouvriers ; et là nous tenons à protester de toutes nos forces contre cette classification qui distrait du bénéfice des lois protectrices du travail une notable fraction des travailleurs ; nous nous rallions sur ce point aux revendications des employés du commerce et de l'industrie, *c'est-à-dire à l'égalité pour toutes les formes du prolétariat devant les lois ouvrières. (Très bien!)*

« Voyons à présent quelle part est faite aux travailleurs libres. La plupart, après un apprentissage fort long, après des études prouvant des aptitudes spéciales et faites, le plus souvent, en dehors des heures du travail nécessaire à l'assurance du travail de leur vie, se trouvent à un degré d'instruction théorique et pratique qui leur permet d'entreprendre, en dehors des ateliers, l'invention, la composition et l'exécution de travaux artistiques : meubles, tapisseries, bijoux, etc. S'ensuit-il, de cette liberté relative, que l'ouvrier ait quitté la classe prolétarienne ? Non, puisqu'il reste toujours un salarié et que, le plus souvent, il travaille seul aux travaux dont il conçut le plan et dont on lui confia l'exécution.

« Parfois, le façonnier, aux moments de presse, prend avec lui quelqu'un, mais cette situation n'est jamais que temporaire, et l'aide est alors plutôt une sorte d'associé passager.

« En tous cas, l'entretien d'un aide permanent par le façonnier ne constitue pas, selon nous, l'état de patron.

« Le patron est celui qui dirige, répartit et écoule les produits de la fabrication de ses usines ou ateliers, sans apporter à cette fabrication la part contributive de son travail manuel. (*Très bien !*)

« L'ouvrier d'art libre, le façonnier appellent le secours d'apprentis ou d'ouvriers, moins experts qu'eux-mêmes dans leur art, et qui, formés à leur école, sont les représentants futurs des traditions de leurs maîtres, les diffuseurs de leur gloire, et non les édificateurs de leur fortune matérielle.

« En résumé, nous disons qu'entre l'ouvrier travaillant chez le patron, le travailleur libre ou artisan et l'employé il n'y a nulle différence : tous ont droit à l'accès aux syndicats et à l'aide morale et matérielle que ces dits syndicats peuvent offrir dans le but :

« 1° De resserrer les liens entre ceux qui de toutes parts gagnent leur pain à la sueur de leur front ;

« 2° De présenter aux pouvoirs publics les revendications, soigneusement étudiées, de tous les travailleurs.

« Vous savez donc, Camarades, ce que nous sommes ; voici ce que nous désirons, par conséquent les vœux que je soumets à l'examen et à l'approbation du Congrès.

« Vœux généraux. — 1° Les travailleurs de l'art demandent l'organisation par l'État, les départements ou les communes, d'expositions entièrement gratuites pour 'les exposants et réservées aux seuls artisans présentant les produits de leur travail personnel ;

« 2° Ils demandent la mise au concours de tous les projets d'art décoratif ou mobilier et l'exonération, pour les ouvriers d'art, de toutes sommes déposées à titre de cautionnement dans les adjudications des travaux précités. (*Très bien !*)

« Les syndicats pourraient, après examen de leurs capacités, prendre dans ces adjudications une part de responsabilité pour l'exécution d'un travail attribué à un de leurs membres.

« Vœux particuliers. — 3° Ils demandent que la Bourse du Travail indépendante, lorsque les circonstances le permettront, ouvre une exposition permanente des travaux d'art industriel et s'entremette pour en offrir le placement ;

« 4° Nous demandons enfin que la Bourse, après examen, veuille bien s'enquérir des prises de brevets pour les inventions dont l'utilité et l'opportunité lui sembleraient démontrées et offre son entremise pour la mise en exploitation de ces brevets ou modèles déposés. (*Approbations !*)

« Voilà, Camarades, quelles sont les revendications des travailleurs de l'art. Nous espérons que vous les approuverez et retiendrez en votre sein ceux dont les esprits étroits et sectaires ont voulu faire des étrangers au monde du travail, ceux en qui, au contraire, nous espérons trouver le courant naturel d'échange entre le patronat et le prolétariat. » (*Vives approbations. — Applaudissements.*)

Notons aussi un vœu de M. Delcourt-Haillot, de Valenciennes, concernant l'*insaisissabilité des salaires.*

« M. Delcourt-Haillot :

« Mes chers Camarades,

« Vous connaissez tous l'importance capitale de cette question de l'insaisissabilité des salaires. Un grand nombre de travailleurs, laissés momentanément dans le besoin, par une de ces causes indépendantes de leur volonté et de leur action personnelle, en sont parfois réduits à faire appel aux faiseurs d'affaires, aux prêteurs d'argent, dont vous connaissez tous l'action malfaisante. On fait signer aux travailleurs une reconnaissance pour une somme quelquefois double, sinon triple de celle qui a été prêtée ; puis, d'opposition en opposition, on en arrive aux délégations ; c'est la ruine pour l'ouvrier qui s'est laissé prendre à ces pièges. Afin d'éviter ces malheurs qui, chaque jour, se renouvellent dans nos centres ouvriers, nous proposons au Congrès l'adoption du vœu suivant, que nous chargeons de façon spéciale la Bourse du travail indépendante de transmettre aux pouvoirs publics compétents.

« Vœu. — Le Congrès demande que le salaire des ouvriers et employés gagnant moins de 2.400 francs par an soit déclaré incessible et insaisissable. »

Il est bon de noter que ce vœu précéda une loi récente, qui donne en partie satisfaction. Enfin, et c'est tout ce que nous trouvons de saillant, dans ce Congrès, M. Failliot, industriel à Paris, qui, depuis, fut nommé député, dépose la motion que voici, concernant la participation aux bénéfices.

« M. Failliot :

        « Messieurs et chers Camarades,

« Je vous remercie de vouloir bien m'entendre ici, parmi tant de voix autorisées de travailleurs. Quand j'ai su que M. Lanoir avait réuni en Congrès un aussi grand nombre de corporations des Syndicats Jaunes, j'ai eu la pensée de venir soumettre à chacun de ces Syndicats la question que je considère comme la meilleure solution des irritations sociales : « La participation du travail aux bénéfices du capital. »

« J'écoutais tout à l'heure M. Milcent, qui parlait avec tant de cœur des ouvriers de l'agriculture et de leur entente avec les patrons, et j'enviais cette industrie de la terre, où la concorde semble régner. (*Bravos.*)

« *Une voix.* — Elle régnera chez nous aussi.

« Il n'en est pas de même dans nos grandes industries mécaniques, et les différends y sont nombreux entre le capital argent et le capital travail. Heureusement, les Syndicats jaunes sont nés, et il me semble qu'avec eux je vois l'aube d'un apaisement social.

« La participation du travail aux bénéfices du capital, en raison de ses soins et de ses efforts, me paraît un article pratique du problème d'émancipation des travailleurs. Dans beaucoup d'industries du Nord et de l'Est, cette mesure est appliquée avec succès. Permettez-moi de vous parler de l'industrie du papier, la mienne. Beaucoup de nos industriels, sinon tous, appliquent chez eux la participation de l'ouvrier à la production. Je ne dis pas aux bénéfices, car le prix de vente, chez nous, est un facteur si variable, aussi bien que le prix de revient, que l'ouvrier pourrait en être victime, s'il attendait de ces prix un bénéfice.

« La production, au contraire, est directement entre les mains de l'ouvrier. Une machine, je suppose, est reconnue comme devant produire 5.000 kilogrammes de papier en vingt-quatre heures. Si, par ses soins spéciaux, attention, rapidité d'exécution, l'équipe augmente cette production, son salaire, qui est invariable jusqu'à 5.000 francs, augmente au-dessus de 5.000 francs proportionnellement à l'augmentation de la production. Et avec cette méthode il n'est pas rare de voir des machines arriver à élever d'un tiers, et même de moitié, leur production normale.

« J'ai pensé que cette méthode, participation aux bénéfices ou participation à la production, pouvait fructueusement être étudiée dans chacune de vos industries par vos syndicats compétents, et j'ai l'honneur de déposer sur le bureau le vœu suivant :

« Les Syndicats examineront, au point de vue de son « application et de ses conséquences dans chaque in- « dustrie, la participation du travail aux bénéfices du « capital. »

« Ce vœu est adopté à l'unanimité. »

LA CASSURE

Au lendemain de ce Congrès, le mécontentement, qui était à l'état latent dans le bureau directeur de la *Bourse indépendante*, prit une forme aiguë.

En plus de ses agissements personnels, nous reprochions à M. Lanoir l'équivoque de son langage, le soin qu'il prenait à ne formuler aucune revendication professionnelle ou sociale précise, et surtout sa persistance à nous engager malgré nous, à chaque instant, dans les coulisses de tel ou tel parti politique.

DEUXIÈME PARTIE

Création de la *Fédération nationale des Jaunes de France*. — Son premier manifeste. — Tâtonnements. — Participation aux bénéfices. — *L'Ouvrier indépendant*.

La grande difficulté pour les dissidents était de vivre, d'abord pour lutter contre Lanoir, et ensuite de créer une propagande assez forte pour que le pays en soit touché.

Lanoir, armé d'un journal *l'Union ouvrière*, à la tête d'une *Bourse du Travail*, soutenu par la presse, le patronat et l'opinion publique, semblait inexpugnable. Nous fondâmes cependant, le 1er avril 1902, la *Fédération nationale des Jaunes de France*, et le « manifeste » ci-dessous fut imprimé, communiqué aux journaux, adressé par la poste aux syndicats ouvriers, et enfin à Paris distribué à 40.000 exemplaires.

Il est curieux de constater qu'on ne trouve dans ce premier document ni la négation du socialisme *parce que socialisme*, ni la revendication de l'accession à la propriété comme moyen et but de l'émancipation du travail humain.

L'apparition de la participation de la main-d'œuvre aux bénéfices du capital y figure cependant nettement.

Voici le document :

PREMIER MANIFESTE DE LA FÉDÉRATION NATIONALE
DES JAUNES DE FRANCE

« Considérant que le Prolétariat dupé par les politiciens qui en vivent s'achemine peu à peu dans les voies sans issue, d'où il ne sortira, si l'on n'y porte remède, que par une révolution ;

Que cette révolution, préparée sur le terrain économique, ne peut qu'accumuler ruines et misères sur les citoyens et sur la nation ;

Considérant que les moyens révolutionnaires et les violences n'ont jamais fait aboutir les questions sociales et que les améliorations acquises jusqu'ici par la classe ouvrière sont les résultats, non des grèves ni des émeutes, mais des revendications pacifiques, vigoureusement poursuivies ;

Considérant, d'autre part, qu'il importe pour la classe ouvrière de provoquer toutes les réformes et améliorations nécessaires ;

Que les travailleurs ne peuvent attendre, les bras croisés, le bouleversement social d'où sortirait le bienêtre universel tant de fois promis ;

Qu'en réalité l'amélioration du sort des travailleurs ne peut résulter que de leur organisation et de leur éducation ;

Considérant, enfin, que le contrat de travail entre l'ouvrier et le patron n'est pas un contrat de louage ordinaire, donnant pour donnant, auquel les deux parties sont soumises d'après des lois établies ; qu'on ne saurait trop s'élever contre cette interprétation antisociale du travail, qui ravale l'œuvre de l'homme à une marchandise ; mais qu'au contraire le contrat de travail est avant tout un acte humain ;

Que ce pacte doit solidariser les hommes, au lieu de les partager en deux groupes perpétuellement hostiles : patrons d'un côté, ouvriers de l'autre ;

La *Fédération nationale des Jaunes de France* se constitue sur ces bases :

1° Revendication ferme et continue des améliorations qui sont indispensables au développement physique et moral de la classe ouvrière ;

2° Participation de la main-d'œuvre aux bénéfices du capital ;

3° Opposition à toutes les grèves ayant un caractère politique et dont la nécessité n'est pas démontrée par l'intransigeance patronale ;

4° Fixation des heures de travail par corporations, régions et métiers, d'un commun accord entre syndicats patronaux et syndicats ouvriers ;

5° Développement parmi la classe ouvrière des grands moyens sociaux de relèvement et d'indépendance, et garanties pour la vieillesse des travailleurs pauvres : mutualités, assistances et retraites ouvrières ;

6° Education civique des travailleurs en vue de tous les droits et de toutes les libertés nécessaires à un grand peuple : liberté d'association, liberté d'enseignement, liberté absolue de conscience, droit de propriété. »

Ce document était signé : Pierre Biétry, des ouvriers horlogers ; Steens, de la Fédération du Livre ; Verleye, des dessinateurs industriels ; Jarry, des employé de commerce ; J. Bresson, des employés du gaz.

Ce n'était pas tout que de publier un manifeste, il

fallait réunir des adhérents, trouver un local pour les réunions, faire une publication, etc., etc.

Ce fut la partie la plus pénible, la tâche la plus lourde et sur laquelle les dissidents succombèrent momentanément.

Provisoirement et pour les deux mois de jouissance dont il avait le droit de disposer, M. Congy, le député du XIe arrondissement, mit à leur disposition le local qui lui avait servi pendant les élections de permanence électorale, 6, rue Rampon.

Avec les économies de l'auteur (quelques centaines de francs), ils firent paraître le 1er juin un petit journal intitulé *l'Ouvrier indépendant*. Ce premier numéro, pour bien marquer les positions, fut presque exclusivement consacré à démasquer les agissements personnels de M. Lanoir et à montrer son organisation sous son véritable jour.

Dans sa DÉCLARATION, *l'Ouvrier indépendant*, en même temps qu'il répudiait les pirates du mouvement rouge, répudiait les pirates du mouvement jaune ; mais il commençait par se dire le dépositaire du *vrai socialisme français*, ce qui indique bien la pensée directrice des premiers militants *jaunes*, qui ne songèrent D'ABORD qu'à se débarrasser de ce qu'ils trouvaient de pernicieux dans le socialisme. Ce n'est que beaucoup plus tard que nous nous aperçûmes qu'il était impossible, au point de vue ouvrier, national ou social, *de faire un bon socialisme*, que le perfectionnement des sociétés et l'affranchissement de l'être humain ne peuvent résulter que des théories antisocialistes. Mais voici les passages essentiels de la *Déclaration de « l'Ouvrier indépendant »* :

« Les principes que nous nous proposons de défendre

ici sont contenus dans le *Manifeste*. Notre unique préoccupation sera de constituer le véritable *socialisme français*, celui qui est conforme au tempérament national, et qui s'inspire des grandes traditions de liberté et de justice pour tous, dont notre pays est le berceau. Laissons à d'autres le soin de tromper les hommes sincères du monde du travail.

Les meilleurs parmi le patronat et les ouvriers furent, comme quelques-uns d'entre nous, les *dupes d'un mouvement dit indépendant* et qui n'est qu'une grimace laide et repoussante.

. . . .

Nous repousserons de toute notre énergie une alliance quelconque avec les pirates du mouvement rouge, *comme avec ceux du mouvement jaune*. Nous estimons même que les premiers sont plus excusables, car les derniers auxquels nous faisons allusion exercent leurs pires malfaisances sous le prétexte de flétrir les révolutionnaires, quand en réalité ils les dépassent en actes malhonnêtes.

La Rédaction.

L'Ouvrier indépendant, malgré ses bonnes intentions ou peut-être à cause de ses bonnes intentions, ne tarda pas à succomber. M. Lanoir avait de l'argent ; il affichait de hauts patronages et, en réalité, il faisait la pluie et le beau temps chez M. Méline ; il s'interposait partout. M. Dausset, entre autres, pourrait dire ce que lui coûta le patronage suspect de M. Lanoir et son intervention dans l'élection de 1902 au IIIe arrondissement.

ANECDOTE COMIQUE

Pour donner une idée de l'influence dont M. Lanoir jouissait dans certains milieux politiques, notamment

chez les progressistes mélinistes, nous rapportons l'anec-
dote suivante.

Nous en fûmes le témoin amusé.

L'*Alliance des Républicains progressistes*, dont le siège
était, 42, rue du Bac, avait pour secrétaire général
adjoint M. Georges Audigier, actuellement député de
Senlis (Oise).

M. Audigier avait été sous-préfet. M. Waldeck-Rousseau deuxième manière l'avait révoqué. Cette révocation
avait fait du bruit. M. *Audigier* en avait bénéficié; il
était donc un personnage en vue et occupait une place
haut cotée dans le comité de M. Méline. Un matin, à la
suite de nous ne savons quel entretien, M. Lanoir, dans
le bureau même de M. Méline, saisit M. Audigier à la
gorge, lui administra des gifles, des coups de poing,
lui arracha littéralement son veston, en un mot lui
administra la plus formidable râclée qu'un homme,
même un ancien sous-préfet, ait jamais reçue sans
périr.

Ce fut d'une cocasserie intense. M. Audigier ne
pensa pas une minute à la douleur physique, à l'affront
moral, ni à tirer réparation ou vengeance de cette
correction. Il courait après Lanoir jusque dans l'escalier, le priant, le suppliant de ne pas ébruiter la scène,
de l'écouter. « Il y a malentendu! Il y a malentendu! »
Bref, Lanoir s'en alla sans rien vouloir entendre.

Ce ne fut pas tout. M. Audigier dut faire des excuses à
son bourreau. M. Méline lui-même s'entremit auprès de
M. Lanoir.

Ces scènes joyeuses notent, plus que d'autres faits,
la place qu'avait prise l'adversaire que nous voulions
mettre à terre, et on comprendra maintenant facilement
les résistances, les tiraillements, les obstacles rencon-

trés par les hommes qui voulaient donner au mouvement jaune un véritable caractère professionnel et social.

PREMIER ÉCHEC

L'Ouvrier indépendant parut encore en *juillet* et *août* 1902 ; puis, nos ressources étant épuisées, le local de la rue Rampon n'étant plus à notre disposition, nous dûmes cesser momentanément la propagande active, laissant M. Lanoir maître du terrain encore, mais portant au flanc des blessures qui devaient quelques mois plus tard l'obliger à disparaître.

Pendant sa courte existence, *l'Ouvrier indépendant* avait donc formulé, en tant qu'organe officiel de la première *Fédération nationale des Jaunes de France :*

1° Un premier programme, professionnel et moral — quoique incomplet — des ouvriers libérés des politiciens ;

2° La condamnation du parti socialiste révolutionnaire et internationaliste ;

3° La flétrissure d'un mouvement qui se serait intitulé jaune pour servir de louches desseins patronaux ou politiques.

Il restait évidemment des ambiguités, des restrictions, quelques hésitations même à répudier nettement, jusqu'au mot de socialiste, le socialisme ; mais telle quelle, la bataille prenait déjà tournure.

C'est aussi dans ce premier organe des Jaunes que parut la première attaque directe contre le principe des subventions aux syndicats. Voici l'article extrait du numéro du 15 juin 1902 :

LES SUBVENTIONS CORRUPTRICES

« *L'Ouvrier indépendant* a, dans son programme, le relèvement moral et matériel des travailleurs.

L'indépendance de la classe ouvrière n'existe point. Ceux qui se prétendent les émancipateurs sont les serfs : les esclaves des politiciens.

A quelles bassesses ne descendent point les grands manitous des syndicats rouges pour obtenir des subventions ?

Tout est bon à ces *grands ouvriers*(?) qui vivent au râtelier des contribuables.

On mendie dans les ministères, on mendie aux municipalités.

Pour arrondir le magot qui permettra les ripailles dans le loisir, on crée des syndicats fictifs, on invente de prétendus bureaux de placement[1], on s'entoure de ce que Paris et la Province comptent d'ouvriers honoraires, d'aventuriers sans scrupules, de professionnels de l'émancipation.

Tout ce monde-là vit des subventions : c'est l'*État*, ce sont les *villes*, c'est Paris! qui subventionnent, nourrissent et engraissent les *meneurs*.

A bas les subventions !

Si les syndicats professionnels ne peuvent pas vivre de leurs propres ressources, c'est qu'ils sont fictifs, ou que leurs adhérents ne cotisent point.

Reprenons la devise qui flamboie aux étendards des stipendiés et, nous, *appliquons-la*.

L'émancipation des travailleurs par eux-mêmes?

Parfaitement!

A bas les subventions ! »

1. Comme cette prétendue « Fédération des Bourses » dont le juif Lévy est le trésorier et qui reçut jusqu'à cette année 10.000 francs de subvention annuelle sous le prétexte de régulariser le placement par les Bourses du Travail, alors qu'il est de notoriété publique que cette officine ne plaça jamais un travailleur.

On le voit, l'effort s'étendait jusqu'aux sources du mal ; mais il fallut momentanément cesser l'action. Les syndicats qui avaient donné leurs adhésions à la nouvelle Fédération, n'ayant plus leur local pour se réunir et prendre contact, rentrèrent chacun chez eux ; les militants perdirent courage et, à la fin du mois d'août 1902, il ne restait aucune administration apparente de cette organisation.

TROISIÈME PARTIE

Rivés à cette idée, d'arracher la classe ouvrière de l'ornière socialiste, nous croyions cependant encore à la vertu, à l'honorabilité du mot. Nous nous disions surtout que, si nous arrivions à édifier en France un parti ouvrier et social français, détaché de toute alliance, soustrait à l'influence des théoriciens de l'internationalisme, nous aurions fait un grand pas vers la pacification des esprits et la construction d'un grand parti populaire.

Nous étions gênés, d'autre part, sous les récriminations incessantes et les plaintes de nos affiliés et adhérents qui avaient horreur du mot *jaune*, qui baissaient la tête sous l'épithète et qui voulaient bien lutter contre la démagogie socialiste et les syndicats rouges, *mais avec un drapeau choisi par eux.*

Notre erreur, comme celle de nos camarades, fut de croire qu'un parti de protestation peut choisir son terrain, ses armes et le jour ou la nuit; mais, comme le disait si fortement Mirabeau dans une page déjà citée au cours de cet ouvrage : « *Ceux qui sont persécutés doivent se parer des injures de leurs ennemis; ils leur ôteront ainsi le pouvoir de les humilier avec des expressions dont ils auront su s'honorer.* » C'est pour avoir méconnu cette tactique historique que, pendant une nouvelle année de 1903 à 1904, nos efforts furent incertains, notre tactique chancelante et nos ennemis arrogants. Rien de cette période ne fut cependant complètement perdu, si l'on s'en réfère aux résultats.

Le titre de Parti socialiste national avait été choisi, parce que celui de *Fédération nationale des Jaunes de France* était repoussé ou très discuté pour désigner l'Union de nos syndicats ouvriers. Voici, en effet, le procès-verbal de la réunion préparatoire du 23 décembre 1902, date à laquelle nous reprîmes l'organisation momentanément abandonnée. Ce document, d'un grand intérêt rétrospectif, prouve combien peu notre mouvement social fut forgé de toutes pièces sous l'influence des patrons et des capitalistes, ainsi qu'essayèrent de l'accréditer nos adversaires, alors qu'en réalité c'est pas à pas, dans la nuit, au milieu des embûches, des tâtonnements, d'expériences loyales, mais vite abandonnées, jusqu'à ce que nous ayons trouvé des bases de granit, que nous avons cherché la voie la meilleure et édifié notre programme.

Voici le document extrait des archives de la Société :

COMMUNIQUÉS OFFICIELS

RÉUNION PRÉPARATOIRE DU 23 DÉCEMBRE 1892

23, RUE BÉRANGER

« *Biétry* donne connaissance des démarches entreprises pour provoquer l'adhésion de syndicats corporatifs à la *Fédération nationale des Jaunes de France*, dont il est le *secrétaire général.*

Les résultats sont des plus satisfaisants ; des lettres émanant de nos principaux centres industriels témoignent de l'intérêt croissant qu'apporte la classe ouvrière au problème de son organisation.

Pour Paris, tous les véritables syndicats indépendants — ceux qui existent ailleurs que sur le papier — ont donné de chaleureuses adhésions.

Sur la proposition de *Biétry*, appuyée par *Lionne*, il est décidé qu'une réunion préparatoire sera provoquée, à une date ultérieure, pour adopter une tactique conforme aux aspirations du prolétariat.

Lionne et *Biétry* insistent pour que l'épithète *Jaune* soit écartée.

« Nous sommes *avant tout* des socialistes, disent-ils, nous le sommes avec sincérité, alors que ceux qui avaient jusqu'ici pris cette étiquette n'avaient d'autre but que de duper la classe ouvrière. »

Cette proposition est adoptée; une Commission est nommée pour rédiger un *Appel aux travailleurs*.

La prochaine assemblée du Comité d'organisation est fixée au 1ᵉʳ janvier 1903, *Brasserie de l'Espérance*, *place de la République*, à dix heures du matin.

Enfin *Biétry* est prié de réunir avant cette date les représentants autorisés de la *Fédération nationale des Jaunes de France* et de leur demander l'abandon de ce titre, pour celui, plus expressif, d'*Union fédérative des ouvriers et syndicats professionnels indépendants*.

Cette Union serait ensuite invitée à adhérer immédiatement au *Parti socialiste national*.

Le Secrétaire de séance,
Félix JARRY. »

* * *

Cet *avant tout* montre des hésitations, et aussi la préoccupation de ne pas apparaître comme hostile au mouvement ouvrier; *il faut* tenir compte que nous étions pris, d'une part, entre le mouvement *Lanoir, jaune anti-ouvrier*, et le mouvement *rouge*, *socialiste anti-ouvrier*, d'autre part ; on cherchait aussi à INDIQUER QUE C'ÉTAIT DU CÔTÉ OUVRIER (socialiste) que l'on aspirait à se dégager des éléments patronaux et politiques.

Voici un autre procès-verbal qui sanctionne cette première réunion.

1er JANVIER 1903
(EXTRAIT DU PROCÈS-VERBAL DE LA RÉUNION)

« Étaient *présents* : MM. Jean Besson, des Employés du Gaz ; Demougeot, des Ouvriers sur métaux ; Verleye, des Dessinateurs industriels ; Lionne, des Représentants de commerce ; Jarry, des Employés de magasin ; Gouju, des Employés du Gaz ; Castagnol, des Travailleurs du Gaz ; P. Biétry, des Horlogers-Bijoutiers.

Excusés : MM. Naux, de l'Union syndicale des Omnibus ; Rochard, des Maçons de la Seine ; Steens, de la Fédération du Livre ; Claverie, des Charretiers et Camionneurs ; Goult, des Boulangers.

Les camarades excusés expliquent, dans des lettres versées au dossier, qu'ils approuvent d'avance les termes du manifeste dont *Biétry* leur donna connaissance.

Ils réclament l'honneur d'y apposer leurs signatures si les délégués réunis en décident la publication.

Lecture est faite du *manifeste*.

Il est adopté à l'unanimité.

.   .   .   .

Biétry dépose la décision de la *Fédération nationale des Jaunes de France*, qui déclare faire abandon de son titre pour se ranger sous la bannière du P. S. N.

Les membres présents apposent leurs signatures au

bas d'un exemplaire du *manifeste* qui devra rester aux *archives*.

La date de la prochaine réunion est fixée au 10 janvier 1903, à huit heures du soir, 5, rue Pierre-Lescot.

Le Secrétaire de séance,
L. VERLEYE. »

Le *manifeste* en question, et c'est la preuve vivante des intentions du nouveau *Parti socialiste national*, était exactement le même que celui de la Fédération nationale des Jaunes de France, déjà publié ici même ; il était seulement précédé de la déclaration que voici. Nous la donnons *in extenso*, y compris les passages qui font allusion à des conflits aujourd'hui oubliés.

AUX TRAVAILLEURS DE FRANCE

« Au moment même où la France traverse une crise économique, tellement profonde et dangereuse, que notre prospérité nationale, et, particulièrement, nos agglomérations industrielles en menacent ruine, des agents politiques qui se disent *socialistes internationalistes* et défenseurs (?) des travailleurs (!!!...) lancent furieusement les uns contre les autres les membres de la grande famille du travail.

Après la grève générale des mineurs, qui coûte aux prolétaires de longues journées d'angoisses, de misères et de larmes — sans autre résultat que la victoire de meneurs sur des travailleurs qui les suivent passivement et les yeux fermés, — la même engeance créa et encouragea la grève des inscrits maritimes.

Cette dernière, dont les pertes pour notre commerce

national et la prospérité de nos ports se chiffrent par centaines de millions, ne rapporta non plus aucun avantage aux ouvriers grévistes.

Au nom du socialisme, les meneurs de Paris et leurs séides de province ruinent systématiquement notre pays et précipitent la classe ouvrière dans les folies les plus dangereuses pour sa prospérité présente et son émancipation future.

En présence d'un pareil danger, il était du devoir de tous *les véritables socialistes* de le signaler *et d'y remédier*, en formant un groupe compact qui permît d'organiser la résistance et de proclamer le véritable SOCIALISME NATIONAL.

Socialisme d'amour et de paix.

Non de haines et de guerres.

Socialisme d'émancipation, et non d'abdications et de luttes stériles.

Socialisme de réformes persévérantes, indispensables au développement normal de la classe ouvrière.

Et jamais de ce socialisme jouisseur, qui, avec l'argent de la finance internationale, embrigada — *contre leurs propres intérêts* — un trop grand nombre de travailleurs crédules et mal informés.

Nous voulons l'émancipation des travailleurs, dans une France grande, riche, débordante de prospérité.

Nous réprouvons et repoussons fortement les arguties de ces rhéteurs qui vont prêchant d'abord la ruine de nos industries, ensuite l'abdication de notre nationalité, pour aboutir criminellement à livrer le prolétariat au plus immonde servage, entre les mains d'agitateurs éhontés et besogneux ou de politiciens cupides et sans scrupules.

Nos appels aux socialistes sincères ont éveillé des

échos dans tous les cœurs honnêtes, et la *Fédération nationale des Jaunes de France*, faisant l'abandon de son titre, vient de se ranger sous la bannière du *Parti socialiste national*, commune, désormais, à tous les socialistes français. »

Voilà que, de nouveau, le mot socialiste était adopté *par les dissidents du socialisme*, et aussitôt les difficultés commencent. Ils doivent s'expliquer, faire la différence entre *leur* socialisme et celui des autres, rester socialistes en reniant la tactique et la doctrine. Dès les premiers jours, nous sentîmes l'équivoque qui allait peser sur nos actes.

Aussi, quand, un mois plus tard, le 10 *février* 1903, parut le premier numéro de notre nouvel organe, celui-ci se nomma « LE TRAVAIL LIBRE », et dans sa déclaration de principes nous relevons le passage suivant qui creusait encore plus profondément le fossé entre les nouveaux groupements et les anciennes associations socialistes. Nous citons *in extenso* la fin :

« A vous, le socialisme basé sur le monopole des crimes contre la nation et des attentats contre la production nationale, au profit de la spéculation internationale.

A nous, le socialisme fécond ; nous sèmerons ici le froment qui germera sous le soleil de France et que nous moissonnerons en blondes moissons pacifiques.

Parce que les uns sont dépossédés, vous aviez fait le rêve criminel de déposséder ceux qui ne le sont point !?

Nous rêvons, nous, de donner à ceux qui n'ont rien. *Il faut que tout le monde possède?*

L'expropriation? C'est pour vous! c'est votre théorie fondamentale.

La nôtre c'est : *à chacun une parcelle de propriété.*

Nos camarades des mines, des usines, des champs et de la mer choisiront entre vos cliquetis d'épées et le bruit de nos charrues. »

RUE PIERRE-LESCOT

La nouvelle organisation du Parti socialiste national avait son siège social, rue Pierre-Lescot, 5; il donnait du côté du petit square des Innocents où viennent, sur les hauts marronniers, se percher des ramiers gros comme des poules, dont la basse-cour serait aux Halles, à côté.

Le logis était modeste, une table ronde en sapin, quelques chaises. Demougeot, qui faisait la permanence, ne recevait que très irrégulièrement de maigres appointements. Les secrétaires de syndicats exerçaient chacun de leur côté leurs métiers manuels respectifs, ne venant au bureau que le soir. Avec Lionne qui, pendant deux mois, se donna beaucoup de peine, nous courions Paris et la banlieue, dans les meetings, dans les ateliers, faisant des visites à domicile, et plus d'un jour, plus d'une semaine, plusieurs mois, pendant plus de deux années, consécutives à cette propagande, l'auteur de cet ouvrage n'a pas mangé tous les jours, et cela à l'époque où, le mouvement grandissant, on accusait les Jaunes d'être, à prix d'or, les agents des patrons et des capitalistes.

RUE GREFFULHE

Les mêmes raisons qui, une première fois, nous avaient obligés à la retraite se renouvelèrent rue Pierre-

Lescot. Au second terme, toutes nos ressources réunies étaient insuffisantes pour payer le propriétaire, et le *Parti socialiste national*, comme la Fédération nationale des Jaunes de France, dont il était issu, se retrouva dans la rue.

Ne pouvant assumer avec leurs seules ressources les frais d'un local, les membres du Comité cherchèrent un moyen de conserver cependant une permanence, et à la suite d'un accord *le Travail libre* vint occuper, 3, *rue de Greffulhe*, un petit bureau sous-loué par *l'Action mutuelle*.

Les événements se déroulèrent pendant le courant de l'année, sans grand changement, jusqu'au mois de juillet où, le mouvement s'étant développé et les ressources ayant augmenté, une tentative fut faite afin de recréer une *Bourse libre du Travail*.

LA PREMIÈRE BOURSE LIBRE DU TRAVAIL
14, RUE DE LA CORDERIE

Ce local était vaste, bien situé, dans un quartier populeux et ouvrier, près du marché du Temple. Il avait, en outre, son histoire que voici, écrite, dans le numéro du *Travail libre* du 1er juillet 1903, par M. Bertin, à qui, en sa qualité d'ancien membre de la Commune, nous avions demandé ce qu'il pensait de notre choix.

PLACE DE LA CORDERIE DU TEMPLE

Paris, 27 juin 1903.

« MON CHER BIÉTRY,

Mon appréciation au sujet de notre local, 14, place de la Corderie du Temple?

Simplement : c'est merveilleux, un coup favorable du sort, presque une indication providentielle!

Figurez-vous bien que ce local tient une place, et une grande, dans l'histoire du siècle dernier. Et ce n'est vraiment pas banal que vous, Biétry, soyez appelé à recueillir la succession morale qu'ont abandonnée les sportulaires du jacobinisme.

Cette désignation ne dira pas grand'chose aux générations présentes entretenues — aux frais de l'État — dans l'ignorance la plus épaisse de l'histoire contemporaine.

Le socialisme, lui-même, enjuivé et gouvernemental mué en combisme, a perdu toute mémoire du lieu qui abrita ses premiers néophytes — *il y a près d'un demi-siècle* — en pleine floraison du despotisme impérial.

Et, cependant, c'est là que beaucoup d'entre eux — et non des moindres — ont commencé leur fortune publique.

Lorsque sont venus les temps de malheurs, après les premières défaites, aux frontières de l'Est, ce modeste local, que nous avons visité et qui jusque-là n'abritait que des associations d'ouvriers, a été envahi par une nuée d'arrivistes auxquels il fallait pied ou aile du régime qui allait finir.

Ce qui reste de ceux-là, vous les voyez à l'œuvre, plats valets du jacobinisme bourgeois, créatures à tout faire des plus répugnants ministres qui aient jamais gouverné le pays.

Les sincères d'entre nous ont trouvé la mort dans la bataille, ou sont morts sur les routes de l'exil, ou bien vivent ignorés dans leur étonnement du scandaleux aboutissement de la République française.

C'est un passé vécu dont, pour ma part, je n'ai rien

à regretter, que cette visite de quelques minutes a fait revivre dans ma mémoire. Mais, à ce passé, se mêle intimement ce que nous voulons, ce que nous espérons de l'avenir.

Quel symbole plus frappant que cette combinaison heureuse qui vous fait, vous Biétry, soldat de l'avenir, entrevoir sur les lieux mêmes de leurs évolutions ces soldats du droit populaire dont l'histoire oubliera probablement les noms.

Il y eut deux phases bien distinctes dans l'institution aujourd'hui disparue de la *Chambre fédérale des Associations ouvrières* établie, 14, rue de la Corderie, dans le local même où siégeront demain notre journal, *le Travail libre*, et nos syndicats indépendants.

La première de ces phases, saine et forte, comprenait une organisation exclusivement ouvrière. Parmi nous, ni avocats, ni bavards, ni rhéteurs, ni cuistres, exclusivement des hommes de métier, délégués de leurs groupes (syndicats et coopératives) pour le seul et unique objet défini dans le programme de la Chambre fédérale : instruire le peuple d'abord, l'émanciper ensuite.

Dans nos faubourgs ouvriers, chez beaucoup, la mémoire n'est pas encore absolument éteinte, et le prochain numéro du *Travail libre*, se datant de la place de la Corderie, réveillera pas mal de souvenirs.

Des souvenirs contradictoires aux temps présents. Puisque l'énergie qui nous rassemblait n'était autre que le culte de la liberté dont vous, moi et tant d'autres avons pris le deuil.

Et j'en reviens à l'incroyable leçon historique dont notre mouvement ouvrier doit tirer parti au bénéfice de sa campagne. Ah! mon cher Ami, quelle résurrection nous pourrons évoquer, quelles ombres sacrées pour le prolétariat nous pourrons revivre dans la mémoire de ceux qui ont pu les oublier.

Cette Chambre fédérale des Sociétés ouvrières qui, tous les mardis, tenait son siège place de la Corderie, a eu pour fondateur un ouvrier impeccable : Varlin [1].

Ce fut dans un carrefour de la forêt de Bondy que Varlin lut à ses camarades quelques feuillets où étaient tracés les statuts fédéralisant les rares groupements ouvriers ayant survécu au coup d'État de décembre 1851.

Je puis vous en parler en connaissance de cause, car nous sommes peu nombreux de ceux qui lui survivent, et bien plus rares encore de ceux qui ont connu intimement sa pensée.

Or, je puis vous affirmer qu'elle tenait tout entière dans cet unique programme : *l'émancipation du travail.*

Aujourd'hui, ce programme, aux mains des sportulaires, n'est plus qu'une lamentable loque. C'est le césarisme du bas empire qui revit avec tout son cortège d'iniquités et de spoliations. On se croirait revenu sous le règne de Constantin Copronyme, ayant pour soutien de ce trône infesté tous les déserteurs du parti de la liberté.

De 1864 à 1870, pendant six années, la classe ouvrière tint ses ÉTATS place de la Corderie-du-Temple, en dehors de toute action politique, loin de toute corruption bourgeoise, étudiant les sages pro-

---

1. Varlin fut ministre des Finances pendant la commune. C'était un modeste ouvrier d'une grande probité. Pendant qu'il était *ministre des Finances*, sa femme allait laver elle-même le linge du ménage au lavoir public. Le jour où il fut arrêté, Varlin avait *quatorze sous* dans sa poche. Voilà qui doit bien étonner Rouvier.

(N. de l'A.)

blèmes de l'Economie sociale, se mûrissant lentement et sûrement pour le rôle qu'auraient dû lui assigner les événements postérieurs.

De 1864 à 1870, la place de la Corderie avait conquis une universelle publicité : elle était connue et reconnue par tous les ouvriers français où qu'ils se trouvent et, de l'Etranger, lorsqu'un proscrit mettait le pied sur notre sol, il dirigeait d'abord ses pas vers la *Chambre fédérale.*

La place de la Corderie-du-Temple ! Mais c'est toute une époque ! toute une phase des événements qui ont clôturé le dernier siècle !

C'est un passé mort pour nous autres. Je croyais bien que sur ce passé était scellée définitivement la pierre tombale.

Est-ce que de ce sépulcre, où furent enfermées toutes nos espérances, la Vérité pourrait sortir, éducatrice des générations futures.

Si vous m'en croyez — n'hésitez pas — là est la place du *travail libre.*

Il y aura, n'en doutez point, un formidable haro, contre vous, parmi les gens du bloc.

Ne vous en inquiétez pas, nous leur répondrons.

Ami à vous.

Georges BERTIN. »

« N. B. — Voyez donc, dans la collection du *Cri du Peuple*, l'article magistral de Vallès, sur la place de la Corderie-du-Temple. »

S'il en eût été besoin, cette lettre aurait suffi pour lever toutes les hésitations. Quel est le jeune parti plein de sève, d'entrain, gros d'espérances, qui ne considérerait comme une bonne fortune de réveiller dans ses lieux d'origine les journées historiques et les souvenirs ardents se rattachant à la pensée d'un mouvement purifié.

*
* *

Voici en quels termes *le Travail libre* annonça l'ouverture de la *Bourse du Travail :*

A NOS COMPAGNONS

« Voici une première victoire ! Voilà une rude étape accomplie, dont se réjouiront d'abord tous les camarades des syndicats que nous représentons, ensuite ceux des amis du peuple qui encouragent nos efforts.

Désormais les bureaux de nos organisations seront enfin réunis dans un même local.

Les secrétaires des trente Associations professionnelles qui composent actuellement l'*Union fédérative des Ouvriers et Syndicats indépendants* tiendront leurs permanences sous le même toit.

Voilà jetées les premières bases de la MAISON DES TRAVAILLEURS, 14, *rue de la Corderie.* Cette rue, ce local, occupent une place énorme dans l'histoire des luttes prolétariennes ; notre camarade Bertin dit plus loin les souvenirs qu'éveille chez les vieux militants notre *résurrection ouvrière* dans la maison même où les travailleurs furent jadis tant persécutés. Que Biétry, dont la persévérance inlassable nous releva si souvent, soit ici même remercié, et vous tous, compagnons, préparez-vous : à bientôt le Congrès, à bientôt dans toute la France la création de groupes syndiqués, qui, adhérant à notre programme de *Renaissance nationale ouvrière*, réformeront en même temps, sur une forme moderne, les *grandes corporations* d'autrefois.

C'est une œuvre immense à laquelle nous nous sommes attelés ; que chacun y mette du sien !

Pour la Commission d'initiative :

L. CASTAGNOL, des Travailleurs du Gaz.	P. BIÉTRY, des Horlogers-Bijoutiers.
V. FARON, des Blanchisseurs de la Seine.	F. JARRY, des Employés de commerce.
J. NAUX, de l'Union syndicale des Employés d'omnibus.	DUVAL, des Débardeurs de la Seine.

Une petite fête d'inauguration réunit les représentants de trente syndicats et déjà quelques personnalités du monde patronal dont les unes, comme M. de Bellaigue, restèrent fidèles au mouvement et partagèrent ses vicissitudes.

LE MOUVEMENT S'ÉTEND

A la suite de la manifestation d'inauguration dont la presse s'était occupée, une période de propagande active commença. Au Havre, avec le concours de Czulowski, actuellement secrétaire général de la Fédération nationale, une *Bourse libre du Travail* fut également fondée, ainsi qu'un journal hebdomadaire ouvrier.

De même, à *Boulogne-sur-Seine*, où les organisations jaunes englobèrent promptement la presque totalité des organisations, dans le personnel des ouvrières et ouvriers blanchisseurs.

A *Caen*, une *Bourse libre du Travail* et un journal ouvrier hebdomadaire surgirent également sous la poussée de l'organisation centrale de Paris. A *Toulon*, à *Cherbourg*, à *Marseille*, comme à *Brest* et dans l'Est, les syndicats INDÉPENDANTS se multipliaient. Le moment approchait où ils allaient devenir JAUNES sans épithète et par cela même gagner en force.

Peu à peu, malgré les tentatives faites en vue de se débarrasser du mot *jaune*, le *Travail libre*, les syndicats indépendants, les syndiqués eux-mêmes se trouvaient obligés de le *défendre*, de l'*expliquer*, de le *justifier*.

NOUVELLE CHUTE MATÉRIELLE

Au milieu de ces luttes, la propagande gagnait chaque jour du terrain, mais les difficultés matérielles grandissaient. Toutes les faibles ressources des cotisations étaient absorbées par la publication du *Travail libre*, à l'organisation de conférences et aux frais inhérents à l'action quotidienne.

Bref, quand les six mois payés d'avance au propriétaire de la rue de la Corderie furent expirés, *le Parti socialiste national* se trouva de nouveau sur le pavé, les syndicats et leurs permanences furent encore une fois dispersés. Ce fut pour les militants une épreuve nouvelle et d'autant plus cruelle que, cette fois, les espérances de succès définitif avaient été plus fortes.

Une réunion de tous les militants parisiens décida de supprimer provisoirement toutes les dépenses, de suspendre momentanément l'action générale, de cesser la publication du *Travail libre* et de préparer enfin sur des bases plus fortement étudiées une nouvelle et suprême tentative. Cette réunion eut lieu le 17 novembre 1903. Elle était en quelque sorte l'enterrement de trois années de luttes, et peu parmi ceux qui prirent la parole à cette ultime conversation conservaient encore l'espérance.

QUATRIÈME PARTIE

Création du *Jaune*. — Résurrection de la Fédération nationale
des Jaunes de France.
CARTES D'ADHÉRENTS. — Les Indépendants.

Le 1ᵉʳ janvier 1904, parut le premier numéro du
Jaune. Son siège social était : 85, *rue de la Victoire*.
C'en était fini désormais de toute hésitation vis-à-vis
de l'épithète *Jaune ;* la doctrine, de son côté, prenait une
allure de conquête en se précisant.

Le Jaune portait en exergue le résumé du programme
que voici :

« Les révolutionnaires et, en général, *tous les socialistes* exploitent l'anarchie économique qui découle du
salariat moderne pour l'assouvissement de leurs desseins, qui sont notamment:

La suppression de la propriété individuelle. Dans
cet ordre d'idées, les radicaux-socialistes, qui véhi-
culent le socialisme d'État, sont aussi dangereux que
les collectivistes.

Nous revendiquons, *nous, travailleurs,* LE DROIT A
LA PROPRIÉTÉ. Nous voulons modifier et transformer
le salariat, *non dans le sens du collectivisme, mais
dans le sens de la propriété individuelle.*

Les revendications légitimes du prolétariat reposent
sur la *participation aux bénéfices,* dont le point de
départ est l'*achat,* par les travailleurs, d'une parcelle
du capital industriel.

Quand, dans une usine qui compte, par exemple, 3.000 ouvriers, 500 d'entre eux posséderont seulement chacun une action de 100 francs, il y aura quelque chose de changé : d'abord, 500 propriétaires nouveaux, c'est-à-dire 500 hommes qui, dorénavant, auront quelque chose à « conserver » ; ensuite, *certainement*, 500 antigrévistes. Généralisez et développez l'expérience. C'est la fin de la démagogie socialiste.

P. B.

Voici en quels termes le *Jaune* exposait son programme :

« Il y a aujourd'hui trois années exactement que, réunis dans une mansarde, les délégués des premiers syndicats jaunes parisiens rédigèrent le manifeste que nous publions en quatrième page et qui, dans *l'Ouvrier indépendant*, dans *le Travail libre*, dans les centaines de conférences que nos militants firent entendre par toute la France, fut maintenu, développé et défendu, comme dans *le Jaune* nous nous proposons de le maintenir, de le développer et de le défendre.

Les « Jaunes » ! Chacun aujourd'hui sait l'origine de ce mot dont nous avons fait un drapeau. Sur les instances de nos groupements les plus importants, nous essayâmes, pendant quelques mois, de le laisser dans l'oubli pour prendre le titre qui nous convenait mieux d'« ouvriers libres ». Mais nos adversaires ayant interprété cette tactique comme une reculade, nous arborons définitivement notre drapeau. Aussi bien, nous savons que, sous l'impulsion de personnes étrangères au monde ouvrier, les politiciens faillirent faire tomber le mot « Jaune » sous l'indifférence générale et le mépris des prolétaires.

Le « Jaune », c'était l'*antigréviste*, l'*antirévolutionnaire*, etc., etc. Mais le « Jaune » ainsi compris n'était qu'un *négateur*. Les meilleurs, les plus dévoués travailleurs veulent bien se grouper et faire bloc contre le collectivisme, qui ruine indistinctement la patrie, les usines et les ouvriers; mais on ne se groupe pas seulement pour nier, surtout dans le monde du travail; *il faut affirmer quelque chose.*

Quand on songera à la ténacité dont nous avons fait preuve pour maintenir intégralement *notre programme*, on nous rendra cette justice que nous avons, nous, dans la mesure du possible, toujours exposé, non seulement la partie critique et négative, mais aussi la partie positive, celle qui contient les *revendications légitimes*, y compris la *participation aux bénéfices.*

Nous n'avons pas un système à nous de participation. Les propagateurs d'un système sont trop souvent des fous ou des ambitieux, mais nous disons à nos camarades ouvriers:

« Il est faux que la société et le patronat pèsent sur les salariés comme la pierre et la croix sur le tombeau.

Il est faux que les salariés soient condamnés éternellement à ne jamais posséder le produit de leur travail.

Pour les bons, pour les travailleurs conscients, des lueurs magnifiques montent à l'horizon.

La collaboration, la coopération surgissent de milliers de points avec des formes et des couleurs multiples, mais convergent, en réalité, vers un même but, finissent par ne plus former qu'une seule gerbe lumineuse, étincelante : la participation de tous les facteurs de la production aux mêmes risques et aux bénéfices en proportion des risques courus.

Nous pourrions insister sur ce point si délicat, mais l'ensemble de notre organisation, les sentiments exprimés par nos collaborateurs, les résultats déjà obtenus par des efforts soutenus disent mieux que nos phrases l'œuvre accomplie et l'œuvre à accomplir.

Que chacun songe, en recevant le premier numéro du *Jaune*, qu'il y a en France 400 journaux ouvriers syndicalistes révolutionnaires, et qu'avant nous notre prolétariat national était livré sans défense aux entreprises de la démagogie socialiste.

Nos adversaires émargent en subventions annuelles et officielles près de *deux millions* par an; ils ont les *Bourses du Travail officielles gratuites*, à la disposition des naïfs qui s'embarquent dans la galère révolutionnaire.

Le problème posé par *le Jaune* est donc celui-ci:

Oui ou non! aidera-t-on le peuple à se libérer lui-même en libérant la France? »

Le Jaune.

Le même numéro contenait un parallèle entre « Rouges et Jaunes ».

Le Rouge veut l'expropriation.

Le Rouge, c'est le fanatique et le violent.

Le Rouge veut détruire la propriété.

Le Rouge fait alliance avec les politiciens révolutionnaires contre les patrons et contre l'usine.

Le Jaune veut la participation.

Le Jaune, c'est le travailleur conscient et libre.

Le Jaune revendique pour les ouvriers les moyens d'accéder à la propriété.

Le Jaune préconise l'union avec les patrons pour chasser les politiciens et les meneurs qui exploitent le monde du travail en ruinant les usines.

<table>
<tr><td>

Le Rouge s'est fonctio-
narisé sournoisement en
sollicitant les subventions
municipales et gouverne-
mentales, il vit aux cro-
chets des contribuables.

Le Rouge ruine son foyer
et celui de ses camarades
par les grèves politiques.

Le Rouge pratique la vio-
lence et la tyrannie.

Le Rouge, c'est le néga-
teur, le révolté, le des-
tructeur.

</td><td>

Le Jaune conserve sa di-
gnité et son indépendance.

Le Jaune poursuit les re-
vendications légitimes sans
cesser son travail et sans
affamer ses enfants.

Le Jaune déteste la tyran-
nie et se bat pour la liberté.

Le Jaune, c'est le croyant,
le bon père, le bon cama-
rade, le créateur du bien-
être pour tous.

</td></tr>
</table>

Parallèlement à l'organisation du *Jaune*, la reconstitution de la Fédération nationale des Jaunes de France fut entreprise, afin d'élargir l'action syndicaliste et d'introduire des éléments actifs pris dans toutes les classes et de les grouper sur le programme social quand il n'était pas possible de le faire sous la forme syndicaliste. Des cartes d'adhérents furent établies. Nous en publions une ouverte montrant d'abord le *recto*, ensuite le *verso* (p. 120 et 121).

En même temps qu'il attaquait le socialisme dans ses retranchements des syndicats rouges, *le Jaune* reprit la campagne contre ce qui restait, rue des Vertus, de la Bourse du Travail indépendante et de l'organisation de M. Lanoir. Celui-ci disparut enfin complètement ; sa Bourse fut fermée, les meubles mis à l'encan, les employés congédiés. L'expérience d'un *mouvement* JAUNE NÉGATIF au point de vue social et seulement antigréviste était donc morte, *et elle échouait non sous les coups de syndicats « rouges », mais sous les coups de*

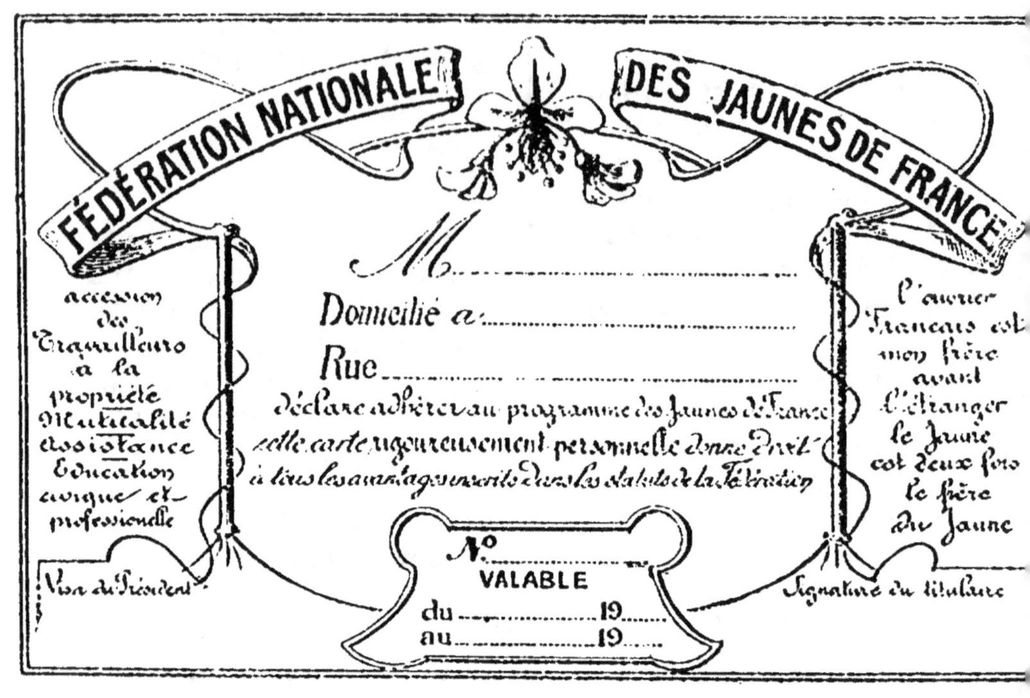

INSIGNE :

LE GENÊT

Organe officiel :

LE JAUNE

9, Rue Joubert

TÉLÉPHONE 221-55

PROGRAMME
des " Jaunes" de France

ARTICLE PREMIER. — 1. Revendication ferme et continue des améliorations qui sont indispensables au développement physique, intellectuel et moral de la classe ouvrière ;

2. Accession de la main-d'œuvre au capital et à la propriété ;

3. Opposition à toutes les grèves n'ayant pas un caractère exclusivement professionnel et dont la nécessité n'est pas démontrée par l'intransigeance patronale ;

4. Fixation des heures de travail par corporations, régions et métiers, d'un commun accord entre syndicats patronaux et syndicats ouvriers ;

5. Lutte contre le collectivisme municipal et d'Etat qui, en fonctionnarisant les travailleurs, les met dans la main d'un maître anonyme irresponsable et plus dur que le patron ;

6. Développement dans la classe ouvrière des grands moyens sociaux de relèvement et d'indépendance, et garanties pour la vieillesse des travailleurs : mutualité, assistance et retraites ouvrières ;

7. Encouragement à toutes les initiatives privées dirigées vers des œuvres de bienfaisance ;

8. Education civique et professionnelle de tous les travailleurs, en vue de tous les droits, de tous les besoins et de toutes les libertés nécessaires à un grand peuple ;

9. Liberté d'association, liberté d'enseignement, liberté absolue de conscience, droit de propriété ;

10. Droit de propriété sans restriction pour les syndicats et unions de syndicats.

BUT

ART. 2. — La Fédération nationale poursuit le but :

1. D'organiser la France du travail en syndicats ouvriers, agricoles et patronaux, par corporations, régions et métiers ;

2. De les relier ensuite à elle afin de former le *Parti des Intérêts nationaux* ;

3. D'assurer à tous les travailleurs de France un contact permanent avec les éléments patronaux, afin de souder plus étroitement l'accord du Capital et du Travail ;

4. De poursuivre auprès des Pouvoirs publics la réalisation du programme des *« Jaunes » de France*, ainsi que les revendications isolées ou collectives des membres ou groupements affiliés à la Fédération ;

5. Enfin, de faire bénéficier tous les travailleurs, tous les corps de métiers et l'ensemble des membres adhérents, d'une solidarité rationnelle et puissante dont l'influence sur le terrain économique et social sera décisive.

ADMISSION

ART. 3. — Peuvent adhérer à la *Fédération nationale des « Jaunes » de France* :

Les syndicats ouvriers, les syndicats patronaux, les syndicats d'agriculteurs et d'ouvriers agricoles, les fédérations de métiers, cercles d'études, groupes de « Jaunes », et en général toutes les corporations ou individualités qui, ayant accepté les statuts et s'y conformant, auront été admis par le Comité national de la Fédération.

syndicats jaunes inspirés de principes nettement formulés et vivifiés d'un sang nouveau.

« JAUNES » OU « ROUGES » NON « INDÉPENDANTS »

Le terrain ainsi déblayé, la lutte reprit ardente et serrée contre les « Rouges », contre les subventions, et aussi des pointes furent poussées aux *indépendants* dont l'expectative paraissait coupable.

Le ton de ces polémiques est intéressant à reproduire. On y sent très bien se préciser le but et la tactique.

« Dans quelques années, les travailleurs conscients montreront du doigt ceux qui s'intitulent aujourd'hui les « Rouges ». Les Rouges! Ils seront justement considérés comme des traîtres à leur classe, comme les derniers représentants, sectaires et bornés, d'une doctrine exotique et fausse qui livra la France ouvrière aux pires catastrophes, et les syndicats professionnels à la démagogie socialiste.

« Nous avons vu, les uns après les autres, tous les propagateurs de ces théories mensongères et pernicieuses, clôturer leurs harangues enflammées par une formule d'exploitation de la classe ouvrière; ils finissent, tous, dans une sinécure, rentiers ou aux honneurs. »

Au bas de l'échelle, les braillards, ceux qui en imposent par la violence de leurs gestes et de leurs paroles, n'ont qu'une seule préoccupation : vivre des cotisations des camarades. Ils se fonctionnarisent ainsi, sournoisement, sous le prétexte « d'émanciper » leurs « frères de misère », et, quand ils sollicitent les cotisations de leurs adhérents, soyez assurés que la plus grosse partie, sinon la totalité desdites cotisations, auront une autre destination.

Elles servent à placarder des affiches *Guerre à la guerre* ou à imprimer le *Manuel du soldat*, ou, encore, le *Manuel de sabotage et de boycottage*, « *qui, rédigé au Congrès des syndicats rouges à Tours, indique aux ouvriers les moyens de ne rien produire à l'atelier et de s'y faire payer quand même, ou encore le bon endroit pour mettre un engin qui fasse sûrement éclater l'outil ou sauter la machine ; comment une poignée de sable, à un certain moment, dans le métal en fusion, produit des* « *pailles* » *qui rendent la pièce inutilisable : toutes choses très* « *utiles* », *très* « *professionnelles* », *comme on voit, et bien dirigées vers la prospérité de nos industries nationales* ».

L'argent qui ne passe point à cette propagande sert à l'entretien du secrétaire, sinon du trésorier ou du président, quand ce n'est pas tous les trois à la fois qui réalisent ainsi, pour eux-mêmes, le problème de l'émancipation.

Et, comme les temps sont durs, comme le socialisme a dévoyé le syndicalisme et dégoûté la classe ouvrière de l'organisation professionnelle (rouge), les cotisations se sont raréfiées. D'autre part, pour les besoins de la politique socialiste, il fallait *embrigader*, *domestiquer* la classe ouvrière. C'est alors que les politiciens imaginèrent les subventions aux syndicats. Et, pour leur honte, les syndicats « rouges » acceptèrent les présents ainsi offerts, alors que, dans le monde entier, il n'est pas d'exemple d'une pareille aberration dans aucun groupement de travailleurs organisés.

On peut le dire hardiment : ce sont les *subventions* qui ont tué le syndicalisme « rouge » en France.

Nous vîmes, avec les fonds des contribuables, s'élever sur tous les points du pays des *Bourses du Travail* (officielles), lesquelles Bourses, subventionnées par les municipalités, les départements et l'État, achevèrent, dans le sens de la corruption et du fonctionnarisme, ce que le socialisme avait si bien commencé pour la gloire du socialisme d'État, au détriment des organisations ouvrières.

Depuis cette époque, les meneurs « rouges » sont à la solde des politiciens locaux, qui distribuent la manne, et, comme leur pain est assuré, comme la sinécure rapporte honneurs et profits, les meneurs ainsi embusqués dans les Bourses en éloignent les vrais travailleurs, disloquent les véritables organisations, acceptent des adhérents qui ne remplissent aucun de leurs devoirs; mais sur lesquels ils règnent, au milieu desquels ils seront inamovibles.

Voilà les bandes révolutionnaires! En tête, de prétendus syndicalistes ouvriers; en réalité, les stipendiés des communes. En queue, tous les rebuts de la classe ouvrière.

Aujourd'hui, nous avons en France 114 Bourses du Travail officielles. Elles ont coûté QUATRE MILLIONS TROIS CENT VINGT-DEUX MILLE FRANCS aux diverses municipalités.

Dans chacune de ces Bourses, ceux que nos malheureux camarades, bernés, continuent à nommer des *militants*, se partagent — annuellement — des subventions en espèces sonnantes qui viennent ainsi s'additionner :

Municipalités........................	496.045
Départements......................	37.950
État (Fédération des Bourses)...	10.000
TOTAL......................	543.995

Ajoutez à ces *cinq cent quarante-trois mille neuf cent quatre-vingt-quinze francs* l'entretien des locaux (assumés par les municipalités), l'amortissement des 4 millions et demi qu'ils ont coûtés ; commencez-vous à comprendre, maintenant, pourquoi les « Rouges » sont si forts ? — ou, plutôt, pourquoi ils donnent l'illusion d'une force ?

C'est parce que, grâce à la complicité des uns, à la faiblesse des autres, profitant du silence *de tous !* ils se sont insinués, — tel le rat légendaire au milieu du fromage, — dans de somptueux bâtiments, payés par nous. Une fois logés, ils furent nourris ; la table de ces messieurs les fonctionnaires des syndicats « rouges » nous coûte — annuellement — 543.995 francs.

Il n'exerce pas à l'œil, l'état-major de la Révolution. Néanmoins, on ne pourrait tirer de ces faits, incontestables, que des arguments philosophiques ou politiques, si nous n'avions placé la question, nous, les « Jaunes », sur son véritable terrain ; car savez-vous combien il y a de syndiqués, dans ces Bourses qui nous coûtent tant d'argent ?

Trois cent quarante-six mille ! Rapprochez ce chiffre de ce que les meneurs de ces malheureux émargent, aux budgets divers. C'est effrayant !

Mais il y a pire.

Nous accusons les syndicats « rouges » d'avoir, « en sollicitant ou en acceptant le principe des *subventions* », paralysé, détruit, annihilé la véritable organisation professionnelle, et, par conséquent, retardé « l'émancipation » ouvrière.

Alors que, dans tous les pays, les syndicats thésaurisent, *capitalisent*, s'administrent avec solidarité, créent des œuvres, des coopératives, des caisses de secours, en cas de maladie, de chômage, etc., nos syndicats « rouges », à nous, rugissent dans les réunions publiques et assomment les contradicteurs, ruinent les industries dont ils vivent, narguent les coopérateurs, comme des idéologues surannés et méprisables, et, finalement, demandent leur vie quotidienne au budget.

C'est du propre.

Eh bien ! pourquoi hésiter ? Le premier obstacle a abattre, c'est la *subvention*. La première tumeur à opérer, *c'est la Bourse subventionnée*.

A bas les subventions !

Et que les prétendus syndicats « indépendants » le sachent. Ils périront aussi certainement que les syndicats rouges sont destinés à périr, s'ils ont recours aux mêmes moyens que ceux-ci. Il faut être « Jaune » ou « Rouge ».

Ce qui tua le mouvement tenté par Lanoir (d'ailleurs dépourvu de sincérité), c'est son obstination à prendre dans ses paroles la contre-partie des Rouges et, dans ses gestes et ses actes, leurs attitudes.

Comme les « Rouges », Lanoir sollicita et obtint les subventions ; il en est mort avant eux, manquant de vitesse acquise ; ses troupes s'endormirent, les unes sur le rôti, les autres sur le zinc du marchand de vins. Les probes s'étaient, depuis longtemps, éloignés.

Il n'y a de « Jaunes », et nous ne reconnaissons comme tels que ceux qui ont un programme, et non seulement un programme négatif, mais encore un programme positif.

Nous savons, nettement, ce dont nous ne voulons point :

C'est de leur socialisme.

C'est de la grève.

C'est de la révolution.

C'est, enfin, de la corruption des organisations ouvrières par les subventions.

Ce que nous voulons?

C'est l'organisation saine des travailleurs, par professions, corporations et régions et ensuite *nationalement*.

C'est, pour chacun de nous le droit à la *propriété de son travail*, à la propriété individuelle.

C'est la revendication de la participation aux bénéfices sous ses formes multiples et variées, de préférence *par l'achat de parts « individuelles »*, du capital industriel.

D'où vient la corruption des syndicats rouges?

LES SUBVENTIONS AUX SYNDICATS

C'est la minorité qui est subventionnée, les syndicats rouges sont des parasites.

Pour que les syndicats soient libres, disent les *Jaunes*, il ne faut pas qu'ils dépendent des politiciens, ni des patrons, ni de l'Etat. Or les syndicats « rouges » sont notoirement politiques, ils poursuivent « d'abord » des revendications politiques; ils se mettent sous la dépendance patronale en provoquant systématiquement des grèves, des mouvements révolutionnaires qui épuisent la classe ouvrière et rendent ses organisations stériles; ils sont enfin sous la dépendance de l'État, car les *Bourses du Travail* « rouges » appartiennent toutes aux municipalités ou à l'État. Non seulement les Rouges sont logés aux frais des contribuables, mais ils en reçoivent également les fonds nécessaires à leur administration et à leur propagande. Dans ces conditions la classe ouvrière est canalisée dans des associations parasitaires et elle est à la merci de la mauvaise humeur d'un *maire* ou d'un *préfet*[1].

Voici la proportion scandaleuse que prit en France le système des subventions :

Nous attirons d'abord l'attention de nos lecteurs sur le mouvement du personnel des syndicats depuis 1884. Nous donnons les chiffres rigoureusement officiels, puisés dans l'*Annuaire* publié par le Ministère du Commerce en 1905.

MOUVEMENT DU PERSONNEL DES SYNDICATS PROFESSIONNELS DÉCLARÉS EN EXÉCUTION DE LA LOI DU 21 MARS 1884

ANNÉES		PERSONNEL DES SYNDICATS					DIFFÉRENCE en plus d'une année à l'autre
		Patronaux	Ouvriers	Mixtes	Agricoles	Totaux	
Au 1er juillet	1890.	93,411	139,692	14,096	234,234	481,433	—
	1891.	106,157	205,152	15,773	269,698	596,390	114,947
	1892.	102,549	288,770	18,561	313,800	723,680	127,300
	1893.	114,176	402,125	30,052	353,883	900,236	176,556
	1894.	121,914	403,440	29,124	378,750	933,228	32,992
	1895.	131,031	419,781	31,126	403,261	985,199	45,870
	1896.	141,877	422,777	30,333	423,492	1,018,479	33,280
Au 1er janvier	1898.	189,514	437,793	33,963	448,395	1,100,665	91,186
	1899.	151,624	419,761	34,236	491,692	1,097,313	3,352[1]
	1900.	158,300	491,647	28,519	512,794	1,191,260	93,947
	1901.	170,030	588,832	29,044	533,454	1,321,360	30,100
	1902.	185,099	614,173	34,446	592,613	1,426,331	104,971
	1903.	205,463	643,757	33,431	598,834	1,481,485	55.154
	1904.	236,830	715,576	35,984	620,048	1,608,438	126,953
	1905.	252,036	781,344	25,863	659,953	1,710,196	110,758

[1] Différence en moins.

Cette statistique est très importante au point de vue

1. Exemples : Augagneur, maire de Lyon, fermant brusquement la Bourse du Travail de cette ville, et M. de Selves, la même année, expulsant de l'immeuble municipal, rue du Château-d'Eau à Paris, la Confédération générale du travail.

de la moralité des subventions. Il y a donc officiellement 781.344 ouvriers syndiqués. D'après le tableau que nous publions plus loin, on verra que, d'après leurs propres déclarations, « car les statistiques officielles sont faites avec les chiffres *non contrôlés* donnés par les intéressés eux-mêmes », les 114 *Bourses du Travail* « rouges » officielles n'englobent que 377.561 membres, et encore nous sommes surs que ce chiffre est exagéré au moins de moitié.

Il y a donc en France 403.783 ouvriers syndiqués qui n'ont pas adhéré aux Bourses du Travail, *qui ne reçoivent aucune* subvention et qui, au contraire, entretiennent en tant que contribuables les syndiqués « rouges », les seuls que les politiciens et les gouvernants affectent de connaître, car les 659.953 syndiqués agricoles, comme nos 403.783 syndicalistes ouvriers non « rouges », comme les 25.863 mixtes, sans compter les 252.000 patrons, sont aussi des citoyens et des contribuables, comment dès lors expliquer l'utilité des subventions à une catégorie parasitaire qui se prétend même plus exploitée que les autres ?

TABLEAU GÉNÉRAL DES BOURSES DU TRAVAIL EN 1905

DÉPARTEMENTS	VILLES	DATE de la fondation	FRAIS d'installation supportés par les budgets municipaux	SUBVENTION ANNUELLE		SYNDICATS adhérents		EFFECTIFS des syndicats adhérents		PLACEMENTS en 1904			
				municipale	départementale	au 1er janvier 1904	au 1er janvier 1905	au 1er janvier 1904	au 1er janvier 1905	Demandes	Offres	Effectués à demeure	en extra
			fr. c.	fr.	fr.								
AISNE	Saint-Quentin	1901	32.000,00	6.000	»	24	26	1.982	2.135	448	311	79	»
ALLIER	Commentry	1896	»	300	»	3	4	338	428	»	»	»	»
	Montluçon	1900	»	»	»	7	11	2.410	2.278	»	»	»	»
ALPES-MARITIMES	Nice	1893	9.500,00	8.500	500	23	30	1.224	3.840	2.422	1.050	850	85
AUDE	Carcassonne	1897	2.000,00	2.870	500	14	20	1.056	845	2.675	2.511	1.920	133
	Carcassonne (B. ind.)	1903	»	»	»	4	4	395	368	650	500	395	75
	Narbonne	1893	»	4.000	500	13	19	1.361	1.975	423	341	212	129
BOUCHES-DU-RHÔNE	Aix	1896	1.400,00	1.200	1.000	6	8	210	236	967	468	445	»
	Arles	1901	3.000,00	1.000	1.000	4	17	448	268	400	560	160	110
	Marseille	1888	33.000,00	11.500	8.700	95	100	13.453	20.846	8.889	7.649	7.054	22.085
CALVADOS	Caen	1903	»	800	»	13	12	449	570	667	1.536	646	21
	Caen (B. indép.)	1903	»	»	»	2	5	54	278	1.268	797	321	27
CANTAL	Aurillac	1898	400,00	»	»	5	4	232	215	»	»	»	»
CHARENTE	Angoulême	1893	1.000,00	1.000	3.000	19	22	971	1.122	916	471	270	»
	Cognac	1892	»	1.200	500	11	15	281	500	1.200	900	700	»
CHARENTE-INFÉR.	Rochefort-sur-Mer	1900	9.680,00	1.000	»	12	13	2.665	2.873	792	331	510	»
	La Rochelle	1900	»	2.000	200	8	10	1.123	1.087	1.411	975	»	804
CHER	Bourges	1897	1.000,00	3.000	1.000	24	32	2.919	3.402	13.899	8.585	6.822	»
	Mehun-sur-Yèvre	1902	200,00	300	400	5	5	224	230	»	»	»	»
	Saint-Amand	1903	200,00	»	»	4	11	53	328	72	27	27	10
	Vierzon-ville	1898	800,00	2.050	800	11	12	1.181	1.158	970	703	576	»
CORRÈZE	Brive	1900	899,80	300	100	14	14	477	508	320	170	160	»
	Tulle	1899	1.000,00	1.000	100	12	9	455	243	»	»	»	»
CÔTE-D'OR	Dijon	1893	10.000,00	4.000	1.000	21	27	1.060	1.350	3.720	1.850	1.680	170
CÔTES-DU-NORD	Saint-Brieuc	1904	»	200	»	»	4	»	198	»	»	»	»
DORDOGNE	Périgueux	1898	300,00	1.000	100	9	11	259	653	65	51	15	23
DOUBS	Besançon	1891	»	3.000	300	19	18	903	775	»	»	»	»
DRÔME	Romans	1901	351,20	1.500	300	18	13	1.462	1.298	398	426	387	»
	Valence	1896	300,00	1.050	500	14	20	750	1.214	2.733	1.160	704	»
FINISTÈRE	Brest	1904	»	1.800	»	»	22	»	4.352	500	120	100	»
GARD	Alais	1901	1.200,00	1.500	100	6	6	931	721	176	101	49	»
	Nîmes	1887	27.138,00	3.000	1.500	17	19	736	1.414	1.729	809	664	»
GARONNE (HAUTE-)	Toulouse	1890	3.000,00	10.820	500	61	68	5.882	7.380	5.192	4.402	4.110	»
GERS	Auch	1904	300,00	300	»	»	13	»	508	»	»	»	»
GIRONDE	Bordeaux	1890	16.000,00	12.600	»	83	97	13.678	15.217	8.150	7.490	4.691	2.799
HÉRAULT	Agde	1900	100,00	1.000	1.000	11	6	1.871	662	»	»	»	»
	Bédarieux	1904	»	»	1.000	»	6	»	161	»	»	»	»
	Béziers	1891	4.500,00	4.250	1.000	22	27	2.388	1.760	1.300	900	600	»
	Cette	1902	1.000,00	5.000	1.000	28	29	5.486	3.992	150	40	30	»
	Montpellier	1891	4.635,00	5.650	1.000	26	40	1.065	3.081	420	300	240	37
A reporter		....	165.504,00	105.290	27.600	671	829	70.452	90.439	62.922	45.537	34.507	26.508

TABLEAU GÉNÉRAL DES BOURSES

DÉPARTEMENTS	VILLES	DATE de la FONDATION	FRAIS D'INSTALLATION supportés par les budgets municipaux	SUBVEN. ANNU. municipale
			fr. c.	fr.
Reports	....		165.504,00	105.290
ILLE-ET-VILAINE....	Fougères	1900	2.500,00	2.500
	Fougères (B. indép.)	1904	»	»
	Rennes	1893	1.270,00	2.500
INDRE	Châteauroux	1901	250,00	2.300
	Issoudun	1901	300,00	1.000
INDRE-ET-LOIRE	Tours	1894	1.000,00	7.100
ISÈRE	Grenoble	1893	4.000,00	3.000
	Voiron	1898	150,00	150
JURA	Lons-le-Saunier	1900	»	»
LOIR-ET-CHER	Blois	1898	»	200
	Rive-de-Gier	1901	800,00	320
	Roanne	1892	8.500,00	4.000
LOIRE	Saint-Chamond	1901	»	500
	Saint-Etienne	1888	13.000,00	31.565
LOIRE (HAUTE-)	Le Puy	1891	»	600
	Sainte-Florine	1897	»	»
LOIRE-INFÉRIEURE..	Nantes	1893	5.000,00	4.500
	Saint-Nazaire	1892	»	4.190
LOIRET	Orléans	1899	»	2.000
LOT-ET-GARONNE...	Agen	1900	»	1.500
	Villeneuve-sur-Lot	1892	100,00	200
	Angers	1892	1.300,00	3.700
MAINE-ET-LOIRE....	Cholet	1891	400,00	1.800
	Saumur	1893	500,00	1.200
MANCHE	Cherbourg	1904	»	»
	Epernay	1903	»	»
MARNE	Reims	1902	125.000,00	6.800
MARNE (HAUTE-) ...	Chaumont	1893	»	300
MAYENNE	Laval	1901	750,00	»
MORBIHAN	Lorient	1903	300,00	»
NIÈVRE	Nevers	1895	1.400,00	1.000
	Fourmies	1903	1.238,00	100
NORD	Lille (alimentation)	1903	»	»
ORNE	Alençon	1900	»	700
	Boulogne-sur-Mer	1892	1.000,00	2.000
PAS-DE-CALAIS	Boulogné-s-Mer (B.ind.)..	1903	»	»
	Calais	1900	5.000,00	4.000
A reporter	....		339.262,00	195.015

DU TRAVAIL EN 1905 (SUITE)

SUBVEN-TION départementale	SYNDICATS ADHÉRENTS au 1er janvier 1904	au 1er janvier 1905	EFFECTIFS des syndicats adhérents au 1er janvier 1904	au 1er janvier 1905	PLACEMENTS EN 1904 Demandes	Offres	Effectués à demeure	en extra
fr. 27.600	671	829	70.452	90.439	62.922	45.537	34.507	26.508
300	9	9	1.852	1.830	»	»	»	»
»	»	2	»	118	»	»	»	»
300	25	28	1.713	1.870	4.261	2.512	2.070	»
300	20	20	2.211	2.221	220	190	140	25
»	»	6	»	294	7	1	»	»
500	28	34	1.363	1.290	»	»	»	»
»	37	40	3.000	2.818	2.000	1.500	1.600	400
»	7	7	258	214	60	30	6	24
»	3	3	72	62	»	»	»	»
200	3	7	673	278	601	441	310	»
150	6	6	239	209	»	»	»	»
300	22	24	2.252	2.538	560	92	86	69
150	8	7	1.503	1.010	133	89	89	»
400	33	45	12.683	8.942	6.142	1.826	1.212	1.815
»	8	7	178	149	»	»	»	»
»	4	4	563	621	»	»	»	»
»	52	55	6.176	6.115	5.270	2.073	1.127	»
»	20	20	2.619	2.720	550	385	82	195
»	21	20	891	1.421	2.321	1.378	982	»
500	11	17	499	561	390	816	574	22
300	7	6	400	112	300	70	8	40
»	29	29	4.206	3.267	2.414	1.507	1.442	»
»	15	19	1.192	1.903	331	319	208	83
»	13	12	458	260	570	564	317	8
»	»	11	»	2.595	200	50	»	»
»	6	7	586	627	»	»	»	»
500	30	31	2.867	2.602	»	»	»	»
»	10	13	928	920	»	»	»	»
2.000	6	6	1.082	1.182	445	436	156	5
»	»	17	»	4.415	306	82	10	43
1.500	25	38	2.643	4.815	»	»	»	»
»	»	2	»	355	»	»	»	»
»	5	4	840	455	»	»	..	»
50	9	9	188	205	1.808	1.173	443	29
»	12	13	671	1.476	662	559	449	»
»	8	6	242	130	»	»	»	»
»	6	7	2.039	465	1.528	1.351	988	271
35.050	1.172	1.420	127.563	151.207	94.007	62.981	46.838	29.537

TABLEAU GÉNÉRAL DES BOURSES DE TRAVAIL EN 1905 (FIN)

DÉPARTEMENTS	VILLES	DATE de la FONDATION	FRAIS D'INSTALLATION supportés par les budgets municipaux	SUBVENTION ANNUELLE		DIFFÉRENCES		EFFECTIF des syndicats adhérents		PLACEMENTS EN 1904		Effectués	
				municipale	départementale	au 1er janvier 1904	au 1er janvier 1905	au 1er janvier 1904	au 1er janvier 1905	Demandes	Offres	à demeure	en extér.
			fr. c.	fr.	fr.								
Report....................		....	339.262,00	105.015	35.050	1.172	1.420	127.563	151.207	94.007	62.981	46.838	29.5
Puy-de-Dôme......	Clermont-Ferrand......	1898	»	1.200	1.150	26	29	1.752	1.940	1.606	1.072	825	1
	Thiers.................	1901	»	250	300	8	6	662	302	188	42	31	»
Pyrénées (Basses-).	Bayonne..............	1903	»	500	»	11	16	1.204	1.544	152	48	39	»
Pyrénées (Hautes-).	Bagnères-de-Bigorre.....	1900	»	»	»	5	4	81	122	»	»	»	»
	Tarbes...............	1902	»	»	»	8	9	231	219	»	»	»	»
Pyrénées-Orient...	Perpignan.............	1893	900,00	3.500	300	24	30	312	2.154	678	342	219	»
Rhin (Haut-)......	Belfort...............	1899	175,00	3.500	600	12	12	1.307	1.242	790	1.101	650	»
	Lyon.................	1891	35.524,00	12.000	»	102	106	15.154	12.550	2.742	1.695	1.059	»
Rhône.............	Lyon (B. indép.)........	1902	»	»	»	12	12	703	1.119	1.608	309	241	»
	Tarare...............	1903	2.000,00	1.000	»	4	3	477	477	»	»	»	»
Saône-et-Loire....	Chalon-sur-Saône.......	1893	»	1.300	»	8	7	356	445	845	612	383	»
Sarthe.............	Le Mans..............	1895	15.900,00	3.500	»	22	22	1.101	1.483	1.581	668	405	»
	Boulogne-sur-Seine.....	1893	»	»	»	6	8	242	263	»	»	»	»
	Clichy................	1894	»	»	»	4	7	40	2.385	»	»	»	»
	Issy-les-Moulineaux.....	1895	»	»	»	3	4	330	242	»	»	»	»
Seine.............	Levallois-Perret........	1900	»	»	»	3	5	184	213	»	»	»	»
	Paris.................	1887	2.872.372,00	»	»	257	260	133.213	150.058	»	»	»	»
	Saint-Denis...........	1902	»	»	»	10	15	873	1.724	2.368	1.261	782	»
	Elbœuf...............	1899	3.000,00	515	»	10	7	2.884	2.904	1.408	833	618	2
Seine-Inférieure...	Havre (Le)............	1901	»	»	»	23	20	3.875	5.814	»	»	»	»
	Rouen................	1896	»	4.000	»	33	36	2.922	4.254	4.907	4.105	2.149	1.4
Seine-et-Oise......	Versailles.............	1896	»	1.000	100	17	19	787	1.248	300	210	70	»
Sèvres (Deux-)....	Niort.................	1895	»	1.000	250	15	18	487	616	301	172	»	1
Somme.............	Amiens...............	1895	»	3.000	3.000	31	37	5.694	6.710	1.101	998	728	»
Tarn.............	Albi..................	1899	4.100,00	1.000	100	7	8	1.762	871	203	125	25	»
	Castres...............	1903	30.000,00	1.500	»	9	12	510	560	136	84	18	»
Tarn-et-Garonne..	Montauban............	1904	»	500	500	11	13	642	686	110	215	110	»
Var.............	Saint-Raphaël..........	1904	»	»	2.000	»	6	»	549	»	»	»	»
	Toulon...............	1889	534,00	»	»	27	32	5.614	6.966	»	»	»	»
Vendée............	Fontenay-le-Comte	1903	»	300	»	7	9	717	665	25	»	3	
Vienne............	Poitiers...............	1899	5.950,00	2.100	100	20	25	631	1.362	2.450	1.925	1.743	
Vienne (Haute-)...	Limoges..............	1896	16.000,00	9.000	4.000	47	53	5.767	5.725	1.744	1.305	1.216	
Yonne............	Auxerre...............	1904	3.500,00	200	2.000	»	6	»	388	»	»	»	
	Alger.................	1892	4.500,00	3.900	1.500	25	34	2.758	5.695	941	759	458	
Algérie...........	Constantine...........	1897	500,00	3.000	1.000	14	14	517	571	1.000	400	600	
	Oran................	1892	»	1.200	3.000	13	14	870	1.739	1.407	981	792	
Guadeloupe (La)...	Pointe-à-Pitre..........	1901	»	»	3.000	18	21	483	544	»	»	»	
Totaux..............		114	3.334.217,00	253.980	55.150	2.018	2.360	323.717	377.561	122.335	82.306	60.232	31.7

Objectera-t-on que les subventions servirent à quelque chose, par exemple *au placement* pour lequel la Fédération des Bourses recevait à Paris, *en plus des chiffres contenus dans ce tableau*, une annuité de 10.000 francs !

Or regardez dans la dernière colonne le nombre des ouvriers placés par ladite Fédération des Bourses, sous la rubrique *Bourse du Travail de Paris*. Vous trouverez 0.

Si l'on songe que le régime des subventions date de plus de quinze ans, on peut en conclure que les contribuables français ont donné, tant en immeubles qu'en espèces sonnantes plus de 20.000.000 à l'armée socialiste révolutionnaire pour l'aider dans ses déprédations, pour faciliter aux meneurs la domestication et la corruption de la classe ouvrière, car, dans les pays où s'épanouissent les vastes mouvements ouvriers, ils évoluent librement, sans attaches *officielles*, sans prélever sur aucun budget le monstrueux impôt.

En résumé, on peut dire qu'en France les syndicats rouges nous ont coûté autant que l'invasion de 1870.

COMPARAISONS

En Allemagne, en Angleterre, etc., les syndicats sont puissants et non subventionnés. — Des chiffres éloquents.

Il était intéressant alors que les syndicats « rouges », en France, devenaient chaque jour plus internationalistes, de les comparer aux autres syndicats étrangers, qui, en conférences ou par la presse, nous étaient montrés comme *faisant la même besogne syndicale et internationale que les syndicats « rouges » français.*

Le Jaune s'employa de son mieux à mettre de la clarté dans ce débat, et il montra, par des documents irréfutables, qu'alors que le syndicalisme socialiste était dans notre pays une cause de ruine en même temps qu'une administration parasitaire, les Rouges *allemands, anglais, belges* ou *américains*, même socialistes, suivaient une tactique absolument opposée à celle des « Rouges » français.

Nous n'emprunterons pas nos documents à des « bourgeois » ou à des « économistes », de crainte de les voir suspecter.

Nos renseignements sont pris intégralement chez des auteurs socialistes.

EN ALLEMAGNE

Voici, par exemple, un extrait de M. *Edgard Milhaud*, professeur à l'Université de Genève, rédacteur à *l'Aurore*, qui publia une importante étude sur la *Démocratie socialiste allemande.*

Les syndicats ouvriers allemands sont partagés en plusieurs groupes. Il y a les associations profession-nelles *Hirsch Dunker*, les *syndicats chrétiens*, les syndicats *indépendants*, les « Jaunes » et enfin les syndicats *démocrates socialistes.*

Pour servir de point de comparaison, nous ne prenons à dessein que les syndicats *démocrates socialistes*, les « Rouges » allemands.

Les syndicats démocrates socialistes sont dirigés par une *Commission générale* qui est à peu près l'équivalent de notre *Confédération générale du Travail*. Il est curieux déjà de noter, au point de vue de la *protection du travail national*, une différence essentielle entre sa tactique et celle des « Rouges » français.

Alors que nos syndiqués socialistes ouvrent nos frontières, prennent fait et cause, comme dans les événements de Longwy, pour les agissements des *Belges* et des *Italiens* contre la main-d'œuvre et l'industrie françaises, les *syndicats socialistes allemands* dépensent de l'argent pour éloigner de leur pays les travailleurs des autres nationalités.

« La *Commission générale*, dit M. Milhaud, a fondé un journal italien à l'intention des immigrés italiens, l'*Operaio Italiano*.

La Commission générale est allée plus loin encore. La *Commission syndicale d'Autriche*, soucieuse comme elle d'arrêter la dépréciation de la main-d'œuvre indigène, ayant attiré son attention sur l'intérêt commun qu'il y aurait à porter la propagande parmi les ouvriers italiens dans l'Italie même et dans les provinces italiennes d'Autriche, elle lui accorde des subsides pour diriger cette propagande. Deux secrétariats ont été ainsi institués, l'un à Trieste, l'autre à Trente. A Trente, un foyer d'organisation et de propagande s'est formé. Un grand nombre de syndicats y sont actuellement réunis en une organisation générale, qui s'efforce d'éclairer la masse des travailleurs. Et comme Trente se trouve sur la route des ouvriers italiens qui vont en Allemagne ou en Autriche, c'est avant leur arrivée dans ces pays que beaucoup d'entre eux sont aujourd'hui instruits des luttes qui s'y mènent et du tort qu'ils peuvent faire aux ouvriers parmi lesquels ils viennent vivre, en livrant leurs bras pour un salaire moins élevé que le salaire courant.

Ce n'est pas tout : parmi les concurrents au rabais des ouvriers organisés, il en est un dont l'importance sur le marché du travail va sans cesse croissant, et qui en tout lieu exerce son action : c'est la femme, l'ouvrière. La Commission générale prête une grande attention à la propagande parmi les ouvrières. »

Plus loin, M. Milhaud expose en ces termes le développement de la *Commission générale*, où l'on ne découvre aucune des tendances de notre *Confédération générale du Travail*, préoccupée de faire de l'*antimilitarisme*, de l'*antipatriotisme* et de l'*anticapitalisme*.

LE DÉVELOPPEMENT DES SYNDICATS ET DE LEURS INSTITUTIONS

« La Commission générale a pris, dans l'ensemble du mouvement syndical allemand, d'année en année, une plus grande importance. Dans les débuts de son existence, elle fut en butte à de nombreuses attaques ; aujourd'hui, nul ne conteste plus ni l'utilité à laquelle elle répond, ni les services qu'elle rend. Peu à peu ses attributions ont été élargies, et c'est pourquoi le Congrès tenu à Francfort en 1899 éleva le nombre de ses membres de 5 à 7 et l'autorisa à adjoindre au seul fonctionnaire permanent qu'elle eût possédé jusqu'alors, son président, qui était à la fois administrateur général et rédacteur du *Correspondenzblatt*, deux nouveaux fonctionnaires et un rédacteur spécial. Au Congrès de Stuttgart, en 1902, le nombre des membres de la Commission fut encore élevé et porté de 7 à 9. Corrélativement à l'extension de ses attributions, le taux de la cotisation par syndiqué, qui était de 3 pfennigs, a été porté à 4 pfennigs.

Le développement de la Commission générale ne faisait que traduire le développement général des syndicats. Leurs progrès depuis 1890 sont mis en lumière dans le tableau ci-dessous :

DÉVELOPPEMENT DES SYNDICATS ALLEMANDS DE 1891 A 1901 [1]

ANNÉES	ORGANISATIONS CENTRALISÉES	NOMBRE TOTAL des MEMBRES	NOMBRE des FEMMES	NOMBRE des membres des ORGANISATIONS LOCALES	TOTAL des SYNDIQUÉS
1891	62	277.659	»	10.000	287.659
1892	56	236.094	4.355	7.640	244.734
1893	51	223.530	5.384	6.280	229.810
1894	54	246.494	5.251	5.550	252.044
1895	54	259.175	6.697	10.781	269.956
1896	51	329.230	15.255	5.858	335.088
1897	56	412.359	14.644	6.803	419.162
1898	57	493.742	13.482	17.600	511.242
1899	55	580.473	19.280	15.946	595.419
1900	58	680.427	22.814	9.860	690.287
1901	57	677.510	25.699	9.360	686.870

Voici maintenant un autre tableau beaucoup plus instructif encore.

Alors que nos syndicats « rouges » français épuisaient leurs affiliés en appels de fonds destinés à organiser la guerre sociale et la ruine nationale, les syndicats « rouges » allemands faisaient converger tous leurs efforts vers la solidarité et l'organisation pratique.

1. *Die deutschen Gwerkschafsorganisationem im Jähre* 1901, dans le *Correspondenzblatt* du 23 juin 1902, p. 48.

DÉPENSES DES SYNDICATS ALLEMANDS DE 1891 A 1901

ANNÉES	DÉFENSE devant les TRIBUN.	ASSISTANCE des militants frappés	VIATICUM	ASSISTANCE des SANS-TRAVAIL	ASSISTANCE en cas de MALADIE	ASSISTANCE en cas D'INVALI-DITÉ	ASSISTANCE dans LES CAS de besoin pressant et de décès	TOTAL	ORGANE de la FÉDÉRATION	TOTAL DES FRAIS d'assistance et de presse	SECOURS de GRÈVES
	marks										
1891	10.843	14.737	144.338	64.290	»	»	»	234.208	154.015	388.223	137.789
1892	9.705	236.964	382.607	357.087	»	21.972	25.284	1.033.619	285.475	1.319.094	44.943
1893	12.542	28.331	328.748	220.926	304.648	»	41.762	936.947	292.157	1.229.103	65.356
1894	12.902	14.630	350.455	239.750	425.489	»	41.744	1.084.970	265.957	1.350.927	1 88.980
1895	15.871	40.307	302.603	196.912	454.114	»	42.080	1.051.887	274.398	1.326.285	253.589
1896	18.349	37.346	310.000	243.201	430.038	57.947	53.837	1.150.718	362.708	1.513.426	944.372
1897	30.147	30.973	289.036	260.316	454.494	68.088	64.906	1.197.960	439.259	1.637.219	881.758
1898	43.378	39.978	283.267	275.404	491.634	79.587	78.419	1.291.667	518.949	1.810.616	1.073.290
1899	54.752	55.435	313.391	304.677	652.825	91.524	131.484	1.604.088	603.559	2.207.647	2.121.918
1900	68.486	97.092	461.028	501.078	656.026	113.530	205.459	2.102.699	713.338	2.816.037	2.625.642
1901	89.705	198.173	607.127	1.238.197	772.587	130.941	194.668	3.231.398	782.737	4.014.135	1.878.792
TOTAUX.	366.680	793.956	3.772.600	3.901.838	4.641.855	563.589	879.643	14.920.161	4.692.552	19.612.713	11.116.499

De 1891 à 1902, les syndicats socialistes allemands ont donc dépensé utilement :

	marks
Défense devant les tribunaux...............	366.680
Assistance des militants frappés	793.956
Viaticum...............................	3.772.600
Assistance des sans-travail..............	3.901.838
Assistance en cas de maladie............	4.611.855
— en cas d'invalidité............	563.589
— dans les cas de besoin pressant et de décès.......................	879.643

Soit un total de 14 MILLIONS 920 MILLE 161 MARKS, auxquels il convient d'ajouter 4 *millions* 692 *mille* 552 *marks* pour l'organe de la Fédération, qui forment 19.612.713 marks en total d'assistance et de frais de presse. Ce qui, ajouté aux 14.920.161 marks énoncés plus haut, donne le joli total de 34.532.874 marks, plus encore 11.116.499 marks en secours de grève, soit enfin un total de 45.649.373 marks en dix années. C'est à peu près la somme que les syndicats « rouges » (socialistes) ont prise dans les poches des contribuables français dans la période correspondante, si l'on tient un compte tant soit peu serré des ruines provoquées par leurs agissements en y ajoutant l'addition des subventions officielles.

Il est bon de noter encore, d'après M. *Albert Thomas*, qui est rédacteur à *l'Humanité* et qui publia à la *Bibliothèque socialiste* un opuscule sur le *Syndicalisme allemand*, que les chiffres que nous venons d'énumérer émanent des *seuls syndicats socialistes*, et qu'il n'en reste pas moins 359.000 ouvriers organisés fortement en syndicats d'ouvriers allemands qui vivent en dehors de ce groupe.

Quand on songe qu'en France un des griefs contre les *Jaunes* fut qu'ils élevaient *syndicats contre syndicats*, on voit qu'ils avaient sous les yeux de puissants et précieux exemples.

En Angleterre, les résultats comparatifs des associations ouvrières avec nos *bandes rouges subventionnées* sont encore plus saisissants.

EN ANGLETERRE

Les syndicats anglais, comme les syndicats allemands, sont en pleine prospérité, et ils donnent des subventions au lieu d'en recevoir. Nous empruntons également les chiffres de la page 144 à la *Bibliothèque socialiste*, ils furent réunis par M. Fagnot pour 100 syndicats.

Ainsi, voilà 100 *syndicats* qui ont, dans une année, dépensé 41.390.875 francs de leur argent, et qui ont encore en caisse 104.047.900 francs. En quoi, nous le demandons, les syndicats socialistes stipendiés de nos Bourses du Travail peuvent-ils se comparer à ces véritables organisations ouvrières de l'étranger?

Alors que tout le monde ignorait ces faits et les agissements des « Rouges », *le Jaune* les démasqua. Ce fut une partie de son œuvre de combat, et c'est grâce à nous que peu à peu l'attention publique s'éveilla. Dès lors il n'y avait plus qu'à montrer, en face de la stérilité des syndicats rouges démasqués, la vitalité et le programme de conquêtes des associations *jaunes*. Ce fut la partie doctrinale et de propagande que nous allons aborder.

INDUSTRIES	NOMBRE de SYNDICATS	NOMBRE de MEMBRES	RECETTES de L'ANNÉE 1901	DÉPENSES TOTALES de L'ANNÉE 1901	FONDS EN CAISSE le 1ᵉʳ JANVIER 1902
			francs	francs	francs
Bâtiment...............	14	208.869	9.442.950	9.977.050	11.533.875
Mines.................	15	248.868	7.768.475	4.901.300	20.884.550
Métaux (et navires).........	14	237.742	18.833.375	14.299.025	34.393.675
Textiles...............	20	111.544	4.627.650	3.184.575	15.727.725
Vêtements et chaussures.....	4	48.187	1.493.450	1.248.800	2.483.575
Transports terre et mer......	10	121.725	3.283.700	2.348.400	10.140.025
Imprimerie..............	7	41.907	1.973.375	1.860.575	3.963.525
Travail du bois..............	5	19.928	1.134.250	1.098.700	4.438 225
Diverses................	11	122.456	2.980.300	2.472.450	3.783.225
Totaux..........	100	1.161.226	51.537.525	41.390.875	104.047.900

NOTA. — Pour simplifier les calculs, la livre sterling a été évaluée à 25 francs.

LES JAUNES S'EXPLIQUENT

Sous cette rubrique, nous donnons des extraits des articles publiés sur les différentes questions par les principaux militants *jaunes*. Cette publication sera beaucoup plus instructive qu'un résumé ou une analyse.

LES RENÉGATS

On a reproché aux anciens Rouges d'avoir été socialistes, révolutionnaires, anticléricaux. Voici comment nous répondîmes à ces attaques :

« C'est un reproche puéril et mal fondé, celui qui consiste à dire de tel ou tel militant : *C'est un ancien Rouge.*

Sans exception aucune, tous les *Jaunes* d'aujourd'hui sont d'anciens *Rouges*, à moins qu'ils ne se soient mêlés à l'action syndicale que depuis la création des syndicats indépendants.

De 1884 à 1901, je le répète, il n'y avait en France qu'un syndicalisme unique, tous les militants étaient sous la même bannière. Ce sont les excès des meneurs de ce mouvement initial, qui, par leurs excès, provoquèrent parmi nous une protestation et une épuration.

Ceux qui désiraient faire de la politique, vivre aux crochets des contribuables, préparer la grève générale et la révolution sont restés dans les anciens cadres. Les autres formèrent la nouvelle armée que nous dirigeons et qui s'augmente, chaque jour, d'un puissant bataillon.

Le Rouge qui abandonne son syndicat révolutionnaire pour s'affilier dans une organisation jaune n'est pas un renégat ni un transfuge, il est, au contraire, le citoyen éclairé, méthodique, passant d'une doctrine surannée et dangereuse à la pratique d'idées nouvelles et fécondes.

Les « Rouges » sont les retardataires de l'armée prolétarienne. Ils en sont encore aux cris d'animaux, à la *Carmagnole*, aux boniments charlatanesques et à la grève politique. Les « Jaunes » sont les travailleurs instruits qui veulent s'émanciper et travailler fortement à l'amélioration de leur condition. Nous savons que nous avons perdu du temps à ruiner nos usines, à nous ruiner nous-mêmes, à nous organiser pour notre *dépossession*. Nous en avons des remords et nous changeons de tactique.

Nous savons que des politiciens faméliques ont abusé de notre ignorance, de notre bonne foi, de notre confiance, et qu'ils se sont enrichis grâce à notre concours, mais à notre détriment et à celui de la Nation.

Nous voulons châtier ceux qui nous ont trompés.

Le « Rouge » qui devient « Jaune » est : au point de vue du savoir, comparable à l'enfant qui, hier, ignorant, serait aujourd'hui érudit ; au point de vue de la bonne foi, aussi noble que celui qui, ayant trempé, sans le savoir, dans une mauvaise action, la répare avec éclat.

Le « Rouge », enfin, c'est la nuit d'une doctrine imbécile. Le « Jaune », c'est, avec un progrès immédiat :

la clarté dans les revendications, la probité dans les agissements... »

LES MILITANTS

De tous les points de l'horizon arrivent enfin au programme *jaune* des hommes que l'on aurait cru destinés à ne se jamais connaître ni comprendre. C'est d'abord un patron, M. *Gaston Japy*, dont la haute intelligence et la valeur personnelle firent un des premiers industriels de ce temps. Ancien élève de Polytechnique, élevé à la rude école des Japy, qui sont des travailleurs acharnés, M. Gaston Japy fut d'abord réfractaire au syndicalisme. Biétry, son ancien ouvrier, le combattit violemment. L'un et l'autre modifièrent au contact de la bataille des idées erronées de part et d'autre, et, alors que l'ouvrier Biétry éliminait du syndicalisme les scories politiques révolutionnaires et antinationales, M. *Gaston Japy* faisait un pas de géant vers la classe ouvrière au milieu de laquelle il venait prendre place pour l'aider dans son organisation.

Nous devons citer aussi, parmi les premiers militants ouvriers, Czulowski, Wayss, Seineville, Abraham, de Cherbourg, qui, peu à peu, avec les *Claudon*, les *Gautherot*, les *Trayin*, vinrent coudoyer d'autres patrons à l'esprit large et d'intelligence nette comme M. *H. de Bellaigue*, *Raphaël Toutain*, qui, prenant exemple sur l'admirable exemple des *Laroche-Joubert*, se mettaient avec toute leur sincérité à l'étude loyale et profonde de la réorganisation du travail et d'une évolution sociale scientifique et pratique.

Animant de leur affection et de leur art ces ouvriers et ces patrons, des poètes, des écrivains, des nobles et des humbles, vinrent apporter leur concours de tous les instants, et les *Jaunes* comptèrent des hommes et des dévouements qui s'appellent *Poizat, Paul Harel, Méric, Vallaray*, des collaborations pleines de sacrifices avec les *W. de Veldegg, Albert de Guigné*, etc., etc. Tous, les uns et les autres, par la plume ou par la parole, par les démarches ou le travail matériel assidu, se dépensèrent et se dépensent sans compter au service de la grande Cause, dont la beauté souveraine apparaissait à tous. Dès le début, Théophile avait apporté ses *Cahiers de l'ouvrier* en même temps qu'une collaboration de tous les instants. Et il est remarquable de noter que *c'est pour ainsi dire par tous ces hommes réunis, et non par un seul, que la doctrine se précisa.*

Rien n'est plus instructif, à ce point de vue, que de prendre dans *le Jaune*, sous la signature des uns et des autres, les explications et affirmations émises tant sur les points généraux du programme des *Jaunes*, que sur les conflits particuliers qui divisent les hommes et les partis.

LES JAUNES ET LES PATRONS

C'est M. Gaston Japy (patron jaune) qui s'en explique :

« *Les Propos du Jaune*, du 21 janvier, sont très intéressants : la question qui y est soulevée étant capitale, il est nécessaire, il me semble, qu'elle soit exposée très nettement.

Le mouvement social que nous, Jaunes, désirons faire éclore en France, a pour but de soustraire l'ouvrier français aux théories esclavagistes et rétrogrades des socialistes, d'en faire des hommes libres, discutant honnêtement et loyalement leurs intérêts avec leurs patrons, dont ils doivent devenir les associés.

Les socialistes disent : « A bas les patrons! » et ne rêvent qu'à devenir eux-mêmes patrons irresponsables et tout-puissants, sous le nom de fonctionnaires. Il est indispensable, dans notre société moderne, d'avoir des patrons, des ingénieurs, des chimistes, des dessinateurs ; il est impossible de concevoir l'industrie moderne d'une autre façon, si l'on veut être honnête et non charlatan.

Les socialistes ne suppriment pas le patronat, ils le transforment en mandarinat, ils dupent donc les ouvriers ; nous, Jaunes, leur dirons la vérité ; tôt ou tard la vérité triomphera de l'obscurantisme et du bluff socialistes. Le patronat, dans presque toutes les industries, étant nécessaire, nous disons : « Ouvriers et patrons, vous êtes obligés, par la force des choses, de vivre côte à côte ; vivez donc en amis au lieu de vivre en ennemis. »

Patrons et ouvriers peuvent-ils vivre en amis au lieu de vivre en ennemis ? Je réponds oui.

Que le patron s'occupe non exclusivement de ses intérêts, mais de ceux de ses ouvriers ; qu'il ne soit pas seulement un acheteur de main-d'œuvre qu'il cherche à payer le meilleur marché possible, mais un camarade de ses ouvriers, dont il doit surveiller les intérêts, en même temps que les siens.

Il est tout naturel que l'industriel soit payé de ses peines, de son travail, de ses risques industriels et que ses capitaux aient leur salaire ; mais il est juste, aussi, que ses ouvriers soient, non pas des machines en chair, souvent moins soignées que ses machines en acier, mais des collaborateurs intéressés au succès de l'entreprise.

L'avenir de la société est, nous l'avons démontré, dans la division de la propriété, non dans les théories antiques du collectivisme de Karl Marx, qui se croit encore aux temps primitifs d'Abraham, étrange retard de la mentalité de cet Israélite !

Puisque l'humanité s'achemine vers la division de plus en plus grande de la propriété individuelle, l'ouvrier doit devenir, par divers moyens, propriétaire d'actions de l'usine où il travaille. Patrons et ouvriers doivent s'aider d'une façon constante, matériellement et moralement : voilà les théories que nous voulons propager en France ; pourquoi donc les patrons qui les partagent se cacheraient-ils ?

Les socialistes prêchent l'égalité, mais ne la pratiquent pas, car Jaurès, Vaillant habitent des hôtels très confortables, et leurs électeurs couchent quelquefois sous les ponts, sans que les pontifes Jaurès, Vaillant, etc., leur offrent l'hospitalité.

Nous, nous disons : l'égalité doit exister devant la loi. Ce genre d'égalité n'existe guère en France en temps de Bloc. L'égalité absolue entre citoyens est une blague socialiste ; elle n'existera jamais, car l'un est fort, l'autre faible, celui-ci intelligent, celui-là sot, un autre travailleur, son voisin paresseux. Si donc il fallait l'égalité complète entre hommes, il faudrait ramener toutes choses au niveau du plus faible, du plus sot, du plus paresseux ; il serait joli le progrès socialiste, et tous les hommes deviendraient des miséreux et des incapables.

L'égalité absolue n'étant pas possible, il faut que chaque travailleur honnête arrive, dans sa mesure, à être un propriétaire suivant ses moyens : l'un arrivera à avoir 1.000 francs dans l'usine où il travaille, l'autre 5.000 ou même plus ; ainsi, chez MM. Laroche-Joubert, un ouvrier devenu contremaître possède plus de 50.000 francs dans la papeterie d'Angoulême. Je vois, dans la région de l'Est et dans d'autres, quantité d'ouvriers sérieux devenir propriétaires, possesseurs d'une maison et de valeurs diverses ; nous ne faisons donc pas de charlatanisme, comme Jaurès, mais nous exposons des idées ayant déjà donné des résultats et dont nous pouvons citer les exemples bienfaisants.

Du moment que nous demandons l'association loyale du patron et de l'ouvrier, non pas dans le but de léser soit l'un, soit l'autre, mais dans celui de donner à chacun son dû, en élevant le travailleur au rang de propriétaire, pourquoi les patrons décidés à appliquer ces théories ne donneraient-ils pas leur appui, au grand jour, aux Jaunes. Nous cacher, dire : « Il n'y a pas de patrons avec les Jaunes », ne peut convenir à notre œuvre qui doit se faire au grand jour.

Les socialistes prêchent la haine, le désordre, et sèment la misère et le désespoir ; nous, les Jaunes, prêchons la paix, la concorde, nous sèmerons le bonheur et la prospérité. Notre programme, c'est la lumière, la justice, la vérité, le progrès ; le programme socialiste, c'est la nuit, le charlatanisme, la duperie, le recul. Entre ces deux programmes, que les travailleurs choisissent ; tous les esprits intelligents, libres, honnêtes et fiers viendront à nous ; les socialistes garderont les paresseux, les intrigants, les esprits faibles, les esclaves. Nous déploierons toujours nos bannières au grand jour, nous propagerons nos idées, sans promesses fallacieuses et menteuses : la théorie des Jaunes, c'est l'or pur, sans alliage ; le socialisme, c'est le plomb vil, l'avenir le prouvera. »

Sur le même sujet, M. de Guigué écrivait :

LES PATRONS ET LA TACTIQUE DE BASCULE

« Voyons maintenant ce que valent les accusations qui sont portées contre les Jaunes. Un simple exposé de leur doctrine et l'attitude des patrons à leur égard nous le diront.

Toute la doctrine des Jaunes se trouve résumée dans l'en-tête de notre journal : en somme, ils veulent la liberté de l'ouvrier en le rendant maître de son outil et ils préconisent l'entente, au lieu de la lutte, entre le capital, l'intelligence et le travail.

Si, dans toutes les classes de la société, il y a des bons et des mauvais, chez les ouvriers les bons sont de beaucoup les plus nombreux, tandis que les complètement bons sont très rares chez les patrons ; à presque tous il manque un certain sentiment d'équité. Le défaut vient justement de cette période de près d'un siècle pendant laquelle le bourgeois-patron s'est habitué à se considérer comme le maître absolu de l'ouvrier : dans son usine il s'était fait autocrate et quelquefois despote. Ayant fait la Révolution à son profit, la bourgeoisie s'était probablement flattée qu'après la chute du roi elle resterait à jamais reine : il lui en coûte maintenant de renoncer à ce qu'elle considérait comme un droit acquis.

La masse des patrons peut se diviser en quelques catégories que nous allons passer successivement en revue.

Je n'ai jamais rencontré, je dois le dire, de ces patrons qu'on s'est évertué à dépeindre comme des monstres, des bourreaux féroces : ils n'ont jamais existé que dans l'imagination des bons socios qui les ont produits, comme des clichés truqués, pour les besoins de leur cause.

Mais il y a les patrons juifs, les chrétiens juifs et autres, sordidement rapaces; les grippe-sou ignobles qui exploitent avec un cynisme éhonté la misère humaine. Ils s'adressent surtout à la main-d'œuvre féminine; ils n'ont généralement pas de grands ateliers; ils travaillent à domicile pour éviter tout contrôle; ils exigent un travail considérable en échange de salaires scandaleusement insuffisants. Ce ne sont pas les bourreaux féroces, ce sont d'ignobles sangsues.

Je ne parlerai pas de l'État-patron, M. Japy et d'autres en ont souvent entretenu les lecteurs de ce journal, et on ne pourra pas accuser les Jaunes de s'être vendus à lui.

Il a été aussi souvent question des grands magasins de nouveautés qui, eux également, tout comme les Juifs, exploitent en grand la main-d'œuvre, par le travail à domicile.

Les loups, dit-on, ne se mangent pas entre eux. S'appuyant sur ce dicton, certains patrons et non des moindres, pour ne citer que les Menier, les Dufayel, se font socialistes, et pour cause. Afin de paraître frères bon teint, ils hurlent avec les socialistes, ils s'en font les fervents apôtres, ils soutiennent le Bloc. Le malheur est que les socios sont, il faut le croire, plus féroces que les loups, puisqu'ils se dévorent entre eux. Dufayel a commencé à en faire la triste expérience : le tour de son ami viendra probablement aussi et, il faut l'espérer, ils y passeront tous.

Un type bien méprisable est celui du patron égoïste et jouisseur. Chez lui le sens moral n'existe pas : il ne considère l'ouvrier que comme une machine à produire et qui ne doit servir qu'à la satisfaction de ses bas instincts. Il serait assurément mieux à sa place dans les pays barbaresques. Il a beau avoir la parole cassante, le geste brusque, affecter de porter la tête haute, de se donner enfin des airs de grand manitou ; il n'en reste pas moins un objet de mépris pour tous dans ses ateliers, où il paraît du reste le moins possible. Il paie déjà cher et il paiera encore bien plus cher les basses complaisances, les faiblesses sans nom qu'il a achetées des uns et des autres pour jouir à tout prix.

Nous arrivons maintenant à la catégorie la plus nombreuse des patrons : la catégorie de ceux qui sont bons, honnêtes, qui, *jusqu'à un certain point*, sont portés à s'intéresser à leurs ouvriers, mais qui, comme tous les autres, cherchent cependant, comme on dit vulgairement, à tirer la couverture à eux et restent fortement imbus de préjugés contre les syndicats : ils s'en déclarent même franchement les ennemis. Quand ils ne peuvent empêcher leur formation, ils croient de bonne politique de susciter un syndicat rouge là où un syndicat jaune se forme le premier, et *vice versa*, pour diviser leurs ouvriers, afin qu'un syndicat unique ne soit pas trop puissant. C'est ce que j'appelle la tactique de bascule. Ces patrons ne se rendent pas compte qu'il y a peu d'ouvriers militants. Ainsi que nous l'avons fait constater dans un article précédent, la masse des ouvriers est timide et reste pour ainsi dire neutre. Qu'un mouvement d'agitation se produise, tous les neutres se laisseront entraîner par les meneurs, et le noyau des très bons qui ne s'est pas senti appuyé se trouvera débordé et restera, le plus souvent, impuissant à conjurer la grève. Dans un centre ouvrier où il existait, par suite de la tactique de bascule, des syndicats jaunes et des syndicats rouges, nous avons vu ce fait se produire : les Rouges avaient décidé la grève ; les Jaunes, tenant bon, continuèrent à se présenter au travail ; les Rouges, appuyés par le préfet de l'endroit, réclamèrent des patrons le renvoi des chefs jaunes. Intimidés, les patrons étaient tout prêts à se soumettre et allaient céder, lorsque les Jaunes, faisant preuve d'un courage vraiment héroïque, revendiquèrent de nouveau leur droit au travail en menaçant de se retirer en masse si on ne leur faisait pas justice. On peut dire que, dans la circonstance, les patrons ont été sauvés malgré eux.

Les ouvriers ont reconquis le droit d'association, ils ont commencé à en user et ils en useront de jour en jour davantage, parce qu'ils se rendent compte que leur liberté et leur force résident dans ce seul droit. Les syndicats sont donc appelés à prendre de l'extension ; et les patrons, par contre, ont tout avantage à favoriser la formation de bons syndicats et de *bons seulement :* car ce n'est pas en entretenant les haines et les luttes parmi les ouvriers, qu'ils obtiendront le calme et le travail dans leurs usines.

Maintenant, qu'il me soit permis de demander à nos détracteurs, à laquelle ou auxquelles de ces catégories de patrons que nous venons de passer en revue, ils peuvent accuser les Jaunes de s'être vendus?

Il y a deux autres catégories que j'ai, à dessein, passées sous silence, me dira-t-on, parce que ce sont justement les deux fortement teintées de jaune.

De ces deux dernières catégories, la première est

celle des Laroche-Joubert, des Japy, des Toutain, et pas d'autres. En effet, ces trois patrons, qui à eux seuls forment une catégorie, sont franchement jaunes, et ils ne s'en cachent pas. Leurs ouvriers sont Jaunes aussi ; mais, si vous vous avisiez de leur demander s'ils sont vendus à leurs patrons, ils vous regarderaient avec des yeux plutôt étonnés. Comme ils ont des actions à eux, achetées de leurs deniers, ils considèrent que ce sont eux qui ont payé leurs patrons pour devenir leurs co-propriétaires.

Nous en arrivons enfin à la dernière catégorie, celle dans laquelle se groupent les patrons qui, sans avoir adopté complètement tout le programme des Jaunes, ont cependant compris la supériorité de leurs syndicats à cause de l'esprit qui les anime. A Longwy, à Laval, à Nantes et dans quelques autres centres encore, des ouvriers lassés des grèves constantes qui les conduisaient à la misère, ont voulu former des syndicats jaunes pour se défendre contre les meneurs politiciens. Des patrons clairvoyants qui connaissaient les doctrines des Jaunes favorisèrent ce mouvement en faisant comprendre aux ouvriers que, non seulement ils verraient d'un bon œil la formation des syndicats jaunes, mais que même ils leur donneraient leur appui.

Il n'y a là rien que de tout naturel, et je ne vois pas quel est celui qui pourrait qualifier une pareille entente de marchandage ou de vente, sans faire preuve de bien petit esprit.

Nous proclamons bien haut, au contraire, que le but auquel nous tendons est celui-là : que les bons ouvriers forment des syndicats avec le programme des Jaunes et que tous les patrons comprennent assez leurs intérêts pour favoriser de pareils syndicats.

Ce n'est qu'alors que renaîtra le calme dans les usines, que l'industrie française reprendra un nouvel essor et que l'ouvrier jouira du bien-être et de la liberté.

Les Jaunes sont fiers de marcher avec un programme et une doctrine de pacification et d'entente, alors que les autres prétendus sauveurs de l'humanité ne font que déclamer en semant la haine et la discorde. »

LES JAUNES ET LE SALARIAT

Le salaire, les *Jaunes* le veulent juste et proportionné à la valeur ou à la dureté de leur travail, ainsi qu'à leurs besoins ; ils demandent, en outre, une évolution du *salariat* et une évolution du *patronat*, afin de faciliter aux travailleurs l'accession à la propriété des instruments de travail.

Les Jaunes tiennent compte des usages, des lieux, des emplois divers pour solliciter des salaires différents, et ils se groupent en syndicats pour obtenir collectivement un salaire équitable :

« Quant au salaire familial, certes, dit notre ami le *Dr Graveline*, l'idée est séduisante de proportionner le salaire aux besoins de l'ouvrier et à sa valeur sociale ; c'est à la même pensée qu'obéit cette stipulation de la loi sur les accidents du travail qui fixe des indemnités différentes, suivant que la victime est célibataire ou mariée, et, en ce dernier cas, suivant le nombre de ses enfants.

Mais ne voit-on pas le danger d'une telle disposition. Le patron, pour diminuer ses risques, se trouve naturellement porté à embaucher de préférence des célibataires. Il en serait assurément de même, si le chef d'industrie devait augmenter la paye de ses ouvriers lors de chaque naissance. Aux charges de familles nombreuses s'ajouterait, véritable prime à la dépopulation, la difficulté de trouver un emploi. On irait ainsi à l'encontre du but proposé, et le remède serait pire que le mal.

N'existe-t-il donc aucun moyen d'adopter une mesure, qui, tout en mettant plus de justice dans les rapports de patrons à ouvriers, serait d'un précieux secours contre le plus grand de nos maux : le suicide lent de la race par la rareté des enfants? Peut-être !

Il faudra, cette fois encore, rompre nettement avec l'individualisme et revenir, en les rajeunissant, aux anciennes conceptions sociales : on substituera donc le contrat collectif au contrat individuel de travail. Les classes laborieuses ne seront plus alors comme presque partout aujourd'hui, une masse confuse et sans cohésion, véritable poussière d'hommes, mais un bloc solide et compact, où tous seront étroitement solidaires les uns des autres. Inutile d'insister sur les avantages professionnels qui en résulteraient, chacun les aperçoit.

Ceci fait, quoi de plus aisé que d'instituer, en outre, le salaire collectif? Pourquoi ne pas donner à cette personne morale, qui vient de passer un contrat, l'ensemble des salaires stipulés pour ses membres en exécution de ce contrat?

Rien ne s'y oppose logiquement, tout l'indique au contraire, et nous voici en mesure de verser à chaque ouvrier son salaire familial.

Dès lors, en effet, le patron ne verra point varier ses débours suivant qu'il naîtra ou qu'il mourra quelque enfant parmi son personnel, aucun inconvénient du système ne subsiste. Bien au contraire, on se trouvera pouvoir réparer, jusqu'à un certain point du moins, l'inévitable injustice actuelle qui fait peser les charges les plus lourdes sur les familles les plus dignes d'intérêt.

Invoquer la loi pour accomplir cette tâche serait lui demander plus qu'elle ne peut faire. Au moins, est-il permis de souhaiter qu'un patron hardi et généreux, comme il s'en trouve, prenne une initiative aussi utile. »

On le voit, *le Jaune* remplit avec tant de conscience un rôle « d'enquête sociale » qu'il fait dans ses propres colonnes l'exposé d'un *système possible* de salaire collectif. Est-ce à dire que cette théorie se rattache à la théorie fondamentale du programme social des *Jaunes?* Non, certes; mais la sérénité avec laquelle on examine dans ce nouveau parti les hypothèses les plus hardies montre mieux le degré de mauvaise foi de ces adversaires qui montrèrent le mouvement *jaune* comme *suscité et entretenu* par le *patronat.*

Notre méthode de conquête reprend d'ailleurs invariablement le dessus, et c'est presque une répétition quotidienne que, par exemple, l'article ci-dessous, sous le titre de *Propos du Jaune.*

L'ACCESSION A LA PROPRIÉTÉ

« La participation aux bénéfices et l'accession des travailleurs à la propriété furent préconisées, il y a longtemps, par tous les esprits libres et informés.

En 1872, M. Charles Robert publiait un petit ouvrage sur *le Partage des Fruits du Travail,* qui fourmille de documents que l'on dirait rassemblés pour *le Jaune.*

Et j'ai sous la main plus de vingt ouvrages anciens et contemporains qui, tous, à des points de vue divers et quelquefois opposés, traitent judicieusement de cette grave question.

Remarquez que le syndicalisme n'avait pas encore fait son apparition que les savants et les sociologues avaient prévu déjà le conflit inévitable entre le *salariat* et le *capital*.

Dans son rapport à la Commission d'enquête de l'Assemblée nationale, le comte de Paris disait : « *Lorsque dans une entreprise industrielle tous les travailleurs sont, d'une manière ou d'une autre, directement intéressés à son succès, il s'accomplit alors une révolution qui, dans l'ordre économique, fait disparaître les grèves et double les forces productives, et qui, dans l'ordre politique, peut se comparer à la formation de la puissante classe des paysans propriétaires et journaliers à la fois.* » C'est l'évidence même.

Les fruits du sol, par le métayage ou autrement, ceux de la mer par la part de prise, se partagent encore dans presque toutes les contrées de la terre. Pourquoi en serait-il autrement des bénéfices du travail industrialisé ?

Deux systèmes de conduite sont en présence : solidariser dans chaque maison, par des liens et des intérêts de plus en plus étroits, patrons et ouvriers ; ou laisser, au contraire, s'organiser d'une manière hostile, dans un esprit de défiance, les patrons de chaque industrie contre les ouvriers de leurs professions, et, inversement, les ouvriers *contre les usines* dans lesquelles ils travaillent.

En 1852, l'économiste anglais John-Stuart Mill écrivait :

« ... Malgré l'influence que peuvent avoir une ins-
« truction meilleure et plus forte des classes laborieuses
« et des lois justes pour modifier, à l'avantage des tra-
« vailleurs, la distribution des produits, *je ne puis*
« *croire qu'ils se contentent toujours de l'état de* « *sala-*
« *riés* » *et qu'ils l'acceptent comme condition définitive.*
« Ils peuvent consentir à passer par la condition de
« salariés pour arriver à celle de maîtres, mais non à
« rester toute leur vie salariés. »

Il y a cinquante années que résonna cette parole pro-
phétique, et le tumulte qui emplit le monde vous
annonce aujourd'hui que l'heure sonne, où il faut écouter la plainte des *salariés*. Personne n'a le droit de
dire *qu'il y aura toujours des salariés*, pas plus que
l'on n'oserait prétendre qu'il y aura *toujours* des serfs,
toujours des esclaves.

Aucun despotisme ne triomphera des progrès de
l'esprit humain dans les masses populaires. Malgré la
brutale doctrine des socialistes de toutes les écoles,
qui veulent reconstituer l'antique servage sous la forme
de la propriété d'État, les travailleurs sortent des
ténèbres, s'accoutument peu à peu à la lumière.

L'état de *salarié* ne sera bientôt plus que celui des
ouvriers *socialistes* et des fonctionnaires subalternes,
ou encore des ouvriers de l'État que leur abaissement
moral et leur avachissement rendront indignes de l'indépendance.

La société régénérée par nos doctrines, vivifiée par
nos efforts, ressuscitée pleine de vie par la force de
notre union, donnera à tous les hommes la plénitude de
la liberté, du droit et de la justice sociale.

Les rapports de patrons à ouvriers seront remplacés
par l'associ ation, sous une ou deux formes : associa-

tion temporaire, en certains cas, des ouvriers avec
l'entrepreneur; dans d'autres cas, association des travailleurs entre eux, avec à la base des contrats la propriété individuelle de chacun nettement déterminée... »

L'ÉTATISME

En regard des théories *jaunes*, il est bon encore de
mettre ces critiques du collectivisme et de l'étatisme
formulées dans *le Jaune* par M. Japy.

« Dans le monde du travail le gâchis est arrivé au
comble de l'absurdité.

Les ouvriers veulent détruire les usines et les patrons
et se livrer en esclaves à l'État tout-puissant, dont les
fonctionnaires seront des patrons tyranniques.

Ah! sur ce sujet, on pourrait écrire des volumes sur
le gâchis existant dans les esprits des travailleurs.
L'État, pour les ouvriers, c'est le Bon Dieu; l'État peut
tout, il donne le traitement, la nourriture, il enrichit
tout le monde. Lorsque tout sera à l'État et que personne n'aura plus rien, chacun sera riche. Voilà le raisonnement de centaines de milliers de Français, em-
poisonnés par les niaiseries collectivistes.

Je répondais, l'autre jour, à un adepte du collectivisme : « Mais l'État a les tabacs, les allumettes, ne
« payez-vous pas votre tabac et vos allumettes? En
« France, l'État vous donne-t-il ces produits? Non,
« n'est-ce pas, et il vous les fait payer plus cher que
« chez nos voisins, et il vous vend de la drogue par
« dessus le marché. L'Opéra est à l'État; le bon collec-
« tiviste de Pantin et d'Aubervilliers va-t-il gratis à
« l'Opéra? »

« Ah ! me répondit mon collectiviste, mais les che-
« mins de fer, s'ils étaient à l'État, nous feraient voyager
« gratis et donneraient à l'État des millions. »

Que dites-vous de ce joli exemple du gâchis mis dans
les cerveaux ? Voyez-vous les chemins de fer ne faisant
pas payer les billets et gagnant de l'argent. Voilà où
en sont arrivés des ouvriers écoutant les racontars des
Pouget, des Latapie, des Merrheim et autres Lévy.
Puisque nous parlons de chemins de fer, je prends
la Compagnie Paris-Lyon-Méditerranée : à titre
d'exemple, elle paie chaque année 75 millions d'impôts
à l'État, 113 millions de salaires à ses ouvriers, plus
15 millions de secours et de retraite et 44 millions à
ses actionnaires. Il me semble que, dans cette vaste
organisation, le travail et l'État ont une belle part
et que le capital touche un salaire comme le facteur
travail, mais pas plus.

Les travailleurs s'occupent peu de savoir où passe
l'argent que leur prennent l'État, les départements, les
communes ; non, cela leur est égal. Les ouvriers ne
s'inquiètent nullement de soutenir l'industrie qui les
fait vivre, ils ne songent pas que les ennemis des travailleurs sont l'État, les spéculateurs, les fonctionnaires
qui leur prennent leur argent, les oppriment et les
affament par des impôts trop lourds.

Il est complet, le gâchis des esprits : les amis de
l'ouvrier, à son avis, sont justement ceux qui le pillent ;
l'État et les fonctionnaires et ses ennemis sont justement ceux qui s'efforcent de faire vivre le mieux
possible les patrons ou, du moins, bien des patrons.

Malheureusement il est certain que les patrons ont
trop souvent le gâchis dans les esprits, de même que
les ouvriers.

Que de patrons flattent les politiciens pour avoir un ruban, ou même payent des socialistes, croyant avoir la paix chez eux.

Quand les patrons se rapprocheront de leurs ouvriers, ne les considérant pas en ennemis, ou étudieront leurs besoins, les aideront à s'organiser, que d'ouvriers s'uniront aux patrons pour défendre leurs biens communs, l'industrie, et remettre à leur place les politiciens et les fonctionnaires. »

L'ÉTAT CONTRE LE TRAVAIL NATIONAL

Non seulement *le Jaune* signale dans ses grandes lignes le péril que l'État fait courir à la liberté individuelle et à l'émancipation humaine en accaparant les moyens de production, de transport et d'échange, mais il montre encore l'État exerçant le métier de contrebandier pour rendre ses monopoles plus fructueux.

L'article ci-dessous est suffisamment éloquent sur la question qui nous préoccupe pour nous dispenser de citer d'autres exemples. Le ton de polémique n'est pas celui qu'emploient habituellement les économistes; il faut tenir compte que cette étude rigoureusement exacte émane d'un simple ouvrier de la manufacture d'allumettes d'Aubervilliers, *M. Thellier*, qui, après avoir fait profession d'idées anarchistes, évolue avec une grande probité intellectuelle vers le programme des Jaunes de France. M. Thellier est un collaborateur assidu du journal *le Jaune* dans les colonnes duquel parut l'étude satirique que voici :

L'ÉTAT CONTREBANDIER

« *Nous faisons savoir aux contribuables qu'ils paient comme production française ce qui n'en a que le timbre.* L'État, contrebandier récidiviste, fait venir des allumettes de Belgique, qui reviennent à 5 0/0 meilleur marché que la fabrication française et sont vendues à 1600 0/0 de bénéfice sur les produits français, vendus à 800 0/0 ; et, non titrés « importation », mais portant l'estampille « Manufactures de l'État », et munis du timbre de sûreté ! L'État ne fournit que le timbrage, l'État, qui a le monopole de la fabrication des allumettes, a de même celui de la contrebande... sans doute ! Des milliers de Français sont sans travail, et l'État fait arriver ses productions de l'étranger, a meilleur compte... et les revend aussi cher. Nul n'est contraint de croire sur parole, il suffit que les particuliers, ceux que cela intéresse, se rendent aux magasins de Pantin, et ils seront renseignés, une bagatelle de 5 ou 6 milliards. Pas plus !

Que pensent les contribuables de l'État patron ? Eh ! Diable ! C'est le Messie collectiviste ! Il en fait du propre ! il n'est plus étonnant que nos meilleurs collectivistes soient millionnaires ! De cette façon-là, l'État collectiviste achètera toute la production sociale ; mais il contraindra chacun à se fournir à lui, suivant un tarif déterminé. Or, comme nul autre que les fonctionnaires ne saura ce que l'État a en magasin, rien ne s'opposera à ce qu'on achète, comme aujourd'hui, les productions étrangères à bas prix, et qu'on les revende au tarif : vente forcée, puisqu'il est l'unique vendeur. L'État achètera la production nationale à plus bas prix encore.

A moins que... les contribuables, non ceux de l'an 3000, mais ceux qui sont tondus actuellement, ne mettent les pieds dans le plat et ne demandent raison à l'*État Juif*, qui se permet de les exploiter de la façon la plus arbitraire et la plus honteuse.

Alors ?

Qu'on fourre au bloc les *blocards complices* et qu'on lapide l'*État contrebandier* qui fait passer la richesse nationale dans les mains étrangères, ne laissant aux siens que l'image du roi de Prusse. »

Le Jaune n'en est pas resté là; il a poussé plus loin encore sa lutte contre *l'État et son fonctionnarisme croissant*, prouvant qu'il était une cause principale du chômage et de l'avilissement des salaires.

C'est *Tragin* qui formula le réquisitoire que voilà :

CHÔMAGE, INJUSTICE, FAVORITISME CRÉÉS PAR L'ÉTAT

PORTANT PRÉJUDICE AUX TRAVAILLEURS
DE L'INDUSTRIE, DU COMMERCE ET DE L'AGRICULTURE

« Que l'État soit un des facteurs du chômage, cela, à première vue, peut paraître incompréhensible, et cependant il en est un des *principaux facteurs par l'injustice et le favoritisme.*

Il n'est pas un citoyen ou une citoyenne qui ne sachent que la machinerie a supprimé nombre de bras, et, de ce fait, créé forcément le chômage, allant toujours grandissant par les inventions nouvelles. Il en résulte donc qu'il y a aujourd'hui trop de travailleurs pour l'industrie et le commerce.

L'État a trouvé, par la voie de nos législateurs, que ce n'était pas suffisant et qu'il fallait créer des travail-

leurs pour augmenter le nombre des sans-travail dans .
l'industrie et le commerce : *de ce fait un peu plus de
misère et de souffrance.*

Il a créé, pour le fonctionnaire, la retraite proportionnelle après *quinze années de services,* c'est-à-dire
une pension variant entre 6, 7 ou 800 francs, et cela à
des hommes de trente-cinq ans; cela leur donne une
foule d'avantages, et, pour n'en citer qu'un, celui de
prendre des places dans l'industrie et le commerce, *à
plus bas prix.* Il y a aussi le fonctionnaire retraité, dont
la carrière est finie ; sa retraite étant beaucoup plus
forte, c'est encore pour ce dernier une plus grande facilité de prendre des places à plus bas prix dans le
commerce et l'industrie. *Avec le nombre de fonctionnaires que nous avons aujourd'hui* (450.000), sans
compter l'armée, qui fournit un nombre considérable
de retraités proportionnels, jugez combien de places
sont prises par ces privilégiés aux travailleurs de l'industrie, du commerce et de l'agriculture. Notez qu'en
partie ce sont les *emplois qui sont les mieux rétribués*
qu'ils vont prendre. Cela se comprend : l'industriel, le
commerçant ne voient qu'une chose : faire des économies de main-d'œuvre. S'il trouve un employé ou un
chef d'atelier lui coûtant 100 ou 50 francs de moins par
mois, il n'hésite pas à le prendre ; c'est épouvantable,
mais c'est la vérité, facile à prouver. *Il en est de même
d'une foule d'officiers retraités,* qui occupent aussi des
emplois dans les administrations, compagnies, sociétés, etc.

Ce n'est pas tout, il y a aussi les *employés et ouvriers
de l'État, en fonctions,* qui ont des emplois comme
ouvriers, employés, comptables, représentants de commerce, etc. Il est bien évident que, si ces derniers tra-

vailleurs avaient suffisamment de travail, ils ne pourraient pas, tout en travaillant pour l'État, avoir le loisir d'occuper d'*autres emplois en dehors de leur emploi de l'État* (et surtout s'ils étaient contrôlés sérieusement).

Eh bien! cet état de choses ne peut pas durer et nécessite une réforme et une nouvelle loi *pour abolir ces injustices et favoritismes* dont jouissent tous ces salariés, pensionnés et retraités par la collectivité d'État.

Pour les fonctionnaires en service, une loi très sérieuse doit leur interdire de prendre aucun emploi salarié, ni représentation de commerce (sous peine d'être révoqués), en perdant tous leurs droits.

Pour les retraités et pensionnés, il devrait aussi leur être interdit de prendre aucun emploi salarié, ce qui serait très juste, car ils vont prendre le travail de ceux *qui peinent pour leur desservir cette retraite et pension.* D'aucuns viendront dire que c'est une atteinte portée à la liberté? Alors, dans ce cas, il ne reste plus qu'un moyen logique, auquel il faut avoir recours, pour remettre les choses en place.

Projet de loi. — Tout fonctionnaire retraité de l'État qui voudra prendre un emploi dans l'industrie, le commerce, l'agriculture, enfin un emploi rémunérateur, n'aura droit comme retraité de l'État, qu'à *l'intérêt compos de la retenue qui lui a été faite sur son salaire, pendant toute sa carrière, pour lui constituer une retraite.* *Exemple :* Un fonctionnaire, pendant toute sa carrière, aura laissé, comme retenue sur son salaire, supposons, avec les intérêts composés, 5.000 francs. *L'État lui servira la rente de ce capital aliéné,* soit, à 6 0/0, 300 francs par an; le jour où il cessera de travailler, il aura droit à sa retraite entière. (Sa veuve conserve tous ses droits.) De cette façon, ils toucheront l'intérêt des économies qu'ils auront faites, *mais n'auront pas le droit de toucher une retraite de privilégié* et d'aller prendre encore le travail de ceux qui peinent pour leur servir une retraite.

Quant à la retraite proportionnelle faite par l'État au bout de quinze années de services, c'est aussi établir le favoritisme avec un cynisme *indigne d'un régime qui prétend avoir pour base la Justice et l'Égalité*, Cette loi doit être abolie, car rien, rien ne peut la justifier que l'arbitraire et l'abus. Quant à ceux qui ne laissent pas un centime de leur salaire pour constituer leur retraite — *comme les ouvriers des arsenaux maritimes et les autres* — et qui, une fois retraités, voudraient aller travailler dans l'industrie et le commerce, enfin prendre un emploi rémunérateur : *les employants* qui occuperont un ou plusieurs retraités ou pensionnés de l'État, qu'ils les rétribuent ou non, paieront un impôt ou taxe par jour et par retraité.

L'impôt ne sera applicable à l'employant que pour le retraité ou pensionné de l'État touchant une retraite ou pension de 500 francs par an au minimum. L'on établirait l'impôt progressif : retraité ou pensionné de 500 francs à 1.000 francs, 1 franc par jour ; de 1.000 à 2.000 francs, 1 fr. 50 par jour ; de 2.000 à 3.000 francs, 2 francs par jour ; de 3.000 à 4.000 francs, 2 fr. 50 par jour ; de 4.000 à 6.000 francs, 3 francs par jour ; de 6.000 à 10.000 francs, 4 francs par jour. Cet impôt serait aussi applicable pour les retraités professionnels. *Toutes les recettes et bureaux de tabac seront mis en adjudication.*

Il en sera de même pour tous les militaires retraités et pensionnés par l'État : les employants, *qu'ils les rétri-*

buent ou non, paieront un impôt équivalent à 20 0/0 de la retraite ou pension que leur sert l'État.

Toute fraude sera punie *de 1.000 francs d'amende pour l'employant et de 500 francs pour l'employé.*

Le contrôle en sera confié *aux inspecteurs.* Il ne peut être admissible que l'État verse dans les caisses de prévoyance *contre le chômage*, et que ce soient des industriels et des commerçants qui bénéficient des *versements que fait l'État*, sans compter tous les secours aux sans-travail que doit fournir l'*Assistance publique.* Les fonds prélevés par ces impôts seront versés à la Caisse contre le chômage et à l'Assistance publique. (Cet impôt sera une compensation *du préjudice causé par les retraités et pensionnés de l'État aux travailleurs de l'industrie et du commerce.*)

Il est une réforme qui s'impose, concernant les fonctionnaires qui prennent des congés de deux, trois, cinq ans, *pour aller faire de la politique* ou *prendre des emplois dans l'industrie privée*, tout en conservant leur droit à la retraite de l'État : c'est plus qu'abusif, c'est indécent de favoritisme !

Qu'en pense l'éminent *professeur politicien G. Téry ?*

Tout fonctionnaire quittant son emploi devrait perdre tous ses droits à la retraite de l'État, sans aucune indemnité, étant donné surtout que beaucoup de ces citoyens doivent leur instruction aux deniers de l'État, qui paie leurs écoles et leurs professeurs. »

Un autre jour, *Poizat* s'expliquait sur les JAUNES ET LA POLITIQUE :

« Nous avons beau dire que les Jaunes ne font pas de politique, il n'est pas douteux qu'ils seront amenés à en faire. Le socialisme a un programme, nous en avons un qui est juste le contraire. Le socialisme dit: « Tout à l'État. » Nous disons : « Le moins possible à l'État. » Le socialisme travaille à augmenter le pouvoir central, qu'il veut réglementeur, inquisiteur, policier; nous travaillons, nous, à l'accroissement des droits de l'individu, en lui conférant ce premier élément de pouvoir qui est la propriété; en d'autres termes, nous nous préoccupons d'augmenter la liberté individuelle des citoyens et, pour en garantir l'usage, nous préconisons l'association des gens du même métier, régionalement d'abord, nationalement ensuite.

Nous voudrions qu'aux politiques de sectes fût substituée la politique des intérêts. Mais cela est une politique, c'est même toute la politique, la bonne, la vraie.

Pour le moment, et en attendant que les Jaunes aient arrêté un programme qui, du reste, sort de la nature des choses mêmes, chacun, chez nous, apprécie, comme il lui convient, la politique courante.

Tout ceci, pour dire que, chez les Jaunes, le mouvement n'est inféodé à aucun des partis existants. On y est simplement antisocialiste, anti-étatiste, par conséquent opposé à la part étatiste du programme des radicaux. Nous combattrons toujours de toutes nos forces la mainmise de l'État sur les administrations publiques et, quand nous commencerons une campagne politique, elle sera dirigée entièrement contre les monopoles de l'État.

C'est ainsi que nous serons conduits, tôt ou tard, à demander une revision de la Constitution, pour substituer au Sénat, élu en somme exactement comme la Chambre (puisqu'il est élu par les comités électoraux qui font les élections de la Chambre), un Sénat élu par les Chambres de capacité, que nous rêvons de créer et qui seront le principal ouvrage du prochain Congrès des Jaunes. Nous voudrions, en d'autres termes, que les sénateurs fussent élus par divers syndicats professionnels, agricoles, ouvriers, commerciaux, car un Sénat est une Chambre de contrôle, et, pour exercer ce contrôle, il lui faut une autre origine. Nous reviendrons sur cette question.

Logiquement les Jaunes approuvent le principe de la séparation des Églises et de l'État, mais ils souhaitent que cette séparation soit réelle, franche et vraiment libérale, et que l'État renonce définitivement à s'immiscer dans les affaires de conscience.

Nous demanderons aussi la séparation des écoles et de l'État et l'abolition du monopole universitaire. Que chacun ait le droit d'enseigner ce qu'il sait, à ses risques et périls. Ce n'est pas là une question cléricale. Il y a nombre de gens comme moi à qui il est interdit, par la loi, d'enseigner ce qu'ils savent souvent beaucoup mieux que les universitaires. J'ai écrit des livres sur les poètes latins de la décadence, sur les origines de la Renaissance. Ces livres-là serviront à des professeurs pour la préparation de leurs cours et, à moi, il continuera à rester interdit de faire des cours moi-même, parce qu'il faudrait être docteur, et que, pour être reçu docteur, il faut avoir été reçu licencié, ce que je n'ai pas eu le loisir de faire. Et, si je me cite en exemple, c'est simplement pour la commodité du raisonnement. Regretter de ne pouvoir utiliser ses talents pour gagner sa vie et faire profiter le public des travaux auxquels on s'est adonné, n'est pas du cléricalisme, ni de l'esprit de réaction. »

Contrairement aux démagogues qui vivent de *surenchères*, les *Jaunes* ne craignent pas de dire leur opinion sur les questions les plus controversées, et voici en quels termes Gautherot (Amédée-Maurice), ouvrier typographe, s'en explique dans l'organe de la Fédération nationale des Jaunes de France.

LA JOURNÉE DE HUIT HEURES ET L'EXPLOITATION POLITIQUE

« La loi de 1884 défend aux syndicats de faire de la politique ; mais il est à remarquer que l'on n'y fait que cela, directement ou indirectement.

Tous les syndicats « rouges » sont des instruments aux mains des politiciens, et dans toutes les manifestations syndicales on est certain de découvrir l'empreinte d'une manœuvre politique.

C'en est ainsi pour la campagne en faveur de la réduction des heures de travail, où l'on peut voir l'accord qui existe entre les meneurs « rouges » et leurs amis du Parlement.

Cette question est certes des plus passionnantes, et on est obligé de constater que toute tentative faite en vue de réduire l'effort physique humain mérite toute l'attention. Nous nous proposons, d'ailleurs, de l'étudier dans un prochain article et d'indiquer la solution qui nous paraît la meilleure pour arriver à ce résultat.

Vous savez que la Confédération du Travail, c'est-à-dire la « concentration de tous les syndicats d'esprit révolutionnaire », en vertu d'une décision du Congrès de Bourges, a décrété qu'à partir du 1er mai 1906 une vaste agitation serait faite pour obliger « l'infâme capital » à accorder à ses exploités la journée de huit heures, et, dans ce but, les ouvriers sont « travaillés » ferme dans les syndicats.

Pourquoi le 1ᵉʳ mai 1906 ? Il est dit que cette date symbolise la fête du Travail, et que l'on veut la faire coïncider avec cette future conquête prolétarienne.

Mais c'est aussi la fête des politiciens, puisque, quelques jours après cette date, doivent se faire les élections législatives.

Or, vous savez, comme moi, combien le pays est troublé depuis quatre ans par l'agitation religieuse. On sent sourdre une profonde colère contre les meneurs de cette agitation qui paralyse tout l'essor industriel et commercial, et ces meneurs, ayant peur de voir le pays se retourner contre eux aux futures élections, veulent créer une diversion et faire croire aux ouvriers, qui constituent la masse électorale, qu'ils ont toujours en vue l'amélioration de leur sort ; la meilleure preuve, c'est qu'ils se proposent de réduire la durée de la journée de travail, et, en même temps, établir les retraites, les fameuses retraites !

Aussi, bien que cette question soit déjà, depuis de longues années, envisagée dans les syndicats, les politiciens s'en sont-ils emparé, et nous voyons actuellement tous les aspirants députés — radicaux, radicaux-socialistes, socialistes, etc. — dans les congrès, dans les comités, mettre, dans leur programme, la journée de huit heures. La surenchère !

Et ces abominables politiciens, qui font tant de mal aux ouvriers, espèrent que ceux-ci, devant de si belles promesses et sans plus réfléchir aux conséquences de leur vote, ne manqueront pas d'assurer leur succès !

Le mouvement préparé par la Confédération générale du travail, pour le mois de mai prochain, sous des dehors de revendications sociales, n'est qu'un piège politique, et nous croyons qu'il est nécessaire de le démasquer. »

DU DROIT DE GRÈVE

Un autre ouvrier, également dans *le Jaune*, dit avec netteté quels sont les sentiments des *Jaunes* vis-à-vis du droit de grève. Cet ouvrier, actuellement membre du Comité directeur de la *Fédération nationale des Jaunes de France*, est M. *Wayss*, ouvrier mécanicien, syndicaliste de la première heure et dont le tact, le sang-froid, la probité de jugement sont tenus en très haute estime par ses camarades et collègues.

Ainsi qu'on le verra plus loin par la publication des statuts de leur Fédération, non seulement les Jaunes veulent maintenir le *droit de grève*, mais ils veulent le rendre définitivement légal, en attendant ; et, quand une *grève de Jaunes* est déclarée conformément aux statuts, les grévistes reçoivent *pendant toute la durée de la grève* une indemnité de la Fédération nationale égale au tiers du salaire journalier de chacun.

Voici l'article de M. Wayss :

« La grève des fondeurs du département de la Seine met en question le droit de grève, parce que les patrons ont assigné 485 ouvriers au tribunal des prud'hommes, en dommages-intérêts, pour brusque rupture du contrat de travail.

Les jugements n'ont pas été rendus par suite d'une manœuvre dont les ouvriers capables de raisonner ne seront pas dupes. Les ouvriers cités devaient se rendre aux prud'hommes par atelier. Arrivés à la porte du

Conseil, ils changèrent de tactique et voulurent entrer en bloc.

Le préfet de police leur en fit comprendre l'impossibilité et leur dit de pénétrer par atelier; ils refusèrent et firent défaut.

Le prétexte est ridicule, surtout quand on se rappelle que ce sont ces défenseurs du droit de pénétrer à 500 dans une salle qui peut recevoir 150 personnes qui, au moment des bagarres à la Bourse du Travail, se laissèrent mettre en petits paquets pour sortir de la Bourse du Travail sous l'œil paterne des bons agents, très étonnés des talents d'organisation policière que possèdent les habitués de cette maison ouvrière.

Si les patrons ont pu citer leurs ouvriers aux prud'hommes en cette circonstance, c'est que le droit de grève n'existe pas. Nous l'avons déjà démontré lors de la grève des arsenaux de la marine, quand le ministre a intimé l'ordre de rentrer au travail ou d'être licencié. Donc les ouvriers de l'État n'ont pas le droit de grève. Quant aux ouvriers de l'industrie privée, ils ne l'ont pas davantage : divers jugements en témoignent, et c'est en raison d'une décision de la Cour de cassation que les patrons ont assigné leurs ouvriers.

En raison du défaut des ouvriers en conciliation, les patrons furent autorisés à les citer au Bureau général, devant lequel ils en appelèrent 45. Quand l'affaire fut appelée, les conseillers prud'hommes ouvriers quittèrent l'audience pour empêcher le jugement de cette affaire ou obliger une nouvelle citation des parties, ce qui fut fait. Cette fois, tous les prud'hommes restèrent à leur siège. Les ouvriers qui, pour la deuxième fois, faisaient défaut, furent condamnés, faute par eux de comparaître.

La Voix du Peuple, qui a eu bien raison de ne pas préciser les faits et de cacher le dénouement, excite les ouvriers à rire des dépenses ainsi infligées aux patrons.

Les *Jaunes* recherchent l'enseignement de ces faits qui auraient dû péremptoirement fixer les ouvriers sur le droit de grève.

Il faut reconnaître que les meneurs ont parfaitement joué leur rôle, parce que, subventionnés et gratifiés par les politiciens arrivés ou dans l'expectative du pouvoir, ils devaient rendre impossible au Conseil des prud'hommes de se prononcer sur le droit de grève, afin de maintenir dans l'esprit des ouvriers la fausse certitude de ce droit, car l'ignorance des ouvriers sur ce point est absolument nécessaire aux combinaisons de la politique de socialisation étatiste.

Il est important que les ouvriers sachent bien qu'ils n'ont que la théorie de la grève, mais qu'ils n'en ont pas le droit pratique, parce que la grève rompt le contrat de travail, et que, si cette rupture est faite par les ouvriers sans observer les délais de prévenances, ils sont susceptibles de dommages-intérêts envers le patron.

C'est le machiavélisme des socialistes de faire croire aux ouvriers qu'ils ont le droit pratique et absolu de faire grève et par cette fourberie d'entraîner les ouvriers dans les grèves politiques et financières, dans le but de ruiner les patrons en rendant impossibles les rapports avec leurs ouvriers, afin que le patron État devienne le monopoliseur nécessaire de toutes les industries. Et, comme le droit de grève est antisocialiste, il en résulte que, la socialisation générale accomplie, les ouvriers de l'État ne pourront pas, ne devront pas avoir le droit de grève.

Il est indispensable de maintenir les ouvriers dans leur ignorance sur le droit de grève, d'entretenir leurs illusions à ce sujet, afin que, quand l'État sera l'unique patron, si les ouvriers parlaient du droit de grève, il puisse répondre: « Non seulement le droit de grève n'a jamais existé, mais, quand vous étiez chez les patrons de l'industrie privée, vous ne l'avez pas réclamé. »

C'est à ces sales combinaisons politiques que collaborent les révolutionnaires et les anarchistes dont on achète le concours par les subventions et des gratifications payées par les contribuables contre leur volonté.

C'est pourquoi les meneurs ont empêché les grévistes cités aux prud'hommes d'y comparaître, que les prud'hommes patrons, à l'instar de Mascuraud, plus occupés de politique que d'intérêts professionnels, ont souscrit à la manœuvre des prud'hommes ouvriers, et que ces derniers qui, à Paris, ne sont plus des ouvriers mais des employés du Gouvernement, qui siègent contre toute légalité et dont le chef de file est le faussaire Briat qui reçoit les ordres et les transmet à sa, bande, c'est pourquoi tous ces dupeurs ont empêché de discuter si, oui ou non, les ouvriers peuvent pratiquement user du droit de grève. »

DU RÔLE DES ASSOCIATIONS OUVRIÈRES
DANS LES NATIONS

(EXTRAIT DU « JAUNE » DU 16 AVRIL 1904)

« Nous voulons parler de l'influence des syndicats ouvriers sur les destinées des différents pays où ils fonctionnent.

Or, il est une constatation très concluante que personne ne peut repousser de bonne foi :

Tous les peuples qui grandissent et qui s'imposent aux autres peuples par une forte pénétration économique, c'est-à-dire industrielle et commerciale, sont ceux dont les prolétaires sont fortement organisés. »

EN BELGIQUE

« La minuscule Belgique, malgré l'anarchie relative importée dans son prolétariat et ses mœurs politiques par une minorité de socialistes agissants, « comme M. Vandervelde, dont le tempérament, la tactique et les principes ont de frappantes analogies avec MM. Jaurès et Millerand », malgré ces ferments de *désagrégation nationale*, disons-nous, la Belgique reste un pays débordant de vie et de prospérité, jouissant d'un commerce et d'une production pléthoriques.

Les *agitations politiques dernières, ayant pour but la conquête du suffrage universel, durent cesser*, ÉTRANGLÉES PAR LES SOCIALISTES *qui craignaient de désorganiser les puissants syndicats ouvriers et les admirables coopératives de consommation* sur lesquels ils s'appuient encore ; or ce sont ces éléments qui entretiennent dans le prolétariat belge une *harmonie nationale absolue*, et, mieux, une telle pratique de solidarité effective que l'on peut dire des travailleurs belges organisés QU'ILS ONT UNE SEULE CONSCIENCE [1].

Si nous n'avions que cet exemple isolé, il ne serait point décisif, mais nous voulons démontrer que, dans

---

1. Les catholiques belges deviennent chaque jour *plus influents* dans ces coopératives et syndicats.

le monde entier, les mêmes phénomènes se reproduisent.

Il faut, en effet, nous le répétons parce que là est l'argument sans réplique au point de vue social et historique, se convaincre que l'évolution et la grandeur des nations sont intimement liées à l'évolution, *à l'organisation* des masses ouvrières. »

ESPAGNE, TURQUIE, ITALIE

« L'Espagne, la Turquie se débattent dans de graves complications, dont les pires suscitées par l'anarchie populaire. Les associations ouvrières ne sont point là pour « discipliner » et créer.

Pendant que l'Italie négligea l'organisation économique des salariés, la famine, les révoltes, locales et provinciales, se répétèrent avec une fréquence déplorable. Dans ce pays, les « syndicats » d'ouvriers agricoles firent plus, pour attirer l'attention des pouvoirs publics et provoquer la mise en valeur des ressources naturelles et des énergies humaines, jusque-là sacrifiées (en Sicile, en Sardaigne, etc.), que toutes les expériences, pourtant honnêtes et sincères des gouvernants, des nobles et des propriétaires. »

ANGLETERRE

« Voyez maintenant l'Angleterre avec ses *Trades-Unions*. Jamais on n'enregistre là ces conflits subits, imprévus, ruineux pour les deux parties, qui se répètent en France chaque jour. Les *Trades-Unions* assistent, par leurs délégués, aux congrès des patrons et des capitalistes, étudiant les lois de la concurrence universelle, *recherchant d'un commun accord* les moyens de lutter efficacement. L'histoire ne fournit aucun exemple plus saillant et plus beau d'un peuple qui fait corps avec ses lords, ses rois, ses institutions, et qui lutte sur le terrain économique sans autre préoccupation que la richesse des industries nationales.

Or, il y a en Angleterre, « actuellement », un ouvrier syndiqué *par quatre travailleurs*, alors qu'en France il y en a un par 75.

En Angleterre, aucune industrie sérieuse n'embauche un ouvrier s'il n'est syndiqué et en règle avec son syndicat ouvrier. »

EN ALLEMAGNE

« En Allemagne, les syndicats de la *Démocratie socialiste*, les associations *Hirsch-Duncker*, que nous baptiserions en France progressistes, les syndicats chrétiens et les *Indépendants* forment, dans l'unité formidable de l'empire germanique, l'élément du travail (divisé sur des questions confessionnelles ou sociales), mais cohérentes dans toutes les questions économiques et nationales.

Socialistes, catholiques, conservateurs ou indépendants, s'ils sont opposés les uns aux autres sur des points de doctrines politiques, irritables et inconciliables dans les débats religieux et électoraux, sont, en toutes autres circonstances, *et avant toutes choses, des syndicats allemands*, plaçant avant les préoccupations de parti, de secte ou de programme, l'amour de la patrie, le dévouement à l'Allemagne, à la plus grande Allemagne, qui rêve de la suprématie de son industrie sur toutes les puissances européennes.

Et de même que, dans l'intérêt *allemand*, les socialistes allemands combattent la *grève* comme moyen, les patrons allemands, dans l'intérêt de l'*Allemagne*, inséparable de leurs propres intérêts, ont cessé toutes oppositions aux syndicats ouvriers inspirés de sentiments purement professionnels. »

AUTRICHE, AUSTRALIE

« Exemple curieux, l'Autriche ne lutte avantageusement sur le marché du monde qu'avec ceux de ses produits manufacturés dans les provinces où les travailleurs sont syndiqués.

La fabrication du papier, « il est vrai, favorisée actuellement par l'exploitation d'immenses forêts, aux essences particulières », certaines spécialités métallurgiques, comme l'application de l'émail sur fer battu, luttent avantageusement contre la concurrence universelle, alors que les salariés employés à ces « spécialités » sont les seuls dotés d'organisations professionnelles sérieuses.

Dans toutes les grandes agglomérations d'individus, le même dilemme se pose. Dans tous les pays où le problème fut abordé de bonne foi, de part et d'autre, on est sur la voie d'une solution satisfaisante et identique, l'*organisation des travailleurs en associations professionnelles*.

En Australie, et jusqu'au jour néfaste où les collectivistes, s'étant emparé du pouvoir, mirent au pillage les finances, l'industrie et toutes les administrations nationales, les organisations ouvrières firent l'Unité morale et la force économique de ce pays neuf.

L'Australie nous fournit même ce double exemple :

prospérité nationale adhérente à la prospérité des associations professionnelles, décadence nationale entraînant la décadence des syndicats ouvriers qui se sont laissés séduire par le collectivisme. »

AMÉRIQUE

« Nous avons gardé pour la fin l'exemple de l'Amérique, car l'évolution des syndicats ouvriers en ce pays nous semble traverser les mêmes phases critiques que jadis nos « Compagnonnages » et, plus récemment « l'Internationale ».

Après les *Chevaliers du Travail*, à qui il faut rendre cette justice qu'ils luttèrent tant qu'ils purent pour éloigner d'eux la politique et surtout le socialisme révolutionnaire, la *Fédération américaine du Travail* nous paraît engagée dans les mêmes errements prémédités et néfastes que nos syndicats « rouges ».

Néanmoins, malgré les tares des syndicats américains « actuels », il serait présomptueux de nier la part immense qui leur revient dans la prodigieuse activité industrielle de ce pays. »

CONCLUSION

« Dans l'intérêt de la nation, pour la grandeur et la richesse de la France, il faut organiser économiquement notre peuple de France. L'individu, la famille, la province et la patrie ont leur source et leur point d'appui dans l'association.

Le commerce, l'industrie, la concurrence ont leur point d'appui dans les syndicats ouvriers, forts, intelligemment dirigés.

La liberté sera rétablie par les corporations, et celles-ci, œuvres d'hommes qui ont la foi, aideront et protègeront ceux qui sont persécutés parce qu'ils aiment et qu'ils croient.

Portant ses efforts à droite et à gauche dans les rangs patronaux comme dans les syndicats rouges, c'est encore *le Jaune* qui, sous la signature de M. Wayss, ouvrier mécanicien déjà cité, publiait l'article que voici, relatif aux *Patrons*.

LES PATRONS CONTRE LES JAUNES

« C'est un lieu commun chez les Rouges, dans la presse de mauvais aloi et pour les socialistes : de dire que nous sommes, nous les Jaunes, vendus aux patrons, suscités et entretenus par eux ; cependant rien n'est plus faux.

Pour s'en convaincre, il suffit de constater que la Fédération nationale des Jaunes de France, accessible aux syndicats ouvriers, aux syndicats patronaux, aux syndicats agricoles et aux adhérents individuels, en un mot à tout groupement, à toute personne isolée, qui accepte le programme économique, professionnel et social des Jaunes, n'a pas reçu l'adhésion de dix patrons.

Les groupements ouvriers d'un côté et puis les adhésions individuelles qui forment un groupe de personnes appartenant à toutes les situations sociales, qui sont unies dans ce sentiment que les travailleurs doivent arriver au bien-être et qui en recherchent les moyens pratiques, voilà ce qui compose la Fédération des Jaunes et lui assure l'existence.

Mais en vain nous cherchons les patrons, et en

toute sincérité nous avouons que leur absence de notre Fédération nous est une grande déception. Car le programme des Jaunes, qui maintenant est connu dans toute la France, dit avec précision et franchise que nous voulons l'entente entre patrons et ouvriers pour leurs intérêts communs, que nous voulons l'association du capital et du travail pour sauvegarder les industries et le commerce du pays, contrairement aux Rouges qui, sous l'influence des politiciens, sont les ennemis des patrons, cherchent la ruine industrielle pour aboutir à cette combinaison politique du collectivisme qui rendrait l'état l'industriel unique et ferait des politiciens en faveur les directeurs du travail socialiste.

Pourquoi, après cette avance des ouvriers jaunes envers les patrons, ceux-ci restent-ils éloignés, indifférents et généralement adversaires des Jaunes? C'est que, pour être un patron membre de la Fédération nationale des Jaunes de France, il faut pratiquer une organisation qui est sur toutes les lèvres, mais dont les patrons ne veulent pas la réalisation. Il faut associer l'ouvrier à l'entreprise.

Si, avec les Jaunes, il y a peu de grèves à craindre, c'est par leur habitude de soumettre leurs réclamations directement au patron, en supprimant les intermédiaires qui sont des meneurs mus par les financiers et les politiciens pour empêcher tout accord entre employeurs et employés. Les patrons savent très bien que les Jaunes sont des ouvriers ayant avant tout le sens pratique, que ce ne sont pas des résignés à leur situation malheureuse, et que, s'ils ont compris que ce n'est pas en détruisant l'usine qu'ils peuvent devenir heureux, ils veulent profiter de la prospérité de cette usine, non seulement par une participation généreuse au bénéfice, mais par la co-propriété qui les affranchit et par la co-association qui développe leurs aptitudes intellectuelles et les amène à égalité avec le patron. Plutôt que de consentir cette association, les patrons préfèrent risquer la ruine par les grèves et continuer l'antagonisme entre patrons et ouvriers. Il est vrai que ceux dont l'entreprise est prospère trouvent, par leur absence systématique de rapports avec les ouvriers, le prétexte de s'approprier tous les bénéfices. Les patrons socialistes excellent dans le mépris des ouvriers qu'ils emploient. Et, en attendant que la théorie socialiste devienne réalité (en l'an 3000), ils s'enrichissent en dépossédant leurs ouvriers de la part qu'en toute justice ils devraient avoir des bénéfices de leur travail.

Il y a des patrons très bienveillants pour leurs ouvriers, particulièrement si ceux-ci paraissent suivre la religion chère au patron. Ils créent des sociétés de secours mutuels dont ils sont présidents, ils organisent pour le personnel qu'ils emploient toutes sortes de choses pour améliorer la condition des ouvriers et leur éviter l'adversité. Certains font participer les ouvriers aux bénéfices de l'entreprise. Eh bien, ces patrons démocrates chrétiens ne sont pas des Jaunes.

Parce que toute leur bonté s'exerce sans le concours des ouvriers; elle est un acte de charité qui adoucit des misères, c'est certain, mais qui laisse l'ouvrier dans son état d'infériorité.

Les Jaunes n'admettent pas que, tout en travaillant, l'ouvrier reste dans une situation précaire parce qu'alors il y a mauvaise répartition du produit du travail, c'est pourquoi ils veulent changer la condition du travail et l'associer au capital. Cette transformation grandit l'ouvrier et l'élève au patron, qui, lui, n'est pas diminué, mais perd simplement de sa suprématie par le fait de l'association.

Le modèle de cette association du patron avec ses ouvriers nous est donné par M. Laroche-Joubert, dont les ouvriers deviennent graduellement les propriétaires de l'usine. M. Laroche-Joubert est un Jaune et l'ami des ouvriers; il a toutes nos sympathies. Son exemple est suivi par M. Japy qui, par une combinaison différente, arrive au même résultat d'associer ses ouvriers à son entreprise industrielle. Notre ami Gaston Japy a doublement notre estime et notre reconnaissance parce qu'à la pratique du programme des Jaunes il ajoute un dévouement infatigable à notre cause, et qu'il a à son actif cet acte unique d'héroïsme de s'être, lui, patron, fait blesser pour protéger et défendre l'ouvrier Biétry.

Nous avons, à la Fédération, trois ou quatre patrons qui cherchent à appliquer dans leurs industries le programme des Jaunes. L'un d'eux me disait dernièrement : « En toute conscience, je ne pense pas maintenant engager mes ouvriers à prendre des actions de mon établissement, ça ne leur vaudrait pas mieux que la caisse d'épargne, ils croiraient à une mystification. »

J'espère et je crois que bientôt nous pourrons publier que de nouveaux patrons auront réalisé dans leurs usines le programme des Jaunes en s'associant avec leurs ouvriers.

Ce qu'il y a de certain, c'est qu'à ce jour une demi-douzaine seulement de patrons sont de la Fédération des Jaunes.

La veulerie des patrons est bien aussi une cause

qu'ils sont nos adversaires, car beaucoup subissent les vexations des Rouges parce qu'ils n'ont pas le caractère et l'énergie de leur résister. Il en est aussi qui pensent : Mais, si l'État devenait le grand industriel général, très certainement il me donnerait un bon emploi. Et leur âme servile se contente de cette espérance.

Quoique nous cherchions l'association avec les patrons et que les patrons restent les adversaires des Jaunes, cela n'empêchera pas les meneurs rouges de faire bêler aux moutons qui les suivent que les Jaunes sont vendus aux patrons. »

CINQUIÈME PARTIE

La préparation du Congrés des Jaunes de 1904. — L'organisation du placement. — Le Congrès. — Répudiation définitive du socialisme. — Les travaux, les discours, les rapports.

LES TRAVAUX DU CONGRÈS

Au mois d'avril 1904, le développement pris par le mouvement jaune et la multiplicité des adhésions venues de tous les milieux et de tous les points de l'horizon firent naître l'idée d'un Congrès, où serait enfin précisée définitivement la doctrine.

La date en fut fixée aux 18, 19 et 20 *novembre*. La salle où se tinrent ces importantes assises était celle de la Société des *Agriculteurs de France*, 8, rue d'Athènes.

Voici les documents publiés dans *le Jaune* par la Fédération pour préparer cette importante manifestation.

EXPLICATION PRÉLIMINAIRE

Parallèlement à l'organisation de syndicats purement professionnels, nous avons le devoir d'affirmer notre programme social.

Les « Jaunes » n'ont pas seulement des revendications professionnelles, ils ont des revendications sociales. Or, à moins de recommencer la stupide et criminelle guerre de classes inaugurée et prêchée en France par le socialisme de toutes les écoles, il est impossible de songer à un mouvement *social*, sans admettre la possibilité d'y englober tous les membres de la société.

Individuellement, tous les Français, bourgeois ou travailleurs, aristocrates ou patrons, peuvent être des « Jaunes », participer à leurs actes, donner leurs avis, aider enfin à la floraison magnifique de *renaissance nationale*.

C'est une tâche très grande et noble. Elle aboutira.

PARTICIPERONT AU CONGRÈS

Les débats du Congrès auront naturellement pour base le *programme des Jaunes*, que nous reproduisons ici même. Y participeront :

1° Les syndicats ouvriers légalement constitués et n'étant pas adhérents à une Bourse du Travail (officielle) ni à la Confédération du Travail (rouge) ;

2° Les Fédérations de syndicats ouvriers (avec les mêmes réserves) ;

3° Tous les Français adhérents individuels, délégués par une section de « Jaunes » composée d'au moins 10 membres, munis de leurs cartes. Lesdites cartes numérotées seront distribuées dès aujourd'hui à Paris par la Commission d'organisation; elles serviront au contrôle.

MÉTHODE DE TRAVAIL

Dans la *première journée*, vérification des mandats et nomination des Commissions. Pour cette vérification, les syndicats et fédérations de syndicats procéderont entre eux à l'exclusion de tout autre groupement, dans la matinée de cette première journée ; de même, les délégués des sections de « Jaunes » non professionnels. L'après-midi du premier jour, délégués de « Jaunes » et délégués de syndicats nommeront *ensemble* la grande Commission chargée du programme social.

La *deuxième journée* est exclusivement réservée aux syndicats et fédérations d'ouvriers qui arrêteront entre eux les revendications purement syndicalistes et la tactique qu'ils désirent adopter *nationalement*, au point de vue corporatif.

La *troisième journée*, enfin, sera consacrée, tous les délégués réunis, à la discussion générale du programme social des « Jaunes ».

Nous ne donnions évidemment, dans ce numéro, que les grandes lignes du projet, et ce, pour répondre à l'impatience de nos adhérents qui brûlaient d'affirmer leur force.

AVIS IMPORTANT

Tous les syndicats « non rouges » sans aucune exception recevront nos circulaires ; l'adhésion au Congrès pour les syndicats qui n'appartiennent point jusqu'ici à notre organisation n'*implique point une affiliation quelconque à notre Fédération*, mais à notre programme. Ceci, pour ne pas effaroucher certains groupes, catholiques ou démocrates antisocialistes, jaloux de leur autonomie en tant qu'organisations.

Les demandes d'adhésions par syndicats ouvriers et sections de « Jaunes » doivent être accompagnées d'un mandat de 5 *francs*.

PROGRAMME

1° Le droit de propriété ;

2° Revendication ferme et continue des améliorations qui sont indispensables au développement physique, intellectuel et moral de la classe ouvrière ;

3° Participation de la main-d'œuvre aux bénéfices du capital ;

4° Opposition à toutes les grèves ayant un caractère politique et dont la nécessité n'est pas démontrée par l'intransigeance patronale ;

5° Fixation des heures de travail par corporations, régions et métiers, d'un commun accord entre syndicats patronaux et syndicats ouvriers ;

6° Lutte contre le collectivisme d'État qui, en fonctionnarisant les travailleurs, les met dans la main d'un maître anonyme, irresponsable et plus dur que le patron ;

7° Développement dans la classe ouvrière des grands moyens sociaux de relèvement et d'indépendance, et garantie pour la vieillesse des travailleurs : mutualité, assistance et retraites ouvrières ;

8° Placement gratuit par l'Union fédérative de tous les orphelins de nos syndiqués ;

9° Encouragement à toutes les initiatives privées dirigées vers des œuvres de bienfaisance ;

10° Éducation civique et professionnelle de tous les travailleurs, en vue de tous les droits, de tous les besoins et de toutes les libertés nécessaires à un grand peuple ;

11° Liberté d'association, liberté d'enseignement, liberté absolue de conscience.

L'ORGANISATION DU PLACEMENT GRATUIT

Pendant que cheminaient l'idée et les préparatifs du Congrès, la Fédération nationale ne négligeait pas les autres parties de son programme.

Sachant profiter des événements, elle jugea favorable à l'organisation des bureaux de placement gratuit la brusque suppression des bureaux payants. Aussitôt elle publia l'appel ci-dessous.

AUX TRAVAILLEURS, AUX PATRONS, A TOUS LES FRANÇAIS

« La campagne par laquelle le socialisme et les influences politiques dont il est le véhicule espèrent mettre définitivement la main sur la classe ouvrière, entre en ce moment dans une période nouvelle.

Si nous ne nous hâtons pas d'organiser complètement les bureaux de placement dans Paris, les travailleurs seront livrés pieds et poings liés aux syndicats « rouges » et aux fonctionnaires des mairies, c'est-a-dire à la vindicte des meneurs révolutionnaires et aux agents électoraux des divers gouvernements qui se succéderont.

Le problème du placement gratuit étant à nos yeux une question exclusivement corporative, il pouvait et devait se réaliser d'un commun accord entre patrons et ouvriers, par corporations, régions et métiers.

Les « Jaunes », sans bluff, ni tapages inutiles, s'étaient jusqu'ici appliqués de leur mieux au placement de leurs adhérents par le moyen de leurs syndicats professionnels.

Les révolutionnaires, eux, ne purent jamais organiser ce service, les patrons étant menacés des pires catastrophes quand ils introduisent des énergumènes dans leurs chantiers, et la clientèle des syndicats rouges étant notoirement composée de gréviculteurs déterminés.

Prévoyant le moment où, grâce à notre méthode, nous aurions monopolisé le placement dans Paris, pour le plus grand bien de la classe ouvrière et de la tranquillité publique, les politiciens révolutionnaires au service d'influences occultes ont précipité par l'émeute, la menace et les violences répétées, l'*organisation politique et électorale du placement*.

Disposant *seuls !* des locaux municipaux (*Bourses du Travail, annexes, mairies*, etc.) dont les « Jaunes » sont exclus, nos adversaires espèrent que nous manquerons des ressources nécessaires pour la location des locaux indispensables, leur entretien et leur fonctionnement.

C'est le dernier anneau de la chaîne rivée aux pieds du prolétariat français par les politiciens.

Le 24 janvier 1901, commence l'élimination brutale de nos éléments par l'exclusion de la *Bourse du Travail* de tous les syndicats non révolutionnaires. Depuis cette date, le plan s'est poursuivi, et par des manœuvres déloyales, sinon frauduleuses, les syndicats politiques « rouges » se sont emparés de tous les rouages qui assurent la justice et la vie régulière au monde du travail, Conseil supérieur du travail, Conseil des prud'hommes, etc., etc.

A l'aide des subventions municipales, gouvernementales et départementales, qui s'élèvent, pour Paris seulement, à plus de 500.000 francs par an, les « Rouges » tiennent en tutelle et en servage la classe ouvrière de la grande cité ; de là, ils dirigent les sou-

lèvements révolutionnaires dans nos centres industriels.

L'accaparement des bureaux de placement dans les
conditions actuelles est la mainmise du Gouvernement
et du socialisme sur *tout le marché du travail à Paris,
et ce dans ses plus secrets replis.*

L'exploitation électorale, les chantages de toutes
sortes qui vont découler de ce nouveau régime sont
aussi abominables, sinon plus, que ceux des bureaux
payants.

Les « Jaunes », en criant casse-cou, en essayant de
parer au plus vite le danger qui menace leurs frères
les travailleurs, ont conscience de remplir leur devoir.

L'article 2 de la nouvelle loi du 14 mars 1904 est
ainsi conçu :

« Les bureaux de placement gratuit créés par les
« municipalités, par les syndicats professionnels
« ouvriers, patronaux et mixtes, les Bourses du Tra-
« vail, les compagnonnages, les sociétés de secours
« mutuels et toutes autres associations légalement
« constituées, *ne sont soumis à aucune autorisation.* »

C'est le champ libre pour nous tous, et, si nous
nous laissons ligotter, c'est que nous l'aurons voulu.

D'un commun accord, nos syndicats « jaunes »
peuvent donc, dès maintenant, organiser le placement.

Pour les y aider, ils font appel au concours de tous.

Un affichage de circulaires au public et des communiqués à la presse donneront sous peu les renseignements et adresses concernant les bureaux que nous
allons ouvrir sur plusieurs points de Paris.

*La Fédération nationale
des Jaunes de France.* »

Les résultats ne se firent pas attendre.

« Ce mouvement attira l'attention des élus de Paris, et M. Georges Berry convoqua, en sa qualité de président, le groupe des députés de Paris. En même temps, il faisait adresser au secrétaire général, fondateur de la *Fédération nationale des Jaunes de France*, la communication ci-dessous :

Chambre des députés
—
                                        Paris, le 8 juin 1904.

          « Monsieur,

M. Georges Berry, député, président du Groupe des députés de Paris, me charge de vous rappeler que le Groupe vous entendra demain jeudi 9 juin, à quatre heures, au Palais Bourbon, local du 4e bureau, au sujet des bureaux de placement.

Veuillez agréer, etc.

                    Le Secrétaire du Groupe. »

En conséquence, Biétry se rendit, le jeudi 9 juin après-midi, à la Chambre des députés.

Voici le résumé de ses déclarations :

LA QUESTION DU PLACEMENT

« Je crois, Messieurs, dit en substance Biétry, que la question du placement qui servit de prétexte à une véritable agitation révolutionnaire à Paris et en province n'a pas, jusqu'ici, été présentée sous son véritable jour.

En tout cas, l'intervention législative, au lieu de

guérir les maux dont souffrent les chômeurs, ne fera que les aggraver.

Si les bureaux payants donnèrent lieu à des abus qu'il était urgent d'enrayer, ils n'en constituaient pas moins un organe nécessaire, tant que par d'autres organes on ne les aura pas remplacés (*et remplacés avantageusement pour les ouvriers comme pour les patrons*), car on admettra que, si la disparition des bureaux payants doit entraîner une confusion dans le placement et faire éclore cent systèmes d'exploitation et mille abus jusqu'ici inconnus, il était inutile de lever des barricades, de mobiliser le Parlement, le Sénat, le Conseil municipal, pour obtenir ce résultat. »

PRÉCISONS

« La plupart des personnes qui causent des bureaux de placement s'imaginent que ceux-ci intéressent l'universalité des travailleurs : c'est une grosse erreur. D'abord, le placement n'a un intérêt capital que pour Paris et quelques grandes villes ; en second lieu, il ne porte que sur des catégories spéciales de travailleurs.

D'une statistique entreprise en 1892 par l'Office du Travail, il résulte qu'une moyenne de 300.000 personnes, à Paris seulement, ont recours aux bureaux de placement. Pour le département de la Seine entier, 889.000 personnes se servent de cet intermédiaire.

Dans ce chiffre de 300.000, les gens de maisons figurent pour 100.000, dont 40.000 hommes et 60.000 femmes.

Les garçons limonadiers et restaurateurs, 20.000.

Viennent ensuite :

Les garçons cordonniers...................... 21.500
Les garçons épiciers.......................... 15.000
Les garçons d'hôtel........................... 15.000
Les garçons marchands de vins................ 11.000
Les garçons boulangers........................ 6.500
Les garçons bouchers.......................... 7.000

Les pâtissiers, teinturiers, coiffeurs, musiciens flottent entre 2, 3 et 5.000.

Telle corporation — comme, par exemple, les employés de commerce — n'a jamais recours aux bureaux de placement, — et cette constatation qui peut s'appliquer à cent métiers milite singulièrement pour le placement corporatif. En effet, les employés de commerce, sous des titres divers : Syndicats professionnels, Associations de comptables, de voyageurs, Mutualité, etc., etc., assurent eux-mêmes et *corporativement* le placement de leurs chômeurs. »

AUTRE EXEMPLE

« A Boulogne-sur-Seine, l'industrie du blanchissage occupe presque toute la population, hommes et femmes. L'ouvrier blanchisseur est très souvent embauché le matin pour la journée ou le lundi pour la semaine ; il y a donc un roulement constant de demandes et d'offres d'emplois.

Sans aucune espèce de menaces ni de conditions de la part des ouvriers ou des patrons, sans solliciter l'intervention de la municipalité, notre Syndicat « jaune », d'un commun accord avec le patronat, a assumé le placement des ouvriers blanchisseurs. Nous plaçons même les non syndiqués, espérant que notre large tolérance sera efficace plus que l'oppression. »

L'AGITATION ÉTAIT FAITE PAR LES CHÔMEURS

« Il y a un autre fait, un autre chiffre plutôt qui est symptomatique pour ceux qui observent les événements actuels et les phénomènes qui les ont provoqués ou précédés.

L'initiative de la suppression des bureaux de placement vient d'une corporation qui s'est toujours tenue à l'écart d'une solution corporative, c'est-à-dire professionnelle.

Les ouvriers boulangers refusèrent d'organiser d'un commun accord avec les patrons boulangers leur propre placement. Or, Messieurs, les mêmes hommes devront maintenant recourir à ce procédé. Car, il n'y a pas d'autre solution : que ce soient les ouvriers ou les patrons les tenanciers du bureau gratuit, *il faudra un accord entre les parties* pour le fonctionnement normal, mais ceci n'est que discussion, l'argument saisissant est celui-ci : rien ne fut arrêté dans la manutention des boulangeries pendant les dernières agitations, et pourtant, de véritables ouvriers boulangers se trouvaient nombreux dans les rues et dans les meetings, pour manifester contre les placeurs.

Les bureaux de placement casent annuellement, ainsi que nous venons de le voir, environ 6.500 garçons boulangers. *Or il y a sur le pavé, et c'est la statistique même de* l'Office du Travail *qui parle, une moyenne annuelle de 3.000 chômeurs dans cette corporation.* C'étaient les « chômeurs », commandés par un chef syndicaliste qui vit du « chômage », qui organisaient l'émeute ; mais revenons à la solution du problème. »

CONSÉQUENCES

« Pour préciser la situation qui nous est faite par la suppression des bureaux de placement, nous constatons que les 284 bureaux autorisés du *département de la Seine* recevaient annuellement 889.000 demandes d'emplois et seulement 524.000 offres d'emplois. D'où l'on peut conclure qu'il y a journellement une moyenne de 300.000 chômeurs dans le département. Aucun système politique ou syndicaliste ne remédiera à cela ; mais, si aucun organisme nouveau n'est créé pour canaliser et diriger ce flot de chômeurs et de travailleurs, c'est un nombre de 889.000 solliciteurs qui va refluer vers les mairies ou vers les *syndicats officiels*, c'est-à-dire, dans l'ensemble, vers des organisations qui sont dirigées, subventionnées et fonctionnarisées par l'État. Au point de vue ouvrier, nous sommes épouvantés des servitudes qui vont découler ainsi de cette dépendance constante d'un million de nos camarades vis-à-vis de l'État, régulateur et maître du marché du travail.

Nous ne commettons aucune exagération en affirmant que la suppression des bureaux de placement faite dans ces conditions, nous livre pieds et poings liés à la fantaisie des fonctionnaires ou à la servitude d'organisations syndicalistes révolutionnaires particulièrement armées, puisqu'elles bénéficient des locaux gratuits, dans les Bourses du Travail, et que, d'autre part, elles sont alimentées par les subventions municipales, départementales et gouvernementales. »

REMÈDE

« Pour parer à ce danger pressant, nous nous adressons à tous les élus de Paris, aux syndicats ouvriers libres, aux syndicats patronaux et aux individualités de bonne volonté. Il faut qu'immédiatement surgissent dans Paris autant de bureaux de placement libre que cela est nécessaire.

Par ses ramifications et organisations dans tous les arrondissements, la *Fédération nationale des Jaunes de France*, dont je suis le fondateur et au nom de qui je parle ici, est en mesure de créer et de diriger ces services pour le mieux des intérêts de tous, mais, *moralement et matériellement*, nous avons besoin du concours de toutes les bonnes volontés pour aboutir. » (*Très bien! Très bien!*)

Après cet exposé qui fut écouté avec la plus vive attention par les députés présents, une discussion très courtoise s'engagea entre le délégué des Jaunes et les députés de Paris. MM. P. Beauregard, Millevoye, Berry, Failliot, Lerolle, Archdéacon, par des remarques pleines de bon sens et inspirées d'une grande sympathie pour les travailleurs, recherchèrent avec nous les moyens pratiques d'aboutir, de collaborer au mouvement social qui se dessine, *et ce, sans fausser cette tentative en y mêlant la politique.* Nous ne pouvons que remercier sans exception tous les élus présents à cette réunion.

LES JOURNAUX

Le lendemain matin, tous les journaux commentaient l'entreprise des « Jaunes ». Voici la note du *Petit Temps :*

« *Les bureaux de placement.* — On nous communique le procès-verbal suivant :

Le Groupe républicain nationaliste des députés, réuni sous la présidence de M. Georges Berry, a entendu M. Biétry, président du Syndicat des « Jaunes », qui venait l'entretenir de la question des bureaux de placement.

Il a montré que les bureaux municipaux ne pourraient suffire à la besogne, qui leur est attribuée par la suppression des bureaux payants. D'ailleurs, les employés seraient à la disposition des influences de la mairie ; ce qu'il faut éviter.

Il déclare le syndicat jaune prêt à créer des bureaux de placement dans tous les quartiers de Paris, afin de maintenir la liberté du placement.

Après une discussion à laquelle ont pris part MM. Failliot, Millevoye, G. Berry, Lepelletier, Firmin Faure, Lerolle et Archdéacon, le Groupe décide qu'il est favorable à la création de bureaux de placement et adopte l'ordre du jour suivant présenté par M. Paul Beauregard.

Ordre du jour. — Le Groupe, après avoir entendu M. Biétry, président du Syndicat des Jaunes, exprime ses sympathies pour les syndicats qu'il représente et qui donnent un excellent exemple en maintenant leur action dans le domaine économique, les félicite de la nouvelle preuve de vitalité qu'ils fournissent en profitant des droits que la loi leur donne pour organiser le placement libre. »

Comme il fallait s'y attendre, les journaux à la solde des financiers juifs devaient essayer de travestir le sens de nos travaux.

Malgré les difficultés, les Jaunes ne se découragèrent point et, après un premier essai infructueux, ils fondèrent *le Genêt*, dont le premier siège social fut 16, rue des Saints-Pères.

Grâce à la collaboration et au dévouement incessant de dames patronnesses à la tête desquelles on trouvait toujours Mlle de Veldegg, qui, depuis la fondation des Jaunes, ne cesse de leur sacrifier une intelligence éclairée et ses efforts personnels, *le Genêt* prit bientôt un essor magnifique.

Particulièrement dans la catégorie des *gens de maison*, le placement devint de plus en plus régulier, et ce bureau central des *Jaunes* fut de plus en plus fréquenté. Le placement y est gratuit complètement, la seule clause pour le demandeur est d'être affilié à la société de secours du *Genêt* ou à la Fédération nationale des Jaunes de France.

A la fin de 1905, *le Genêt*, dans Paris seulement, comptait plus de 5.000 affiliés et, dans les premiers jours de janvier 1906, pour cause d'agrandissement, il dut abandonner ses anciens locaux de la rue des Saints-Pères. *Le Genêt* a maintenant deux grandes permanences, une, 4, avenue Percier, et l'autre, rue Férou, n° 3. C'est Mlle de Veldegg l'infatigable directrice de ces importants services.

Voici le résumé de son prospectus. La publicité corporative et de propagande du *Genêt* est faite par *le Jaune* et par un organe mensuel spécial, *le Serviteur*.

Parti et Fédération des « Jaunes » de France
(9, RUE JOUBERT, 9, PARIS)

PLACEMENT GRATUIT
(4, AVENUE PERCIER, VIIIe
3, RUE FÉROU, VIe)

La Fédération nationale des Jaunes de France, soucieuse d'améliorer par tous les moyens en son pouvoir le sort des travailleurs, a ajouté à son service de placement gratuit pour ouvriers et ouvrières un service similaire pour les gens de maison, valets de chambre, femmes de chambre, cuisiniers, cuisinières, cochers, bonnes d'enfants, bonnes à tout faire.

LE GENÊT
(4, AVENUE PERCIER, VIIIe
3, RUE FÉROU, VIe)

ASSOCIATION POUR L'AMÉLIORATION DU SORT MATÉRIEL
ET MORAL DES GENS DE MAISON SOUS LE PATRONAGE ET LA DIRECTION
DE PERSONNES AMIES DES TRAVAILLEURS

Les moyens d'action sont :

1° *Office de placement gratuit* ouvert de 9 à 11 heures et de 2 à 6 heures, le dimanche excepté ;

2° Des cours professionnels du dimanche, des conférences et une bibliothèque ;

3° Une hôtellerie à bon marché pour les gens de maison venant de province ou momentanément sans place ;

4° Une société de secours mutuels et une caisse de retraites.

Les gens de maison sont agréés sur la présentation de sérieuses références et en versant une cotisation de

2 francs. Nous recommandons tout particulièrement cette œuvre à nos amis de province.

Le Comité d'Administration.

Avis. — L'Association invite les gens de maison de la province désireux de se placer à Paris à se présenter au bureau du *Genêt* dès leur arrivée, ou à correspondre avec la directrice en ayant soin de donner leurs références (joindre un timbre pour la réponse).

LE CONGRÈS DE 1904

Laissant dans l'ombre de menus incidents qui eurent cependant leur répercussion dans la vie de la *Fédération nationale des Jaunes de France*, nous en arrivons donc au Congrès.

C'est le commencement de la pleine lumière. Au contact des événements, aux prises avec les adversaires, serrés de près par les contradicteurs, les Jaunes étaient au point où toutes les scories étaient rejetées.

Il n'est plus question dès lors de réhabiliter le mot socialisme ; les expériences ont montré le néant de ses théories et le danger de ses pratiques.

Ce qu'il faut, c'est une tactique syndicaliste conforme aux intérêts professionnels, un programme social basé sur les principes des conquêtes nécessaires au relèvement des travailleurs. Et l'on trouve, enfin, clairement résumées, toutes ces aspirations dans le programme des Jaunes et dans la préparation de leur Congrès.

EXPOSÉ DES TRAVAUX DU CONGRÈS

Afin de permettre aux adhérents de préparer leur intervention respective dans les débats des 19 et 20 novembre, un plan de travail fut élaboré par la Commission d'organisation.

Les travaux du Congrès étaient sériés en quatre parties distinctes.

Les *comités jaunes*, syndicats professionnels, fédérations de syndicats, cercles d'études, coopératives de production, coopératives de consommation n'ayant aucune attache avec la Confédération générale du Travail « rouge » et désirant participer aux discussions pouvaient se faire inscrire au *Jaune*, 85, rue de la Victoire.

Afin de faciliter les travaux du Congrès, les congressistes étaient priés de préparer des rapports, qui furent classés par les Commissions affectées à chacune des grandes questions ci-dessous :

1° Organisation corporative (professionnelle); — 2° coopératives (de production, de consommation); — 3° participation aux bénéfices; — 4° réorganisation nationale; programme social.

L'ensemble de la discussion traita par section et ensuite dans un débat général les points suivants :

Organisation corporative. — Les syndicats professionnels (locaux, régionaux). — Fédération de syndicats et Fédération de métiers. — Syndicats agricoles. — Bourses du Travail (Bourses officielles, Bourses libres).

Apprentissage. — Protection de l'enfance ouvrière. — Organisation du placement gratuit par les syndicats. — Rédaction d'une pétition au Parlement pour activer le vote de la loi destinée à donner la capacité civile aux syndicats et Fédérations ou Unions de syndicats.

Réglementation du travail d'un commun accord entre syndicats patronaux et syndicats ouvriers, par corporation, régions et métiers.

De l'attitude des syndicats jaunes vis-à-vis des syndicats rouges. — Des rites et attributs compagnonniques. — Du viaticum. — De la fraternité entre « compagnons » jaunes. — De la grève. — Repos hebdomadaire. — Le label.

Coopératives. — Associations coopératives de production et de crédit. — Sociétés de consommation.

Participation aux bénéfices. — Participation aux bénéfices *avec* participation aux pertes. — Participation aux bénéfices *sans* participation aux pertes. — Salaires avec *sursalaires* (primes de production). — Participation aux bénéfices, au prorata de la participation individuelle à la propriété industrielle. — De l'ingérence et de la non-ingérence des *Coopérateurs participationnistes* dans la comptabilité patronale.

Réorganisation nationale. — Programme social. — De l'union des ouvriers et des patrons français, par corporations, régions et métiers : 1° contre la concurrence universelle; — 2° pour l'évolution du salariat dans le sens de la propriété individuelle.

Droit de propriété. — Lutte contre le collectivisme et contre le socialisme d'État qui, en fonctionnarisant les travailleurs, les met dans la main d'un maître anonyme, irresponsable et plus dur que le patron, sans aucune possibilité de participation aux bénéfices. — Développement dans la classe ouvrière des grands moyens sociaux de relèvement et d'indépendance. — Mutualités. — Associations. — Retraites ouvrières. — *Prise en charge par la société des orphelins des travailleurs.* — Liberté d'association. — Liberté d'enseignement. — Liberté absolue de conscience. — Encouragement à toutes les initiatives privées dirigées vers des œuvres de bienfaisance.

Le Congrès nomma, le premier jour, les quatre grandes Commissions chargées de l'examen des rapports.

Chacune des quatre Commissions ayant déposé ses conclusions après étude des rapports et propositions, un résumé en fut fait aux congressistes qui participèrent aux débats d'ensemble et prirent part aux votes sur les résolutions.

Ce fut d'un seul élan que les « Jaunes » organisèrent le Congrès. Les plus éminents le préparèrent par des articles, qui sont en même temps d'un grand enseignement.

Celui de Poizat mérite d'être reproduit :

LES ÉTATS GÉNÉRAUX OUVRIERS

« Ce sera, nous l'espérons, une grande date dans l'histoire sociale que celle de notre Congrès, et, si je l'appelle ici les états généraux ouvriers, c'est pour en exprimer le caractère profondément national et la haute signification; c'est pour saluer aussi du nom qu'ils méritent ces sages et vrais députés du peuple, les présidents des syndicats jaunes.

Têtes solides, cœurs droits, probe et clair langage, voilà ce que la France pourra voir et entendre. En vérité, une grande révolution s'est accomplie, puisque de tels hommes nous peuvent venir de la mine ou de l'atelier, les mains rudes encore de leur travail et le front marqué de la double empreinte de l'effort physique et de la pensée.

Salut au quatrième État, salut à l'entrée pacifique de ces chefs de demain ! Ils ont déjà ce signe des partis dont l'éducation est faite et dont l'heure est venue : ce sont des modérés.

Une nouvelle bourgeoisie politique est constituée avec eux. Ils rappellent, par l'allure et la simplicité, ces vieux drapiers, foulons et marchands qui créèrent la vie communale, firent la France animée, riche et libre, et finirent par lui donner une constitution.

Quel nouvel et magnifique essor notre patrie peut reprendre sous leur impulsion, car ils ne songent point à déserter leur tâche, et ils sentent que leur dignité, étant ce qu'ils sont, est de rester où ils sont.

En sortant de cette assemblée, ils retourneront à l'usine reprendre leur besogne, comme ces consuls romains qui, leur magistrature finie, allaientre prendre la charrue, comme ces évêques des premiers siècles, vétérans du travail et des luttes religieuses, qui, après avoir fait entendre leur grande voix dans les conciles, revenaient dans leurs lointains villages exercer d'obscurs métiers, ou comme ce Paul, vrai fondateur du christianisme, qui, sa journée de tisserand terminée, abandonnait l'aiguille ou la navette pour aller parler à l'Aréopage d'Athènes.

J'ai employé à dessein ici ce mot de concile, car du Congrès des Jaunes devra sortir aussi et se préciser définitivement la nouvelle doctrine ouvrière qui, à bref délai, doit remplacer le socialisme collectiviste.

La vérité, c'est que, de toute l'agitation socialiste et syndicale qui a été féconde en ceci qu'elle a fait examiner le problème ouvrier sous toutes ses faces, il ne s'est dégagé encore de positif et de pratique que les idées professées par Biétry et ses amis, que les idées issues du mouvement jaune.

Le mouvement jaune, c'est le socialisme français,

enfin débarrassé des chimères et entrant résolument dans la voie des réalités et de la science.

La doctrine des Jaunes est devenue, par la nature même des choses, une doctrine d'avant-garde. Le mouvement jaune, c'est le parti ouvrier enfin en marche vers les conquêtes décisives, définitivement reconstitué et orienté.

La doctrine des Jaunes est anticollectiviste, car nous estimons que la suppression de la propriété, c'est l'abolition de toute liberté humaine, et que toutes les révolutions qui se sont faites depuis le commencement du monde ont visé à la conquête de la propriété.

Propriété et liberté, c'est tout le noble programme des anciens libéraux, que nous revendiquons de toutes nos énergies.

Et comme, bien loin d'attaquer la propriété, nous songeons au contraire à y faire participer toujours plus de gens, il se trouve que nous ne sommes plus en conflits avec les idées religieuses de qui que ce soit. Nous n'avons besoin de détruire aucune religion, pour installer la société que nous rêvons, et nous restituons joyeusement à chacun le droit de croire et de pratiquer à sa guise la religion de ses pères. Nous considérons la liberté de conscience comme la plus sacrée de toutes les libertés.

Nous ne voulons pas toucher au merveilleux outillage de civilisation, dont la construction a demandé tant de siècles, nous ne voulons pas renverser la maison, nous ne voulons pas brûler l'usine, nous entendons y rentrer, au contraire, comme des associés et non des esclaves.

*
* *

Nous ne sommes pas internationalistes, parce que nous entendons garder notre patrimoine de famille, notre héritage de gloire, nos traditions, nos mœurs, notre langue, et que nous pensons qu'il manquerait quelque chose au monde et à la civilisation, si la France disparaissait. Nous sommes des pacifiques, non des pacifistes, ce qui ne nous empêche pas de tendre, pardelà les frontières, une main fraternelle à tous les ouvriers indépendants, qui, dans chaque nation, poursuivent, selon leur génie propre et à notre exemple, la réalisation de notre idéal, car nous sommes convaincus que le meilleur moyen de travailler au bien de tous est de travailler d'abord pour soi, pour son petit cercle, pour sa patrie, pour sa région, car l'effort porte d'autant plus qu'il est plus ramassé et vise un but plus précis.

Quant à l'accusation qu'on a jetée aux Jaunes d'avoir créé un mouvement surtout patronal, nous n'avons qu'à prier nos adversaires de vouloir bien regarder de quel côté se sont rangés la plupart des patrons et les financiers. Ils les verront presque tous favorisant les Rouges, alimentant de fonds leurs journaux et nous faisant, à nous, une guerre sourde et souvent implacable. C'est qu'ils n'ont pas peur des Rouges, qui demandent la lune, mais ils ont peur de nous, qui réclamons des choses immédiatement réalisables. »

LES PRINCIPAUX ADHÉRENTS

D'après les documents officiels, voici les principaux participants au Congrès venus de différents milieux et de tous les points de l'horizon.

Au point de vue patronal : MM. *Harmel* (du Val-de-

Bois), *Gaston Japy* (Doubs), *Gavelle* (Loire), *Raphaël Toutain* (Laval), *Hanicotte* (Pas-de-Calais), *Ogier* (Isère), *Laroche-Joubert* (Angoulême), *E. André*, maître de forges (Meuse), etc., participèrent en personne aux travaux du Congrès.

MM. *Boudenoot*, sénateur, *Delelis* et *Beharelle*, députés, représentèrent, avec MM. *Paul Deletrelle* et *Alexandre Dehone*, les sociétés d'agriculture du Pas-de-Calais ; *Delcourt-Haillot* (Valenciennes), *Cinquin* (Lyon), *Lagrange* (Paris), etc.

Au point de vue ouvrier : toutes les organisations indépendantes et «jaunes» réellement fortes et vivantes seront représentées :

Bourses libres du Travail : *Paris, Marseille, Le Havre, Caen, Montluçon, Boulogne-sur-Seine, Lille.*

Fédérations et Unions de Syndicats : *Union fédérative des Ouvriers et Syndicats indépendants* (Paris, 85, rue de la Victoire) ; — *Fédération nationale des Jaunes de France* (Paris, 85, rue de la Victoire) ; — *Fédération des Employés et Ouvriers des Transports* (Paris, 85, rue de la Victoire) ; *Fédération des Syndicats de l'Industrie roubaisienne :* Roubaix, siège social, place Fosse-aux-Chênes, délégué : *Henri Danel;* — *Fédération syndicale :* Tourcoing, siège social, 85, rue des Ursulines, délégué : *Deguesselle;* — *Fédération des Syndicats indépendants de Lille et des environs :* Lille, siège social, 2, rue du Chaufour, délégués : *Jooris, Lambert;* — *Fédération des Ouvrières et Ouvriers blanchisseurs de la Seine:* Boulogne-sur-Seine, siège social, 110, boulevard de Strasbourg, délégués : *Faron, Larchevêque, Lané, Gavray, Autard, Dupuis, Thauveny, Legauffre, Prévost, Paly, Mahut, Celle;* — *Fédération des Syndicats du Havre et de la Normandie :* Le Havre, 25, rue Dumé-d'Aplemont, délégués : *Czulowski, Collas, Lecroisey, Vannequé, Tinel, Feuillet ;* — *Union des Syndicats indépendants de Cherbourg :* Cherbourg, 69, rue Gambetta, délégués : *Abraham, Lelandais, Aubert ;* — *Fédération indépendante des travailleurs du port de Toulon :* Toulon, 84, cours Lafayette, délégués : *Tapoul, Albertini ;* — *Fédération des Syndicats ouvriers de Caen et des environs :* Caen, 42, rue Saint-Pierre, délégués : *Eudes, Duchemin, Lorphelin, Mahias ;* — *Union fédérative des Syndicats indépendants de Provence et du littoral :* Marseille, 12, quai du Canal, délégués : *Massa, Borny ;* — *Union syndicale des mineurs et assimilés de Rochebelle :* Alais (Gard), 2, faubourg de Rochebelle, délégués : *Bath, Thérone, Archer ;* — *Union indépendante des tisseurs d'Evreux :* Evreux, 3 *bis*, rue Delhormes, délégués : *Robart, Bertin, Brétécher ;* — *Syndicat des ouvrières et ouvriers de l'industrie textile de Vienne :* Vienne (Isère), 7, rue des Orfèvres, délégués : *Massart, Gravano ;* — *Syndicat « jaune » des ouvriers mineurs de Bezenet :* Bezenet (Allier), délégué : *Desroches ;* — *Union des Syndicats indépendants de Montluçon :* Bourse indépendante, Montluçon (Allier), délégué : *E. Clément ;* — *Syndicat indépendant textile de Belfort :* Belfort, rue Victor-Hugo, 20 ; — *Union des Syndicats ouvriers corses :* siège, Ajaccio, délégués : *Martinetti, Gensolen, Berny ;* — *Fédération des Syndicats indépendants et Groupes ouvriers antirévolutionnaires de Carcassonne* (Aude) : 71, rue de la Préfecture, délégué : *Sabriat ;* — le *Syndicat central des marins :* siège social, Paris, 5, rue Bayard, délégués : *Ollivier, France ;* — *Syndicat des coiffeurs indépendants de Marseille,* délégués : *Domergue, Chollier ;* — *Syndi-*

cat des industries du bâtiment: Saint-Brieuc, délégué : *Langlamet.*

Chambres patronales et agricoles : *Chambre syndicale voironnaise du tissage mécanique de soieries :* Voiron (Isère), représenté par *Louis Ruby,* président ; — *Chambre syndicale des distillateurs agricoles de la région du Nord* (Béthune), *Hanicotte,* président ; — *Chambre syndicale des patrons blanchisseurs de Boulogne-sur-Seine,* délégués : *Corbonnois, Bordier, Bourgeois, Bédu, Lézabault;* — *Chambre syndicale des fabricants de chaussures de Nancy* (Nancy) ; — *Syndicat mixte Saint-Joseph,* Coutances-aux-Forges (Meuse), *E. André,* président ; — *Société d'agriculture de l'arrondissement de Béthune* (Pas-de-Calais) ; — *Syndicat général des Blanchisseurs et Buandiers de France,* délégués : *Hallam, de Nittis, Barlly.*

Cercles d'études et d'action sociale : *Cercle d'études et d'action sociale du XVIIIe arrondissement :* Paris, 127, rue Caulaincourt, délégués : *Perrin* et *Deré;* — *Société des Conférences populaires* (Valenciennes).

Sociétés de placement gratuit : *Placement compagnonnique,* 85, rue de la Victoire, délégué : *Vergoz;* — *Le Genêt* (Paris), section féminine, 16, rue des Saints-Pères, déléguée : *Mme Wally.*

Dans la salle du Congrès sobrement décorée, les pensées que voici indiquaient en quelque sorte l'orientation des esprits :

LES AXIOMES DES JAUNES

« Il faut que le capital travaille et que le travail possède. » (Alfred Poizat.)

« Le machinisme et la concentration capitaliste ne sont, dans la civilisation, qu'un incident.

Il appartient aux hommes de bonne volonté d'y mettre fin, en facilitant pour tous les hommes l'accession de la propriété. » (Gaston JAPY.)

« L'esclave, c'est celui qui ne possède rien, qui ne possède ni son outil ni le produit du travail de cet outil. Le socialisme, qui dépossède tous les hommes, est une doctrine d'esclavagistes. » (Pierre BIÉTRY.)

« L'ouvrier sera émancipé quand il sera propriétaire. » (*Le Jaune*.)

PREMIÈRE SÉANCE

C'est à deux heures que s'ouvre la première séance, séance préparatoire.

Dans la salle, en plus des congressistes, de nouveaux assistants et un certain nombre de dames. La Presse est largement représentée : Jeanne, de *la Croix*; Damez, du *Nouvelliste*; Momméjà, du *Temps*; Leriche, du *Petit Journal*; Rièthe, du *Peuple français*; de La Jugie de la Chapelle, du *Journal des Débats*; Etienne Charles, de *la Liberté*; Javary, de *la Libre Parole*; Rousselot, du *Soleil*; le *Journal de Roubaix*; le *Travailleur* de Blois; Noël Gaulois, du *Gaulois*; Guirr, de l'*Agence Havas*; Bois, du *Salut Public*, de Lyon; Kergal, de *la Démocratie rurale*, ainsi que plusieurs confrères de la Presse étrangère.

L'OUVERTURE DES TRAVAUX

Victor Faron ouvrit la séance et invita le Congrès à nommer son président. A l'unanimité, Czulowski est acclamé président; Vannequé, Faron, assesseurs. M. Miguel est nommé secrétaire permanent du Congrès.

« Je ne vous ferai pas de discours, dit Czulowski.

Je me contente de saluer les représentants des travailleurs de France et je donne immédiatement la parole à Pierre Biétry. »

Le Président de la Fédération nationale des « Jaunes de France » prend alors la parole et prononce le discours suivant :

DISCOURS DE PIERRE BIÉTRY

MESDAMES, MESSIEURS,
CHERS CAMARADES,

« Au nom de mes camarades de la *Fédération nationale des Jaunes de France*, qui participèrent à nos travaux et à l'organisation de ce Congrès, je vous adresse à tous, ouvriers et patrons, les plus cordiaux souhaits de bienvenue.

Tout à l'heure, dans les séances qui vont suivre, emportés par les généreuses passions, nous discuterons chacun sur notre terrain ; mais, j'en ai la ferme conviction, les congressistes seront animés par-dessus tout d'un grand souffle de justice, de la préoccupation d'être équitables et fraternels.

Sur le but à atteindre, les divers éléments ici représentés sont certainement d'accord, ils diffèrent seulement sur les moyens. — Ce n'est donc pas faire preuve d'un trop grand optimisme de croire qu'en ouvrant cette séance, par le cri qui demain retentira dans toute la France de : *Vive l'ouvrier émancipé par la propriété*, ce cri aura été répercuté ici, non seulement par vos bouches, mais dans vos cœurs ; — je dis plus, c'est d'un même cœur que nous l'aurons poussé comme prélude de nos travaux. »

AU FAIT

« Mais nous ne nous sommes réunis ni les uns ni les autres pour faire ou écouter des discours, je serai donc aussi bref que possible. — Il nous faut pourtant dire qui nous sommes et aussi préciser nettement le but que nous poursuivons.

D'abord le langage que je tiens devant vous n'engage que moi et les camarades « jaunes » qui m'ont accordé leur confiance, — ce n'est donc pas au nom du *Congrès* que je cause en ce moment, *mais au nom des* « *Jaunes* » *qui organisèrent ce Congrès* et après avoir posé l'interrogation : « Qui sommes-nous ? » c'est au nom des « Jaunes », *et au nom des* « *Jaunes* » *seulement*, que je réponds :

« Nous sommes avant tout *antisocialistes.* »

CONTRE LES ROUGES

« Tout à l'heure, au double point de vue du syndicalisme et des organisations coopératives, nous préciserons notre pensée dans les Commissions. Mais syndicats, fédérations ou coopératives vivent ou dépérissent, prospèrent ou meurent, selon l'atmosphère sociale qui les enveloppe et, pour être clairs, pour faciliter à ceux qui m'écoutent la tâche de me comprendre, je dois donc dire, au point de vue social, quelle est notre pensée.

En attaquant le socialisme, nous nous sommes demandés longtemps, avec angoisse, si nous ne faisions pas fausse route, si nous n'étions pas les victimes de nos propres rancunes ou de nos ambitions, et c'est l'âme rassérénée que nous poursuivons notre tâche, et de plus en plus nous nous affermissons dans cette conviction qu'il ne suffit pas d'essayer de modifier une doctrine fausse en elle-même pour la rendre meilleure. Nous pensons que le socialisme, *en tant que socialisme*, même opéré de ses fistules qui se nomment la grève, l'internationalisme, l'antireligion et l'expropriation serait encore une doctrine de mort.

Pris dans son expression philosophique, le socialisme est peut-être généreux. Pris dans le sens économique, avec son aboutissement *social*, toutes ses définitions : communisme, collectivisme ou étatisme, hurlent contre la science, contre la liberté individuelle des hommes, contre l'histoire de la civilisation tout entière.

Ainsi que mon ami Poizat l'écrivait l'autre jour dans *le Jaune*, si l'on devine, à la rigueur, les pourquoi de cette singulière aberration qui pousse le capitalisme, quelques intellectuels et beaucoup de riches, vers le socialisme politique, comment s'expliquer que les déshérités de ce monde, les travailleurs, ceux qui forment déjà l'immense troupeau humain, au service de l'argent anonyme, aient pu souscrire à une doctrine sauvage qui les courberait dans un esclavage éternel ?

Les socialistes disent aux travailleurs :

« Vous êtes en trop grand nombre à ne rien pos-
« séder, nous allons tous vous priver de la propriété.
« En adhérant à notre doctrine, vous signez pour tou-
« jours votre renoncement à la propriété individuelle,
« à la liberté individuelle. Vous serez le troupeau,
« nous serons les bergers. »

Oui, en vérité, je me le demande, par quelle incroyable naïveté, le peuple a-t-il pu acclamer ces théories d'esclavagistes ? Mais il n'est pas l'heure d'insister. »

LES DEUX SYNDICALISMES

« En effet, si le socialisme est salutaire, comme doctrine philosophique, et nécessaire dans ses applications économiques, nous n'avons pas, de bonne foi, le droit de le combattre, et alors le syndicalisme socialiste, le syndicalisme « rouge », non seulement n'est pas périlleux et néfaste pour la classe ouvrière, mais il représente l'effort nécessaire et généreux qu'il faut seconder.

Si, au contraire, le socialisme est une expression de deuil et une épithète de misère sociale, il le faut combattre par tous les moyens, il faut immédiatement se garer de lui, s'en défendre comme d'une bête malfaisante, et alors nous devons lui arracher ses victimes, éclairer les travailleurs, déchaîner ses troupeaux déjà domestiqués et dresser enfin, contre les bandes d'esclavagistes, les organisations solides d'hommes libres, marchant avec lucidité et méthode vers les solutions difficiles des redoutables problèmes sociaux. »

ROUGES ET JAUNES

« Nous ne sommes pas arrivés d'un seul bond, d'une seule étape, au terrain philosophique et social, si j'ose ainsi dire, sur lequel nous nous plaçons. Le mouvement *jaune* (et parmi nous plusieurs en ont gardé le souvenir) fut d'abord un simple geste de protestation spontanée. Les « Jaunes » furent d'abord des négateurs, et en cela leurs actes étaient à courte portée.

Ils furent, au début, les négateurs de la grève, les négateurs de la révolution, et rien que cela. Aussi, secoués par les furieuses attaques de la démagogie qu'exaspérait cette résistance imprévue, les « Jaunes », pendant plusieurs années, ont été considérés comme des *traîtres*, comme des « renégats » ou des *vendus*.

Les soldats de cette armée nouvelle manquaient d'assurance. Inquiets du présent sans aucune vision d'avenir, ils dissimulaient leur titre de « Jaunes ». Les « chefs » eux-mêmes, par le vague de leurs formules et l'incohérente fébrilité de leur tactique, faisaient le jeu de l'adversaire. Le cri de ralliement était tout entier dans une formule sentimentale véridique, mais qui consiste seulement en une constatation mélancolique :

« Le capital travail et le capital argent sont indis-
« pensables l'un à l'autre. »

Cette affirmation, comme programme, était insuffi-
sante. »

LA MÉTHODE

« C'est un honneur que nous revendiquons haute-ment d'avoir formulé pour la classe ouvrière, bernée et désemparée, un véritable programme social, car, si nous critiquons les procédés de certains agitateurs né-fastes, nous n'abdiquons aucune des véritables et légi-times revendications du prolétariat.

Nous considérons ce premier Congrès non comme une étape, mais plutôt comme la mobilisation, comme le rassemblement préparatoire d'une armée de con-quête.

Tout à l'heure nous soumettrons au Congrès deux résolutions qui hâteront l'organisation définitive de notre parti ; qu'il me suffise maintenant de vous résu-mer le programme de nos travaux sur lequel, d'ailleurs, vos adhésions se sont affirmées.

Nous disions dans nos circulaires :

Parallèlement à l'organisation de syndicats purement professionnels, nous avons le devoir d'affirmer notre programme social.

Les « Jaunes » n'ont pas seulement des revendications professionnelles, ils ont des revendications sociales. Or, à moins de recommencer la stupide et criminelle guerre de classes inaugurée et prêchée en France par le socialisme de toutes les écoles, il est impossible de songer à un mouvement *social* sans admettre la possibilité d'y englober tous les membres de la société.

Individuellement, tous les Français, bourgeois ou travailleurs, aristocrates ou patrons, peuvent être des « Jaunes », participer à leurs actes, donner leurs avis, aider enfin à la floraison magnifique de *Renaissance nationale*. A titre consultatif, le Congrès pourra donc nommer une Commission chargée d'étudier les initiatives individuelles soumises à ses appréciations.

Et nous ajoutions :

PEUVENT PARTICIPER AU CONGRÈS

1° Les syndicats ouvriers légalement constitués et n'étant pas adhérents à une Bourse du Travail (officielle), ni à la Confédération du Travail (rouge) ;

2° Les fédérations de syndicats ouvriers (avec les mêmes réserves) ;

3° Les coopératives de production de consommation ;

4° Les cercles d'études ;

5° Tous les Français adhérents individuels, délégués par une section de « Jaunes », composée d'au moins 10 membres, munis de leur carte.

Plus tard, nous sollicitâmes individuellement l'adhésion des représentants du patronat.

Votre présence, à tous, prouve que vous avez compris ce que nous attendons de votre dévouement à la classe ouvrière et à la chose publique.

Tout à l'heure, vous nommerez vos *Commissions* avec le souci de classer dans chacune d'elles les congressistes dont les travaux, l'expérience et la bonne volonté se sont dirigés plus spécialement vers la solution des problèmes que nous abordons. »

LES ÉLÉMENTS DU CONGRÈS

« Donc, à côté des ouvriers industriels, des commerçants ont de leur côté répondu à notre appel, alors que les mots d'entente, de conciliation, d'harmonie entre le capital travail et le capital argent sont sur toutes les bouches. Nous avons pensé, en effet, qu'il était nécessaire, pour sortir de la période scripturaire et verbale, de mettre en contact les éléments divers du monde du travail.

« Les patrons congressistes comme les ouvriers sont donc placés, en principe, devant un même programme à la réalisation duquel nous allons travailler en commun. Permettez-moi à haute voix de donner lecture de ce programme, car il planera sur nos débats. »

Après la lecture du programme que nous donnons au début de ce chapitre, Biétry continue.

LES COMMISSIONS

« Nous vous proposons donc de nommer quatre grandes Commissions, ainsi composées :

Ire COMMISSION. — *Organisation corporative professionnelle*, qui comprendra les représentants ouvriers *à l'exclusion de tout autre élément.* — Cette Commis-

sion étudiera les questions corporatives et professionnelles, les rapports spéciaux, discutera les propositions
et prendra les résolutions nécessaires ; elle nommera
un rapporteur général pour les séances plénières, si
l'accord est complet, et deux rapporteurs, un pour la
majorité, un pour la minorité, si la Commission est
divisée.

Pour la IIe COMMISSION (*Coopératives de production
et de consommation*), nous engageons le Congrès à
déléguer, si possible, des coopérateurs, des industriels,
des négociants et de simples particuliers, pris dans les
délégués individuels des comités de « Jaunes ».

Quant à la IIIe COMMISSION, qui, dans la pratique,
se trouvera aux prises avec la partie la plus essentielle
de nos revendications, je veux dire la *participation au
capital et aux bénéfices*, je suis persuadé que vous en
rechercherez les éléments avec un soin méticuleux. Il
faut tenir un compte scrupuleux d'abord des expériences faites, et, à ce sujet, MM. Japy et Laroche-Joubert, pour ne citer qu'eux, pourront nous prêter le concours le plus précieux et le plus efficace.

Il faudra aussi adjoindre ceux de nos camarades
ouvriers les plus vigilants, pour apporter dans cette
étude le cri de notre espérance et la réalité de nos revendications.

Enfin, dans la IVe COMMISSION, traitant de la *Réorganisation nationale et du programme social*, nous y
attendons, de votre sagesse, l'envoi des éléments les plus
divers : la société, la nation étant la chose de tous. »

CONCLUSIONS

« Vous le voyez, Messieurs, Mesdames et chers
Camarades, je n'ai fait qu'effleurer les vastes problèmes

qui nous préoccupent et qui nous rassemblent, et voilà que déjà le travail apparaît formidable.

Nous allons donc nous mettre à la besogne, vous n'oublierez pas que la France ouvrière et le monde du travail attendent de nous, non la déclaration de guerre d'une secte contre une autre secte, mais l'attestation solennelle de notre solidarité, avec tous les prolétaires de notre pays d'abord, avec tous les prolétaires de l'univers ensuite.

Ce qui distingue les hommes sincèrement « sociaux » des sectaires et des tyrans, c'est leur respect pour la liberté d'autrui, à commencer par la liberté de penser et celle de croire.

Nous ne demandons pas à nos adhérents leur *Credo*, nous leur demandons, quand nous croyons et pratiquons notre foi, le respect de nos croyances et de notre foi ; nous exigons, enfin, quand nous travaillons loyalement à l'émancipation de nos frères les travailleurs opprimés, le respect de nos efforts.

Et maintenant au travail, chers Camarades, songez que la France du travail attend de votre initiative la renaissance nationale. » (*Longs applaudissements.*)

Après le discours de Biétry, Czulowski donne lecture du rapport ci-dessous, présenté au nom de la Commission fédérale, par M. Henri Rrovel.

CONSIDÉRATIONS GÉNÉRALES SUR LE CONGRÈS

« Le Congrès actuel ne dispose que de trois jours, pour s'occuper des mille questions qui touchent à la vie des travailleurs, il lui est donc impossible de trouver des solutions convenablement étudiées à tous les problèmes qui vont se poser.

C'est la première fois qu'un pareil effort va être

tenté, car, jusqu'à présent, ces sortes d'assemblées se sont occupées beaucoup plus de questions politiques que de questions économiques, qu'elles n'ont fait qu'effleurer; aussi, je tiens à appeler l'attention des patrons et des délégués ouvriers des syndicats adhérents sur la méthode à suivre pour mener à bien le travail considérable qu'exige un pareil effort.

A notre avis, ce Congrès ne doit être qu'une réunion préparatoire; il faudra en faire un second d'une durée un peu plus longue pour permettre à ceux qui voudront y prendre part de diriger leurs études d'après le plan définitif qui sera adopté.

D'ailleurs, en toute chose, il doit en être ainsi, et nous estimons que nous n'en sommes, à l'heure qu'il est, qu'à une sorte de préparation de mobilisation.

Il ne faut pas nous hâter de trancher les différentes questions qui vont nous être soumises ou que nous soulèverons nous-mêmes; il vaut mieux les classer, avec toutes les solutions présentées, pour que les patrons ou les syndicats intéressés puissent les discuter en connaissance de cause; il vaut mieux simplement indiquer les projets les plus en faveur et réunir ensuite de nouvelles observations en vue d'un prochain Congrès, qui alors serait à même d'arrêter le programme des revendications du monde du travail.

Ceux qui ont organisé cette manifestation ont eu raison d'y convier les patrons et, parmi ces derniers, ceux qui se sont rendus à cette invitation ont agi intelligemment, car les intérêts des ouvriers et des patrons sont intimement liés, et si, dans l'état actuel des choses, il y a des circonstances où ces intérêts se trouvent en opposition, c'est parce que l'organisation du travail est mauvaise et doit être modifiée.

Le Congrès sera donc amené forcément à chercher vers quelle organisation générale il faut orienter les travailleurs, non seulement pour que les conditions de leur existence soient meilleures, mais aussi pour que le développement des affaires en France, auquel ils devront être intéressés, puisse suivre une marche constamment ascendante.

La réélection du président Roosevelt est une victoire pour les *trusts* américains, et les *trusts* sont de formidables machines de guerre contre lesquelles nous aurons de la peine à lutter avec nos armes défectueuses si nous ne voulons pas perfectionner notre armement.

Il en sera de même avec l'Allemagne, puissamment outillée, car l'empereur Guillaume seconde admirablement les efforts du commerce, de l'industrie, de l'agriculture de son empire.

Quant au Japon, grâce à sa main-d'œuvre à bon marché, il deviendra également une menace pour nous dès qu'il aura les mains libres.

Il faut donc nous organiser à notre tour au point de vue économique, faire cesser les luttes qui nous divisent, constituer une forte armée du travail, et le jour où le commerce, l'industrie et l'agriculture seront bien organisés, le jour où nos colonies, qui peuvent nourrir et enrichir dix fois plus de sans-travail que nous n'en avons, seront à même de rendre les services que nous sommes en droit de leur demander, les affaires se développeront, les ouvriers auront du travail et profiteront des bénéfices réalisés.

Autrement ce sera la ruine et la misère.

Il est donc nécessaire de séparer en deux parties distinctes les travaux du Congrès :

1° Étudier tout ce qui touche à l'éducation, au bien-être, à la sécurité du travailleur et de sa famille, à ses rapports avec le patron ou le capital, ainsi qu'à l'organisation des syndicats ;

2° Rechercher les moyens de développer le commerce, l'industrie, l'agriculture et d'organiser nos colonies, de manière à les amener à produire le maximum d'effet utile.

Pour cela, les patrons, aussi bien que les ouvriers, doivent faire entendre leurs voix. Leurs propositions, observations ou critiques seront examinées attentivement, puis classées avec soin, et, quand ceux qui seront restés en dehors du mouvement qui se crée se seront rendu compte que l'œuvre entreprise est une œuvre de concorde et de paix sociale, quand ils auront compris qu'ici chacun reste libre d'exposer sa manière de voir quelles que soient ses vues politiques, quelles que soient ses opinions religieuses, ils viendront en masse assister à la prochaine réunion dont celle-ci, ainsi que je l'ai dit, ne peut être que la préparation.

Mais il y a encore une autre question, et c'est peut-être la plus importante :

Quand un prochain Congrès aura arrêté les grandes lignes du programme à présenter à tous ceux qui luttent pour la vie, comment devront agir ces travailleurs pour amener le plus rapidement possible la réalisation de ce programme ; en un mot, comment devront-ils s'y prendre pour passer de la théorie à la pratique et obliger nos représentants à défendre leurs intérêts... ?

C'est là un problème très délicat ; je veux cependant indiquer ce que l'on pourrait faire.

Pour arriver à un résultat pratique, il faudrait que

la représentation nationale fût complètement modifiée dans son recrutement. Il faudrait que les travailleurs du commerce, de l'industrie et de l'agriculture eussent le droit d'envoyer à la Chambre un nombre de représentants proportionné à leur importance sociale et, par conséquent, qu'au lieu d'avoir autant de députés étrangers au monde du travail, la majorité de ceux-ci fût composée d'industriels, de commerçants, d'agriculteurs et d'ouvriers. — Alors, les industriels, commerçants, agriculteurs et ouvriers seraient réellement représentés au Parlement, et comme ce sont eux qui, en grande partie, font vivre le pays, on serait sûr qu'avec eux les questions économiques, c'est-à-dire celles qui touchent réellement à la vie de la nation, seraient étudiées sérieusement. La politique diminuerait alors d'importance, et l'on pourrait entrevoir une ère de paix sociale.

C'est vers ce but qu'il faudrait tendre, et cela entraînerait une modification de notre système électoral, modification qui ne pourrait être votée qu'à la suite d'une dissolution des Chambres, les députés et les sénateurs élus dans d'autres conditions étant plus ou moins intéressés à maintenir le *statu quo*.

Par conséquent, de ce côté, il y aurait de grandes difficultés à prévoir, mais il peut y avoir une étape intermédiaire.

Il ne faut pas oublier, en effet, qu'étant *évolutionnistes* nous devons surtout rechercher le moyen d'arriver insensiblement et légalement à une représentation capable de prendre en sérieuse considération les desiderata du monde des travailleurs.

Pour cela, il suffit, en attendant mieux, que les ouvriers, les employés et les patrons, ainsi que les agriculteurs, s'entendent pour soutenir aux élections les candidats ayant leurs opinions politiques, qui seraient disposés à présenter à la Chambre leurs justes revendications. Dans ce cas, la représentation directe que les travailleurs n'ont pas deviendrait une réalité, et ils seraient maîtres alors de leur destinée.

Les collectivistes n'ont qu'un programme vague, et pourtant ils ont déjà de nombreux représentants à la Chambre. Combien les évolutionnistes seraient forts si leur programme à eux était nettement établi !...

L'on comprend donc quel rôle les travailleurs doivent jouer pour amener la réalisation des réformes qui seront proclamées urgentes.

Ils doivent non seulement s'appliquer à les étudier, mais encore à s'entendre sur les moyens d'obliger nos représentants à les discuter.

— Étudier simplement les questions et émettre des vœux dont ne se préoccupent ensuite ni les Chambres ni souvent même les intéressés, c'est donc un coup d'épée dans l'eau.

— J'en conclus que, si les « Jaunes » veulent marcher de l'avant, ils devront s'attirer le plus possible d'adhérents par l'élaboration d'un programme loyal, net et très étudié ; mais, dès que ce programme aura été publié, il faudra qu'ils s'organisent pour pouvoir soutenir ou présenter des candidats résolus à le défendre.

Agir différemment, c'est rendre tout Congrès inutile.

Par conséquent, j'estime qu'avant toute chose le Congrès devrait être appelé à se prononcer sur les deux propositions que je vais énoncer :

« *Première proposition.* — Le Congrès actuel n'est qu'une préparation à un autre Congrès d'une durée plus longue. Il sera chargé d'élaborer un plan d'ensemble des réformes à étudier, réformes qui auront trait à tout ce qui touche à l'existence des travailleurs, à son bien-être et à celui de sa famille : éducation, apprentissage, relations avec les patrons et le capital, assistance, retraites, etc.

« Il aura à s'occuper également de la réorganisation du travail et résumera les mémoires qui lui seront soumis, en ayant soin de signaler ceux qui seront le plus en faveur, de manière à ce qu'au prochain Congrès les patrons, employés et ouvriers puissent y présenter leurs travaux, observations ou critiques. »

« *Deuxième proposition.* — Le Congrès, résolu de passer de la théorie à la pratique, décide que les adhérents aux syndicats jaunes seront invités à s'organiser pour soutenir aux élections les candidats de leur choix, acceptant d'inscrire dans leurs programmes les revendications qui seront votées ultérieurement. »

Après l'adoption de ces deux résolutions, le Congrès s'occupa de la répartition des délégués dans les diverses Commissions.

Les Commissions se trouvent ainsi composées :

COMPOSITION DES COMMISSIONS

Ire COMMISSION : *Organisations professionnelles, corporatives.* — MM. Eudes, Massa, Wayss, Faron, Martinetti, Tapoul, Lambert, Coste, Borcy, Gravano, Robart, Lecroissey, Leclerc, Deguesselle, Sallus, Docteur Graveline, Berny, Danel, Larchevèque, Gillet, François, Loth, Jooris, Deré, Wagnon, Rath, Théroud, Archer, Lambert de Lille, Nolot, d'Audincourt.

IIe Commission : *Coopératives de production et de consommation.* — Guillard, Luneau, Doire, Dutheil, Czulowski, Ebner, Gavelle, Delcourt-Haillot, Senneville, Aubert, Dufourmentelle.

IIIe Commission : *Participation aux bénéfices.* — Tinel, Massa, Abraham, Laroche-Joubert, Wayss, Duchemin, Ogier, de Bellaigue, Biétry, Japy, Coste, Sallus, Brétécher, Bertin.

IVe Commission : *Réorganisation nationale : programme social.* — Vannequé, Claudon, Delcour-Haillot, Déré, Woignot, Deguesselle, Faron, Czulowski, Laroche-Joubert, Ebner, Senneville, Vergoz, Poizat, Robart, Japy, Harmel, Jooris, Loth, Toutain, Danel, Ogier, Lelandais, de Bellaigue, Leclerc, Gravano, Cinquin, Biétry, Gavelle, Legrand.

Les Commissions étant constituées, la clôture de la séance publique est prononcée.

RÉPUDIATION DÉFINITIVE DU SOCIALISME
A LA QUATRIÈME COMMISSION

Immédiatement après la clôture de la séance publique, la IVe Commission se réunit. A l'unanimité, Pierre Biétry est appelé à la présidence.

Les délibérations que la IVe Commission est appelée à prendre sont des plus graves. D'elles, en effet, dépend l'orientation du Congrès, puisque c'est à la IVe Commission qu'il appartient d'étudier la *Réorganisation nationale* et le *Programme social.*

C'est elle qui devra apporter au Congrès la formule nette, définitive, sans équivoque sur l'attitude que les Jaunes de France auront vis-à-vis des écoles socialistes, de quelque masque qu'elles s'affublent, qu'elles soient réformistes, collectivistes, révolutionnaires.

Une discussion animée, toujours courtoise d'ailleurs, s'engage.

Tour à tour, MM. Japy, Ogier, Toutain, Leclerc, Desormeaux, Deguesselle, Laroche-Joubert, Jooris, Deré, Czulowski, Poizat, Vannequé, Vergoz, Leclerc prennent la parole.

S'excusant de prendre la parole, malgré sa qualité de président, Pierre Biétry intervient à maintes reprises. On sent qu'une question décisive est en jeu.

M. Leclerc, de Lille, exprime cette idée que les « Jaunes » ne doivent pas condamner d'une manière absolue la doctrine socialiste et encore moins le mot.

M. Leclerc s'efforce de justifier cette théorie par des considérations politiques, s'appuyant sur ce qui se passe dans la région du Nord.

MM. Desormeaux et Deré appuient la manière de voir de M. Leclerc.

M. Jooris, de Lille, s'élève avec énergie contre la théorie qui vient d'être soutenue. En réalité, dit-il, c'est vers une sorte de socialisme, vague et imprécis, qu'on veut mener les « Jaunes ». Cette tactique leur serait funeste.

Avec non moins d'énergie, Pierre Biétry combat également les arguments de M. Leclerc et de ses partisans.

M. Gaston Japy dit que le mot « socialisme » est devenu synonyme du mot « collectivisme ». L'un mène à l'autre, ou le socialisme est sans signification.

Avec une remarquable sûreté de méthode et une érudition consommée, M. Japy fait l'historique de l'évolution vers la propriété.

Czulowski, lui aussi, repousse toute compromission avec les socialistes. Nous avons vu la théorie et surtout la pratique à l'œuvre, dit-il. Rien de commun avec eux. Nos organisations, nos groupements, nos journaux doivent les combattre sans trêve.

Jooris, en quelques phrases concises, ramène à son véritable but la discussion qui, peu à peu, s'exaspère.

Nous devons, dit-il, mener de front les réformes sociales et la propagande contre les socialistes de toutes les écoles.

Devant les travailleurs, nous ne devons pas nous contenter de négations. Les meneurs socialistes nous ont habitués à l'amplification, à la rhétorique. Opposons-leur des réalités tangibles, mais ne soyons ni leurs dupes ni leurs complices en employant les mots avec lesquels ils dupent le peuple.

M. Laroche-Joubert, dans un langage plein de tact, de finesse et en même temps de précision, appuie l'avis de Biétry. Tout au plus, dit-il, on pourrait remplacer le mot de socialiste par celui de collectiviste, mais cela même est-il bien nécessaire ?

Alfred Poizat montre que chez lui le poète et l'écrivain se doublent d'un dialecticien consommé. Socialisme, dit-il, cela veut dire *socialiser*, c'est-à-dire « collectiviser » la propriété. Les « Jaunes », qui veulent mener le travailleur à la propriété individuelle, ne peuvent se dire socialistes.

M. Toutain développe avec non moins de vigueur les mêmes conclusions. Le premier remède proposé au mal social a été le socialisme ; il a prouvé son impuissance. Nous repoussons ce remède et nous en cherchons un autre. Je crois, pour mon compte, que la formule des « Jaunes » peut nous le donner.

Une dernière et décisive intervention de Pierre Biétry remet encore une fois au point la discussion qui tendait à s'égarer et à devenir interminable. Il y a, en effet, déjà plus de deux heures qu'elle dure. Finalement Pierre Biétry rédige et met aux voix, par appel nominal, le projet de résolution suivant :

« Le Congrès répudie tous principes socialistes quels qu'ils soient, collectivistes, communistes, révolutionnaires ou autres, et ce, parce qu'ils ont pour effet de limiter et même de supprimer la liberté des hommes en rendant impossible la conquête de la propriété individuelle.

Le Congrès décide de porter son action de propagande vers la réalisation de l'accession des travailleurs à la propriété. »

Vingt-deux voix se prononcent pour la motion Biétry ; *deux*, contre ; M. Delcourt-Haillot, de Valenciennes, est absent. *Quatre* membres de la Commission s'abstiennent.

Les membres de la Commission qui ont voté contre sont MM. Desormeaux, Deré.

Se sont abstenus : MM. Leclerc, Gavelle, Woignot et Cinquin.

C'est presque l'unanimité. C'est le bon sens, la raison et la logique qui l'emportent. C'est, en un mot, la fin de l'ambiguïté, la mort de l'équivoque.

La décision de la IVe Commission sauve le Congrès du gâchis et de l'impuissance où les manœuvres de quelques-uns tentaient de l'enlizer.

Ainsi qu'on le verra plus loin, l'Assemblée générale ayant ratifié le vote de sa IVe Commission, c'est donc bien dans un Congrès, le 18 novembre 1904, après une discussion mettant aux prises des hommes qui représentaient les origines et les intérêts les plus contradictoires, que le SOCIALISME *fut condamné et rejeté défi-*

*nitivement, en tant que méthode de combat, programme
ouvrier et idéal social.*

On verra que ce ne fut pas le seul acte fondamental
de ces assises mémorables. Nous donnons le compte
rendu des journées qui suivirent en l'empruntant textuellement au *Jaune* de l'époque.

DEUXIÈME JOURNÉE

LES TRAVAUX DES COMMISSIONS

Il n'est pas encore neuf heures que la plupart des
membres du Congrès sont déjà réunis à la salle de la
rue d'Athènes et que les Commissions commencent à
fonctionner. Rien qu'à l'aspect de la salle, on comprend
qu'on est dans une atmosphère de travail sérieux et
fécond. Partout, les discussions sont animées, passionnées même, elles restent toujours courtoises. Dans tous
les yeux, sur toutes les physionomies ne se reflètent
que des sentiments de cordialité et de sympathie, en
même temps que la foi absolue dans l'avenir des syndicats jaunes et de leur œuvre.

A la Ire Commission qui s'occupe de l'*Œuvre corporative professionnelle*, voici le camarade Massa, de
Marseille, qui, avec l'*assent* le plus pur qui ait jamais
été entendu de la Cannebière à la Joliette, parle du
droit de grève et du régime syndical. La parole un
peu traînante d'un Cherbourgeois lui succède.

Wayss est là aussi avec sa grande compétence et sa
haute autorité dans tout ce qui touche à l'organisation
des syndicats, des conseils de prud'hommes, des conseils du travail. Tout à l'heure ce sera Faron qui parlera de la réglementation des heures du travail.

A la IIe, qui traite des *Coopératives de production*,

et de consommation, Jooris, de Lille, donne lecture de son rapport qu'il a intitulé : *Du syndicat à la coopération.*

Il y étudie de quelle façon s'opère la propagande collectiviste, là où les collectivistes sont les plus forts et les mieux organisés, c'est-à-dire dans le Nord.

Elle peut, dit Jooris, se résumer par ces trois mots : syndicat, coopération et politique.

On peut dire que le rapport de Jooris est une des preuves les plus tangibles de ce que peuvent faire pour l'ouvrier l'intelligence, l'énergie, l'honnêteté d'un de ces « Jaunes » que les socialistes outragent tous les jours.

C'est, après lui, Henri Danel, le représentant de la plus grande coopérative de France, le président du Syndicat mixte de Roubaix. Il porte, comme plusieurs autres congressistes, à la boutonnière, la médaille du travail. Avec ses camarades Lambert, Deguesselle, il est là le représentant de 18.000 travailleurs authentiques, inscrits à « l'Union des syndicats indépendants du Nord de la France » et y payant régulièrement leurs cotisations.

Au nom des travailleurs de l'industrie textile, il présente un rapport qui est un véritable monument de précision, de netteté, de documentation formidable.

Lui-même et Deguesselle ont condensé les réponses des organisations ouvrières et patronales de France à toutes les questions, coopération, droit de grève, réglementation du travail, apprentissage, réorganisation des syndicats, groupements corporatifs, etc., qui préoccupent à l'heure actuelle le monde ouvrier.

Devant l'Assemblée plénière du Congrès, ce rapport produirait une impression profonde et laisserait une trace lumineuse.

Dans un instant, ce sera le Dr Graveline, soutenant les conclusions de ses communications sur les maladies et les accidents professionnels.

A la IIIe Commission, qui s'occupe de la participation aux bénéfices, des représentants des plus grandes industries françaises, comme MM. Japy, Laroche-Joubert, Ogier, de Bellaigue discutent avec les camarades Noël Gaulois, Eudes, Rath, Robart les conclusions de la proposition déposée par M. Ballande, député de la Gironde.

Ils entendent M. Laroche-Joubert exposer l'admirable système qui fonctionne dans ses usines, et M. Japy leur développe son projet d'achat par les ouvriers des établissements industriels où ils travaillent.

Voilà l'admirable spectacle que, toute la matinée, donna la réunion des « Jaunes » de France.

ÉLÉMENTS DU CONGRÈS

8 BOURSES LIBRES : Paris, Marseille, Caen, le Havre, Montluçon, Lille, Boulogne-sur-Seine, Toulon ;

21 FÉDÉRATIONS ou Unions de syndicats comprenant, si l'on y ajoute les syndicats individuels :

214 SYNDICATS OUVRIERS ;

7 SYNDICATS PATRONAUX ;

2 CERCLES D'ÉTUDES ET D'ACTION SOCIALES ;

28 GROUPES DE TRAVAILLEURS JAUNES, représentant, défalcation faite des éléments patronaux, 322.000 TRAVAILLEURS.

SÉANCE PLÉNIÈRE DE LA DEUXIÈME JOURNÉE

C'est M. *Jooris*, président de l'Union des Syndicats indépendants de Lille, qui préside cette réunion.

Les débats furent assez importants pour que leur compte rendu sténographique prenne utilement sa place ici ; il sera plus intéressant que la reconstruction faite avec des documents résumés.

M. Joonis, *président.* — Messieurs, je vous remercie du grand honneur que vous m'avez fait en me choisissant, parmi tant d'autres plus dignes, comme président de cette seconde séance plénière, bien que je ne sois pas affilié à la Fédération. J'accepte avec le plus grand plaisir et je vous promets d'apporter dans l'exercice de mes fonctions éphémères la plus grande impartialité. (*Applaudissements.*)

La parole est à M. Biétry.

M. Pierre Biétry. — Mesdames et mes chers Camarades, — vous me permettrez bien d'employer cette expression, puisqu'il n'y a ici que des congressistes qui vont collaborer à une même œuvre, — je crois qu'il convient avant tout, pour éviter que la confusion et le trouble ne se mettent dans nos travaux, de résumer en quelques mots ce que nous attendons de vous, ce que nous estimons utile à la bonne marche de nos études et à la prise des résolutions pratiques auxquelles nous devrons nous arrêter.

Je pense qu'il serait bon, ne fût-ce que pour donner aux rapporteurs des différentes Commissions particulières, dont les travaux viennent à peine de se terminer, le temps matériel de rédiger leur rapport, avant de le présenter à l'Assemblée plénière, je crois, dis-je, qu'il serait bon que nous commencions immédiatement l'étude du problème qui nous préoccupe par-dessus tout et qui constitue l'ensemble de la question sociale, puisqu'il est, si l'on peut dire, le véhicule de toutes nos revendications : je veux parler de la participation et de l'accession à la propriété. C'est bien là en effet qu'est le problème.

Si, comme nous l'espérons, vous jugez nécessaire que cette question si importante soit tranchée tout de suite, la discussion générale pourrait s'engager immédiatement. (*Assentiment.*)

Je vous demande, puisque, dans cette réunion, les ouvriers sont en immense majorité, de laisser la parole, par courtoisie, d'abord à un patron ; après ce premier orateur, un ouvrier prendra la parole, puis alternativement un patron et un ouvrier.

Ceci fait et la question primordiale étant ainsi tranchée, nous verrons beaucoup plus clair dans celles qui nous seront soumises ensuite, et nous pourrons discuter en toute connaissance et avec beaucoup de fruit les divers rapports qui nous seront présentés demain. (*Applaudissements.*)

Le Président. — La parole est à M. Japy.

M. Japy. — Messieurs, j'abuserai le moins possible de vos instants et je tâcherai de vous exposer aussi rapidement que possible ce que je considère être la situation actuelle de la France. Nous devrions, dans ce Congrès, ne traiter que des questions économiques ; trop est malheureusement, la religion et la politique sont, à l'heure actuelle, tellement enchevêtrées dans les autres questions, qu'il est impossible d'étudier les unes sans tout au moins effleurer les autres. Gardez-vous bien de croire que je viens vous faire un prêche : je suis loin d'être clérical, je suis même malheureusement un fort mauvais chrétien ; néanmoins, je vais être obligé, à l'appui de mes paroles, de faire quelques emprunts aux Écritures saintes ; ils seront d'ailleurs très brefs et peu nombreux. Je tiens en effet à vous montrer que l'idée socialiste, l'idée collectiviste n'est pas du tout une idée nouvelle.

LE COLLECTIVISME EST UNE VIEILLERIE

Il ne fait doute pour personne que beaucoup d'ouvriers n'ont adhéré aux théories que nous combattons que parce qu'on les leur a présentées comme un évangile nouveau. Or, c'est justement par quelques phrases très courtes, tirées de l'Évangile, le vrai celui-là, que je prétends vous démontrer que l'idée du socialisme et du collectivisme est loin d'être nouvelle et que si, dans la Bible, on trouve très nettement formulé le principe supérieur de l'humanité, en vertu duquel chaque homme est ou doit être un citoyen libre, on y trouve aussi, non moins clairement indiquée, l'idée du collectivisme. C'est, qu'ils le veuillent ou non, dans le Nouveau Testament que les collectivistes modernes ont été prendre toutes leurs idées... Je vais vous le prouver.

Voici ce que disait saint Pierre dans les Actes des Apôtres, et j'appelle particulièrement votre attention sur ce passage, qui est, en résumé, toute la doctrine collectiviste : « ... Car il n'est personne parmi eux qui fût dans l'indigence, parce que tous ceux qui possédaient des fonds, des terres, des maisons, des biens, les vendaient et apportaient le prix de ce qu'ils avaient vendu et le mettaient aux pieds des apôtres pour que ceux-ci le distribuent à chacun suivant ses besoins. »

C'est bien là, n'est-ce pas, ce que disent actuellement les apôtres du collectivisme, M. Jaurès et consorts ; ils disent : « Donnez-nous tous les biens de la France, et nous les distribuerons à chacun selon ses besoins. »

La théorie, vous le voyez, n'est pas nouvelle, elle ne date que de deux mille ans. (*Rires et applaudissements.*)

Ce qu'il y a de plus joli, c'est qu'il y a deux mille ans, il y avait déjà de faux frères, des « carottiers ». Un certain Anyas, pour obéir aux prescriptions des apôtres, avait vendu ses biens ; cela fait, il avait pensé qu'au lieu de remettre tout le prix qu'il en avait tiré il ferait mieux d'en distraire une petite somme et de la garder pour lui. Mais, quand il apporta à saint Pierre le soi-disant produit de la vente de ses biens, le saint lui dit : « Tu n'as pas tout donné. » Anyas s'en défendit, puis finit par avouer, et l'Évangile nous dit qu'il mourut de confusion.

Vous voyez bien que l'idée socialiste est vieille comme le monde. Dans la Bible, l'erreur du collectivisme ne réside pas ; au surplus, il y a des idées saines, celle qui élève l'homme, celle qui a permis à la femme dans les pays de religion chrétienne de prendre la place qu'elle doit avoir au foyer familial, tandis que dans les pays de religion mahométane ou bouddhiste, elle est restée ce qu'elle était il y a des siècles, une esclave. C'est la Bible qui a amené chaque homme au droit de propriété.

A côté de ces idées saines et justes que l'on trouve dans la Bible, il y a celles émises par saint Paul. Saint Paul était un Juif, ne l'oubliez pas ; il était imbu d'idées non chrétiennes, et c'est à lui que nous devons surtout l'idée, le principe du collectivisme. Les gens qui de nos jours ont tenté d'acclimater ces théories dans nos pays, comme une nouveauté, ont tout simplement été les prendre dans les Écritures saintes ; malheureusement, ils n'ont pris de l'Évangile que les idées les plus vieilles, les idées sémites du collectivisme.

Je n'ai pas l'intention, je l'ai dit et je le répète, de faire un prêche, je voulais seulement vous montrer que la doctrine collectiviste est vieille comme le monde : elle n'a jamais réussi, pas plus en Chine, où d'ardents propagateurs s'en firent les apôtres, qu'en Europe où Jean de Leyde tenta de profiter du schisme des anabaptistes pour l'implanter. Jamais le but poursuivi ne fut atteint, parce qu'il y eut toujours des carottiers, des Anyas, et qu'il y en aura toujours. La doctrine collectiviste serait parfaite, serait l'idéal, si nous étions tous des saints. Mais je dis que parmi nous — et je ne crois faire de tort à aucun de nous — il n'y a pas beaucoup de saints. (*Rires et applaudissements.*) Je crois donc que nous devons condamner la théorie du collectivisme. Elle est d'ailleurs condamnée par l'expérience.

L'évolution de l'humanité ne s'est pas du tout faite dans le sens du collectivisme ; elle a toujours tendu au contraire vers la propriété individuelle. Dans l'histoire des temps les plus reculés, dans la Bible, nous voyons le patriarche tout-puissant garder jusqu'à sa mort tous ses biens. Plus tard, le prince, le roi est maître absolu de ses terres. Dans les tribus arabes, la propriété individuelle n'existe pas ; c'est à la tribu qu'appartient la terre. En Russie même, de nos jours, il y a certaines régions où la propriété individuelle n'existe pas ; c'est la commune qui possède, sous le nom de *Mir*, l'ensemble des terrains compris dans ses limites ; tous les trois ans, un tirage au sort répartit entre les habitants les terres à cultiver. Ainsi donc, nous voyons, à l'origine des civilisations, une propriété collectiviste organisée ; mais l'idée collectiviste est si contraire à l'évolution de l'humanité qu'au fur et à me-

sure que la civilisation se raffine, la propriété collectiviste tend à disparaître pour faire place à la propriété
particulière, à la propriété individuelle ; l'expérience
nous montre qu'à cet égard c'est l'aboutissement de
l'évolution humaine. On nous objecte que le machinisme
est venu bouleverser cette évolution. A cette assertion
je répondrai : Non, l'évolution de l'humanité n'est
bouleversée par rien ; elle peut être troublée temporai-
rement par des incidents, elle ne peut être bouleversée.
Prenons une comparaison : un astronome, étudiant la
marche d'une planète ou d'une étoile, s'aperçoit un
beau jour que cette marche subit une certaine dévia-
tion : pas un instant, il ne songe à dire que les lois de
Képler sont fausses, mais il se dit que le dérangement
qu'il a relevé est dû à la présence insolite d'une comète,
d'une planète : il cherche et il trouve l'élément per-
turbateur. Les lois qui régissent l'univers sont im-
muables, et ce que nous sommes convenus d'appeler des
bouleversements dans la vie des peuples ou de l'humanité ne sont que des incidents passagers dont il convient
certes de chercher la solution, mais une solution appro-
priée au fait et au moment, non une solution qui ait la
prétention de clore toutes les autres questions plus ou
moins connexes. Ne nous y trompons pas, en effet,
Messieurs, il n'y a pas de solution à la question sociale,
parce qu'il n'y a pas une question sociale ; il y en a une
quantité qui n'ont pas de solution, parce que, si elles en
avaient une, ce serait le paradis sur terre. (*Applaudissements.*) Or, tant qu'il y aura deux hommes ensemble
sur terre, il n'y aura pas de paradis. (*Rires et nouveaux
applaudissements.*)

IL N'Y A PAS QU'UNE QUESTION SOCIALE

Nous devons donc ôter au peuple cette idée, idée simpliste, qui l'a toujours séduit, qu'il existe une question sociale et par conséquent une solution à cette question sociale, solution, disent les socialistes, qu'il n'est pas impossible de trouver. Il faut lui ôter cette idée pour qu'il ne soit pas plus longtemps abusé par des théoriciens plus ou moins convaincus eux-mêmes. Il faut pénétrer le peuple de cette idée : la question sociale se compose de problèmes multiples et variés, qui tous demandent une étude spéciale, et qu'enfin la marche fatale de l'humanité est dirigée vers la liberté individuelle, vers la propriété individuelle.

Messieurs, c'est pour tenter de poser la formule de quelques-uns de ces problèmes et d'essayer de trouver des améliorations à la condition des travailleurs, que nous sommes réunis en ce Congrès. (*Vifs applaudissements.*)

LES OUVRIERS FURENT SACRIFIÉS PAR LA RÉVOLUTION

Plus on étudie la Révolution française, plus on s'aperçoit qu'elle s'est faite au profit d'une certaine classe, la bourgeoisie, et d'un certain nombre d'agitateurs. Mais qu'y ont gagné ce qui fait la force des villes, les ouvriers ? Rien. Ils ont été absolument dupés par elle. Du moins ne peut-on pas dire que la Révolution a encouragé le collectivisme. Les hommes qui l'ont faite sont plutôt tombés dans l'excès contraire : ils avaient tant souffert de la propriété collective sous la forme qu'elle affectait alors, biens seigneuriaux, biens du clergé, biens des corporations, qu'ils firent tout disparaître. Les corporations elles-mêmes, en dépit des services incontestables qu'elles rendaient, ne trouvèrent pas grâce contre ces dispositions ; au lieu de les modifier, de les perfectionner, d'en faire disparaître les abus qu'avait fait naître la nécessité de se défendre contre des adversaires redoutables, on les détruisit radicalement. Cette destruction fut, à mon avis, une grosse faute ; on nous a ainsi émiettés, nous Français, on a mis une poussière de peuple en face d'un gouvernement tout-puissant. Voilà pourquoi, depuis un siècle, nous allons flottant de la tyrannie à l'anarchie. (*Applaudissements.*)

Les temps ont marché sans apporter de grands changements dans la situation des humbles. C'est que les régimes qui se sont succédé ont toujours présenté des défauts capitaux. Il n'entre nullement dans ma pensée de faire ici une critique générale des constitutions passées ou présentes ou de préconiser un système, à mon avis meilleur, mais j'estime que notre législation prétendue républicaine, je prends celle-là puisque c'est celle sous laquelle nous vivons, est fausse et mauvaise sur bien des points. Actuellement, les députés sont élus pour quatre ans ; du fait de leur élection, ils ont acquis tous les pouvoirs ; ils peuvent avoir promis de voter blanc, et votent bleu ; ils peuvent s'être engagés à faire aboutir telle ou telle loi, et, une fois au pouvoir, combattre cette loi avec acharnement, et, pendant quatre ans, vous ne pouvez rien contre eux.

LE PARLEMENTARISME

Ce n'est pas tout. Notre constitution est si bien comprise que chaque député ne représente pas le même nombre d'électeurs : le représentant d'une circonscription des Basses-Alpes, par exemple, peut avoir été élu par 2.000 voix, tandis que le député d'un arrondissement du département du Nord l'aura été par 20 ou 22.000 suffrages ; et cependant, à la Chambre, chacun d'eux a les mêmes droits et les mêmes pouvoirs, et il peut se produire ce phénomène curieux que la majorité de la Chambre ne représente pas la majorité des électeurs.

Voix nombreuses. — C'est exact.

M. JAPY. — Il semble qu'il faille une solution à ce problème, il semble que nous ne puissions pas, nous, peuple qui nous prétendons républicain, livrer toutes nos libertés, livrer toutes nos richesses, livrer la France entière à un Parlement absolument omnipotent. (*Sensation. Applaudissements prolongés.*)

A l'heure qu'il est, tous ici, qui sommes des travailleurs du commerce, de l'industrie ou de l'agriculture, nous savons parfaitement que les problèmes économiques deviennent chaque jour de plus en plus ardus : ceux d'entre nous qui, il y a vingt ou vingt-cinq ans, travaillaient déjà pour vivre, savent parfaitement qu'à cette époque la lutte industrielle, commerciale, agricole était infiniment moins âpre qu'à présent. Eh quoi ! c'est au moment où il devient de plus en plus difficile de soutenir la lutte soit dans le commerce, soit dans l'industrie, soit dans l'agriculture, c'est au moment où il nous faudrait des lois sérieuses qui protègent efficacement ces agents de notre richesse nationale, c'est à ce moment que vous, travailleurs de l'industrie, du commerce ou de l'agriculture, vous laissez votre sort entre les mains de députés dont la plupart sont des incapables ? (*Applaudissements.*) Regardez la composition de la Chambre actuelle : pour 5 ou 6 industriels, comme M. Laroche-Joubert, qui nous fait l'honneur d'être des nôtres, puis une douzaine d'agriculteurs et une vingtaine de commerçants, sur près de 600 députés, il y a plus de 400 avocats ou médecins qui n'ont jamais de près ou de loin été mêlés à nos luttes industrielles ou commerciales et ne connaissent rien aux intérêts vitaux de notre pays. (*Applaudissements.*) Et c'est vous les travailleurs, vous les ouvriers, vous les agriculteurs, qui payez les impôts, c'est vous qui faites vivre le pays et qui vous laissez mener par des fonctionnaires et des députés qui ne connaissent pas le premier mot de vos intérêts. (*Applaudissements.*)

Il semble que, sans revenir aux corporations, qui, tout en ayant donné naissance à un certain nombre d'abus, avaient du moins l'avantage de former des hommes unis entre eux et connaissant parfaitement leur profession et ses exigences, il y a une solution' à cette question. Pourquoi, puisque dans le pays les ouvriers et les patrons forment la majorité des habitants, ne leur ferait-on pas, dans les conseils de la nation, une part prépondérante, proportionnelle à leur nombre?

CHAMBRE DE CAPACITÉ

Il me semble qu'il ne serait guère difficile de diviser la France en 20 ou 25 régions et d'organiser dans chacune de ces régions une espèce de basse chambre, que j'appellerai, si vous le voulez bien, « chambre de capacité », qui serait composée de commerçants, d'industriels, d'agriculteurs et d'ouvriers, au prorata de leur nombre dans la région. Je voudrais qu'aucune loi économique ne fût votée qui n'eût été, au préalable, soumise à ces chambres régionales. Il est scandaleux vraiment de voir aux séances du matin, — ce sont celles où l'on étudie à la Chambre ces lois-là, — 20 ou 25 députés à peine présents; encore font-ils pour la plupart leur correspondance ou terminent-ils leur somme interrompu. Au moment du vote, cependant, il y a toujours au moins 500 bulletins dans l'urne. (*Rires.*) Si, comme je le désire, on soumettait aux chambres de capacité toutes les lois économiques qui doivent engager le pays, qui doivent jouer dans sa vie un rôle considérable, comme les traités de commerce, les tarifs des douanes et de chemins de fer, les impôts, la réglementation du travail, etc., nous éviterions bien des mesures nuisibles au pays et nous empêcherions certainement notre budget d'aller sans cesse en grossissant. Il est actuellement de 3 milliards 700 millions, sans compter le budget des communes, qui se monte à près d'un milliard ; c'est donc un budget annuel de près de 5 milliards, qui pèse sur les Français et absorbe 16 0/0 des ressources de la nation qui en reste écrasée.

Et c'est au moment où nos industries périclitent, faute de pouvoir exporter, où celles qui exportent le font sinon à perte, du moins sans bénéfice, c'est à ce moment que les patrons et les ouvriers, au lieu de se tendre des mains amies, cherchent, on dirait vraiment, à se faire le plus de tort possible. C'est faire fausse route, Messieurs, je ne saurais trop le répéter. Que les patrons fassent les concessions légitimes qu'on leur demande, et que, de leur côté, les ouvriers viennent à la raison et ne considèrent plus la révolte comme le seul moyen d'arriver à obtenir satisfaction. Alors, nous tous, unis, patrons et ouvriers, nous mettrons les politiciens à leur tour à la raison. (*Vifs applaudissements.*)

DE L'ACCESSION DU CAPITAL

L'évolution de l'humanité va toujours, comme je l'ai démontré, vers la propriété individuelle. Est-il donc impossible de partager une usine entre les ouvriers et le patron ? On vient dire que la chose est impossible, que l'on ne peut donner une cheminée à celui-ci, un marteau-pilon à celui-là, un métier à tisser à cet autre. C'est évident. Mais vous savez tous qu'il y a un moyen de posséder une partie d'un bâtiment, d'une exploitation quelconque : il n'est pas nécessaire de se faire attribuer telle ou telle partie de l'usine, telle ou telle quantité de la chose produite ; il suffit de se rendre acquéreur d'un papier dénommé action, qui représente à lui seul une partie du capital, une partie de ce que vaut l'usine. Que l'ouvrier puisse posséder une ou plusieurs de ces actions, et voilà l'un des plus importants problèmes de ce qui compose la question sociale heureusement solutionné. C'est en ce sens que l'honorable M. Laroche-Joubert l'a résolu d'une façon magistrale et à tous les points de vue remarquable dans ses usines. (*Applaudissements.*) L'ouvrier devenant propriétaire, l'ouvrier n'étant plus un prolétaire besogneux, voilà à quoi aboutit l'œuvre magnifique de M. Laroche-Joubert. Du fait qu'il acquiert une partie de l'usine sous la forme d'une action, l'ouvrier acquiert le droit de ne plus être expulsé de l'usine du jour au lendemain ; il s'attache au coin de pays où il vit, il s'attache à la patrie, il cesse d'être une dupe, la dupe de l'internationalisme.

L'INTERNATIONALISME

Je ne m'avance nullement, Messieurs, en disant la *duperie internationaliste ;* les chiffres sont là pour corroborer mon assertion. A Berlin, il y a 400 ouvriers français ; à Paris, il y a 50.000 Allemands. L'ouvrier français est donc bien dupé par l'internationalisme. (*Applaudissements.*)

Les chiffres que je viens de vous donner prouvent à eux seuls que l'internationalisme est une lourde faute et qu'« en abandonnant le drapeau tricolore, qui a fait l'unité de la France, nous commettons une terrible erreur, nous détruisons l'unité nationale qui fait notre force dans le monde.

Pour qu'un ouvrier reste un bon Français, pour qu'il soit toujours un bon patriote, il faut qu'il possède quelque chose. J'ai entendu des ouvriers — et, mon Dieu, on peut jusqu'à un certain point leur pardonner ce raisonnement, — rééditer sous une autre forme l'ancien adage latin : *Ubi bene, ibi patria*, et dire : « Aujourd'hui, je suis ici; demain, je serai là; après-demain, je serai peut-être encore ailleurs. La patrie m'est égale. » L'ouvrier n'étant en effet lié par rien de tangible à la patrie, n'ayant pour le retenir sur la pente où il est entraîné que le vieux fonds de patriotisme que lui ont légué ses parents et que viennent chaque jour battre en brèche les théories détestables de l'internationalisme, l'ouvrier français ne résistera aux sollicitations auxquelles il est en butte que s'il se rend un compte évident que ses propres intérêts sont intimement liés à la grandeur et à la force de la patrie. Le moyen est donc bien simple de restaurer la patrie, de refaire une France qui soit, comme elle l'a toujours été, à la tête des nations : c'est de rendre l'ouvrier propriétaire ; c'est, au lieu de le laisser travailler aujourd'hui à Marseille, demain à Roubaix, de le fixer en un certain endroit, en lui faisant acquérir un morceau de cette usine où il peine pour gagner sa vie et celle des siens. (*Applaudissements.*)

Ce matin, nous avons discuté cette importante question à la IIIe Commission. C'est un problème à la vérité difficile à résoudre, mais moins qu'on ne le croit généralement. Chaque ouvrier, à mon avis, peut, à de rares exceptions près, faire quelques petites économies : je n'en veux pour preuve que le total des dépôts effectués à la Caisse d'épargne ; il est de 4 milliards. Comme chaque déposant ne peut avoir plus de 1.500 francs, vous voyez ce que cela représente de déposants ; il n'est donc pas exagéré de dire que les ouvriers figurent pour une bonne part parmi eux. Les 4 milliards ainsi économisés rentrent dans les caisses de l'État. Or vous savez ce que l'État fait de l'argent qu'on lui remet, il le gaspille, il nomme quelques fonctionnaires de plus et, quelques années après, il augmente les impôts pour faire face aux obligations que lui a créées la rentrée dans ses caisses de l'argent qui lui a été remis. Il est de toute évidence, pour tout homme sincère, que, si la moitié seulement de ces 4 milliards était confiée à l'industrie française au lieu d'aller s'engouffrer dans les caisses de l'État, il y aurait beaucoup moins de collectivistes en France et que nous n'aurions pas la Chambre malheureuse que nous avons aujourd'hui. (*Applaudissements.*)

Messieurs, je m'en voudrais d'abuser de vos instants, j'ai déjà trop longuement parlé...

Voix nombreuses. — Non ! Non !

M. Japy. — ... Mais je crois devoir insister sur ce point, qu'à mon avis, il n'y a pas de solution à la question sociale, parce qu'il n'y a pas de question sociale, il y a quantité de problèmes sociaux, dont chacun comporte une étude particulière.

La France a fait la Révolution de 1793 ; je ne parle pas de celle de 1789, qui était bien ; mais elle a fait celle de 1793, qui était une folie ; elle pouvait toutefois se permettre alors cette folie parce qu'elle était, à ce moment, à peu près la seule nation organisée dans le monde : elle comptait 25 millions d'habitants, tandis que l'Angleterre n'en avait que 12. Elle était le seul pays centralisé, ayant une organisation presque complète. Aujourd'hui, il n'en va plus de même : l'Allemagne, pour ne parler que d'elle, est, à l'heure actuelle formidable à tous les points de vue, militaire, maritime, commercial, industriel, économique, au point de vue aussi de la population. Tous ceux qui vont en Allemagne et reviennent en France ont, en mettant le pied sur notre sol, les larmes aux yeux, parce qu'en France il n'y a plus beaucoup de progrès, parce que partout des signes de défaillance, je ne dis pas de déchéance, se laissent voir. En Allemagne, tout, au contraire, respire la force et le progrès : de tous côtés des maisons se construisent, des usines s'élèvent, des chemins de fer s'achèvent. Partout, dans cette Allemagne, qu'il y a trente ans on disait pauvre, les ouvriers semblent riches, gagnent autant que les ouvriers français, et en Allemagne ceux qui se disent socialistes déclarent nettement que, s'il y avait une guerre, ils seraient les premiers à la frontière. (*Mouvement prolongé.*)

AUX PATRONS ET A LA BOURGEOISIE

Mais notre France n'est pas irrémédiablement perdue ; elle peut redevenir grande, elle peut reprendre sa place séculaire à la tête des nations, mais à une condition, c'est qu'elle ne se laisse pas aller à une nouvelle révolution, à une nouvelle folie. Et c'est aux patrons et aux bourgeois qu'en ce moment je m'adresse, à ceux qui trop volontiers, imitant l'autruche qui se met la tête sous l'aile, ne veulent pas voir le danger de l'heure présente, se refusent à faire le moindre sacrifice. Qui dit qu'ils ne perdront pas tout demain ?

Il n'y a qu'un moyen d'arriver à la rénovation de la France, c'est que chacun fasse un effort, c'est qu'il n'y ait plus ni patrons, ni ouvriers, mais rien que des travailleurs... (*Vifs applaudissements*) ... unis dans un commun désir de travailler à la grandeur du pays, en même temps qu'à l'amélioration de la condition des humbles. (*Applaudissements prolongés.*)

Encore un mot, Messieurs, et j'en aurai fini.

Ce matin, au cours de la discussion qui s'est ouverte au sein de la Commission, j'ai été frappé de voir que certains de nos camarades ne semblaient pas très bien comprendre la question des salaires. Permettez-moi de vous l'expliquer très brièvement.

DES SALAIRES

Dans le monde ouvrier, on se figure généralement que l'ouvrier seul est un salarié. C'est une profonde erreur d'où découlent maintes conséquences, maints malentendus. Dans toute industrie il y a trois facteurs à considérer, le capital, le travail de direction et le travail manuel ou ouvrier. Chacun de ces trois facteurs doit recevoir un salaire. Il ne faut ni mépriser, ni essayer de détruire le capital ; il faut, au contraire, que chacun tâche de s'en procurer et s'efforce d'aider celui qui n'en a pas aujourd'hui à en avoir un petit demain. Mais les trois facteurs, dont je viens de parler, une fois rémunérés, il convient de répartir équitablement entre eux à la fin de l'année les bénéfices qu'aura pu laisser l'exploitation et non pas de les attribuer à l'un d'eux seulement. (*Vifs applaudissements.*) Voilà, à mon sens, la solution du grave problème du salaire. Mais convient-il de se borner à distribuer aux travailleurs manuels la part de bénéfices qui peut leur revenir en plus de leur salaire ? Je ne le pense pas, je ne suis pas partisan, en ce qui me concerne, du simple partage des bénéfices, il me paraît qu'il y a mieux à faire : l'ouvrier qui, à la fin de l'année, toucherait une part de bénéfices de 20 à 100 francs, s'empresserait, neuf fois sur dix, de tirer une bordée (passez-moi cette expression qui peint bien ma pensée !) et il resterait toujours un prolétaire. Eh bien ! je voudrais que cette part de bénéfices ne fût pas distribuée, du moins entièrement, à l'ouvrier et que par elle il devînt co-propriétaire de l'usine à laquelle il sacrifie les plus beaux de ses jours.

Messieurs, je termine en criant : Vive l'union des patrons et des ouvriers par l'équité et par l'association !

(De longs applaudissements accueillent les dernières paroles de M. Japy et se prolongent jusqu'au moment où le président fait signe qu'il veut parler.)

M. LE PRÉSIDENT. — Messieurs, je crois être votre interprète en adressant à M. Japy nos plus vifs remerciements pour le discours si plein de sentiments élevés qu'il vient de faire entendre. *(Assentiment.)*

La parole est à M. Pierre Biétry.

M. PIERRE BIÉTRY. — Messieurs, la plus belle sanction que nous ayons jamais pu espérer à nos travaux et à nos débats vient, j'en ai la conviction ferme, de nous être apportée à cette tribune par M. Japy. L'homme qui parlait tout à l'heure devant vous n'est pas seulement le représentant du patronat, il est aussi celui de l'industrie française, l'un des plus autorisés d'ailleurs, puisqu'il a sous ses ordres plus de 7.000 ouvriers. *(Applaudissements.)*

Et, quand il vient vous dire, lui, si directement et immédiatement intéressé à cette grave question du travail national, qu'elle doit se solutionner de telle façon qu'à l'avenir on ne puisse plus trouver, dans l'intérêt même de notre pays, un certain nombre d'hommes ayant sous leurs ordres des milliers de leurs semblables, qui eux ne possèdent rien, quand un homme comme M. Japy vient vous tenir avec probité et clarté un langage si net, c'est qu'il y a quelque chose de changé dans l'atmosphère sociale d'un pays. (*Très bien! Très bien!*)

Ceux qui, après de telles paroles, viendraient déclarer qu'il est impossible de solutionner les problèmes sociaux autrement qu'au moyen d'une révolution et d'une expropriation générale, ceux-là s'élèveraient non seulement contre l'évidence même, mais encore contre tout sentiment de probité et d'honnêteté, de l'honnêteté sociale et politique la plus vulgaire.

Voilà ce qu'il fallait constater ici, et c'est au nom des ouvriers que je fais cette constatation. Il y a autre chose qu'il me faut dire encore. Tout à l'heure, s'adressant aux patrons réfractaires, à ceux qui ne veulent point voir, à cette catégorie de patrons qui, s'ils ferment les yeux, espèrent que la nuit se fait et que la vérité n'apparaît à personne, M. Japy disait : « Si vous ne vous y préparez point, si vous ne faites pas cette révolution scientifique, naturelle et nécessaire, dans les conditions du travail de votre temps, la révolution se fera contre vous, à votre détriment, c'est entendu, mais aussi au détriment du pays tout entier.

« Quant à nous, si nous nous plaçons au point de vue ouvrier, — et ici, je suis le représentant et l'avocat des ouvriers, mes camarades, — nous avons le droit de dire et nous disons, parce que demain, nous en avons la ferme espérance, ces paroles seront répandues dans la France entière : « Si nous étions des égoïstes, si, négligeant les intérêts généraux du pays, nous n'envisagions que le terrain exclusif de notre lutte, nous ferions le vœu ardent de voir triompher immédiatement la doctrine de nos adversaires.

Si paradoxal que cela paraisse, leur triomphe serait l'aboutissement immédiat de nos doctrines à nous, parce que, si demain le collectivisme éclatait, si demain les travailleurs étaient expropriés, si demain ils avaient à la place d'un patron avec qui ils sont en contact continuel et contre lequel ils peuvent lutter à armes égales dans les usines, dans les mines, dans les ateliers, cette institution puissante, anonyme, irresponsable, que l'on nomme l'État, ils seraient révoltés, et nos bataillons, qui sont aujourd'hui pacifiques et doux, qui protestent avec sagesse, seraient demain les bataillons révolutionnaires, contre l'État ou le collectivisme dont il faudrait à tout prix briser la tutelle. Car, Messieurs, mes chers Camarades, il ne faut pas le perdre de vue, ou l'on nous donnera satisfaction dans la France entière, dans toutes les classes de la société, et le Gouvernement s'inclinera devant la réalité, devant la force, devant la puissance et le bien-fondé de nos doctrines, ou bien, nous, nous serons de jour en jour un parti du travail en révolution dans l'État.

Ce mouvement se fera avec les patrons, — et c'est là le fait symptomatique le plus grave de notre époque, nous serons, nous les ouvriers, avec les patrons, avec les commerçants, avec les industriels, révolutionnairement organisés contre le Gouvernement qui laisserait aboutir ou qui favoriserait la doctrine de nos adversaires (*Applaudissements*), et le socialisme aurait ainsi, contre son gré toutefois, donné naissance à cette situation singulière et unique dans l'histoire de la civilisation, je ne crains pas de le dire, d'avoir obligé des citoyens loyaux à s'organiser révolutionnairement pour des revendications légales. (*Mouvement. Nouveaux applaudissements.*)

Voilà, Messieurs, quelle serait, je crois, la sanction définitive d'un triomphe... provisoire du socialisme. Et quand, dans nos organisations, nous luttons de toutes nos forces, de toute la puissance de notre raisonnement, de toute la vigueur parfois de nos muscles, contre le socialisme, ce n'est pas qu'il nous épouvante, ce n'est pas qu'il nous fasse peur, c'est parce que sa doctrine ne peut pas vivre, c'est parce qu'elle serait la génératrice du mal, et c'est parce que nous ne voulons pas que le mal soit fait, c'est parce que, lorsque la grève éclate, la misère règne, les larmes coulent, la faim fait crier les entrailles de nos femmes et de nos enfants, c'est parce que nos cœurs sont meurtris et que notre pensée souffre au spectacle de la souffrance de ceux qui nous sont chers que nous voulons éviter les meurtrissures et les souffrances.

Voilà pourquoi nous sommes réunis et pourquoi nous voulons faire de grandes choses. Voilà ce qu'il importait de dire. (*Applaudissements longuement prolongés.*) Cette lutte contre le socialisme est essentielle, elle a fait l'objet, — et, hier, vous en avez senti le poids, Messieurs les membres de la IVe Commission, — de notre programme de début.

Hier, pour arracher à des hommes pleins de bonne volonté, débordant d'espérance et de loyauté, la condamnation définitive et décisive du socialisme, nous avons presque dû nous battre. Et, maintenant, après avoir présenté cette condamnation à 20, 50, 100 ou 1.000 personnes, il faudra la rééditer au pays tout entier.

Après avoir prouvé que le socialisme, étant une doctrine de mort, doit être combattu *comme doctrine*, non seulement dans ses applications, mais dans son sens pseudo-scientifique, nous vous demandons de sanctionner, en Assemblée plénière, par un vote imposant, l'ordre du jour adopté en pleine connaissance par votre IVᵉ Commission[1]. (*Applaudissements*.) Si je reviens sur ce point avec tant d'insistance, c'est pour que, tout à l'heure, lorsqu'on présentera à vos délibérations souveraines l'ordre du jour adopté par la majorité de la IVᵉ Commission, je pourrais dire par la presque unanimité (si je ne voulais loyalement reconnaître que deux voix l'ont repoussé), vous vous souveniez de ce que vous disait tout à l'heure un grand patron, à savoir que le patronat ne constitue pas l'obstacle indiqué par la doctrine philosophique ou économique du socialisme. Le socialisme n'a pu se soutenir et progresser que parce qu'il a dit et répété faussement que le capitalisme empêchait le travailleur de devenir propriétaire. Si cette assertion était fondée, il faudrait de toute évidence répandre le socialisme et le collectivisme ; s'il était vraiment impossible, dans les conditions où s'exerce l'industrie moderne, que l'individu devînt propriétaire, le socialisme serait une nécessité, un besoin impérieux, et nous devrions nous efforcer de le faire aboutir sous une forme ou sous une autre. Mais si, contrairement à la thèse socialiste,

---

1. Page 231 : *Condamnation du socialisme.*

il est possible, même et surtout avec la centralisation de l'industrie actuelle, de donner au travailleur sa part de la propriété, la propriété de son outil et du produit de son outil, toute la doctrine socialiste que l'on prétend cependant scientifique s'écoule comme un ruisseau lamentable ; elle n'existe plus.

Au lieu d'être du socialisme, ce n'est pas même de l'utopie, c'est de l'utopisme; permettez-moi d'employer un autre mot : presque du crime, oui, du crime, parce que ceux qui venaient semer ces idées vénéneuses étaient pour la plupart des professeurs instruits, quelquefois des savants, et, quand de tels hommes affirment à des travailleurs nullement préparés pour la critique qu'une doctrine est juste, qu'elle a été soumise au crible d'une critique scientifique, impartiale et sévère, à des études solides et approfondies, comment voulez-vous rendre responsables les ouvriers qui croient sur parole ces docteurs d'erreur, ces évangélistes du mensonge. (*Sensation.*)

Les ouvriers embrigadés sous le drapeau de cette doctrine ne sont responsables de rien; les ouvriers rouges, socialistes et révolutionnaires sont des saints très souvent; ils sont véhémentement les frères et les amis de leurs camarades; ils sont trompés et séduits par le mensonge au brillant mirage, parce que le mensonge est toujours habile et toujours séduction.

La passion des ouvriers *rouges* repose donc sur l'erreur où on les tient, sur l'équivoque. Si nous ne dissipions pas cette équivoque, — et, ici, je m'adresse à la minorité qui dans la Commission a combattu nos vues avec une passion généreuse, mais que nous avons le droit de relever, — si nous ne dissipions pas cette équivoque, nous porterions devant le pays la responsabilité d'une réelle complicité. (*Vifs applaudissements.*)

Je ne veux pas insister plus longuement; nous aurons l'occasion d'ici la fin de ce Congrès de discuter ensemble d'autres points particuliers. Un patron doit me succéder à cette tribune; d'autres orateurs prendront peut-être la parole, si cela leur plaît; vous êtes ici des délégués dont nous avons pu apprécier la sagacité et la force de raisonnement, quelquefois la passion qui vous anime et nous enchante, parce que, lorsque la passion s'exerce à la recherche du vrai et d'un idéal, elle est toujours féconde.

Laissez-moi redire cependant, avant de terminer, que, si ce Congrès devait prendre fin sans avoir accepté la sanction, proposée par la Fédération des Jaunes au nom des ouvriers, soutenue par M. Japy au nom du patronat, si ce Congrès devait se disperser sans avoir condamné le principe du socialisme, c'est en vain qu'il se serait réuni, et, alors, je le déclare hautement devant l'Assemblée plénière, LES JAUNES NE SAURAIENT S'INCLINER DEVANT VOTRE DÉCISION. (*Sensation prolongée. Triple salve d'applaudissements. Cris nombreux de : « Vive Biétry! Vivent les Jaunes! »*)

M. LE PRÉSIDENT. — La parole est à M. Toutain.

M. TOUTAIN. — Il est très téméraire à moi de prendre la parole après des orateurs comme M. Japy et M. Biétry; car je n'ai ni leur éloquence, ni leur expérience du monde patronal et du monde ouvrier. Néanmoins, je tiens à vous apporter ici ma bonne foi entière et par conséquent ma contribution, j'espère utile, dans la modeste mesure de mes moyens, à l'œuvre que nous avons entreprise.

Au cours des débats qui ont été soulevés au sein des diverses Commissions aux séances desquelles j'ai eu l'honneur d'assister, j'ai vu naître dans notre esprit à tous la préoccupation de savoir quelle serait la sanction pratique des décisions que nous allions prendre ici. Tous nous sommes animés des meilleures intentions, et personne ne saurait mettre en doute la sincérité des déclarations apportées ici, d'où qu'elles viennent, des ouvriers ou des patrons. Néanmoins, l'humanité, comme le disait si finement M. Japy, n'est pas composée de saints, et dans le cours de l'application des réformes que nous allons préconiser en ce Congrès nous ne manquerons pas de rencontrer des difficultés, provenant de conflits d'intérêts, soulevés de part et d'autre.

Je ne voudrais semer ni haine ni animosité contre personne, et je ne prétends pas que les seuls patrons présents en cette assemblée ont le monopole de la bonne foi et de la connaissance des questions ouvrières. Non, certes, et il y en a beaucoup d'autres, connus et inconnus, à qui il faut rendre hommage. Mais je puis dire, sans crainte d'être démenti, qu'il en existe un grand nombre aussi qui se refusent à étudier ces questions, qui même nient qu'elles existent. Ceux-là, comme le disait encore M. Japy, sont des aveugles; ils ne font pas ce qu'ils ont à faire, et ils sont traîtres à leur devoir. Je ne parlerai même pas de l'intérêt qu'ils auraient à adopter une autre ligne de conduite. Mais, sur le simple terrain des devoirs, ils devraient, dans beaucoup de cas, apporter une plus grande attention à ce que nous faisons en ce moment. Il est malheureusement trop vrai que très souvent nous trouvons chez certains d'entre eux une vive opposition aux réformes que nous préconisons. Il y en a qui ne veulent rien entendre. Espérons que le nombre en diminuera rapidement. Nous avons, pour vaincre leurs résistances et les obliger à ouvrir les yeux, une puissance de premier ordre, la force de notre apostolat, à tous tant que nous sommes, patrons et ouvriers. Il nous faut créer chacun autour de nous une zone d'influence, dans l'ordre d'idées que nous préconisons ici. Il faut aussi que nous sachions comment, dans la pratique de demain, nous pourrons donner suite aux résolutions que nous allons adopter.

Je suis obligé d'aborder un point peut-être pénible, mais dont il appartient àun patron de parler.

Camarades, lorsque l'injustice est trop flagrante, lorsqu'il y a un manque d'équité absolu dans l'organisation du travail, ne renoncez pas à votre puissance, à la force que vous donne votre syndicat et à la sanction qu'après épuisement de tous les pourparlers diplomatiques vous pouvez légitimement donner à vos justes revendications, à la grève.

LE DROIT DE GRÈVE

Nous accomplissons ici une œuvre toute de loyauté ; il faut que nous fassions preuve, de part et d'autre, de la plus grande franchise, sans quoi les sanctions que nous pourrions prendre n'auraient aucune portée. (*Applaudissements.*) Il n'est que trop certain que l'humanité n'est pas parfaite et que, dans certains cas, il faut montrer aux hommes les gendarmes, la force ; autrement, toutes les belles théories sont privées de sanction dans leur effet. Loin de moi la pensée de vous prêcher la grève qui est néfaste pour l'ouvrier comme pour le patron ; néanmoins, je crois loyal de vous inviter à ne pas renoncer à votre organisation syndicale et à la sanction qu'elle vous permet dans les cas extrêmes de donner à des revendications légitimes, non écoutées de parti pris. J'ai déjà eu à supporter des grèves, j'en ai peut-être encore en ce moment sur le dos, ce n'est pas une raison, à mes yeux, pour que je vous dise de n'en jamais user : c'est une arme que vous devez, au contraire, conserver à votre disposition. Ne craignez donc pas de renforcer votre organisation syndicale. Qu'elle ne soit pas toutefois une menace perpétuelle et permanente, suspendue au-dessus de la tête de vos patrons, car vous amèneriez dans le commerce et l'industrie, au lieu d'un élan, un arrêt irrémédiable. A l'heure actuelle, c'est précisément la crainte que nous inspirent les doctrines socialistes, révolutionnaires et autres, qui paralyse dans de fortes proportions le commerce et l'industrie de notre pays, et ceux qui suscitent cette crainte font une œuvre antipatriotique et anti-française.

Quoi qu'il en soit, Camarades, gardez cette sanction à votre disposition, mais n'en usez que lorsque vous aurez épuisé toutes les ressources que vous offre la diplomatie.

La question de l'organisation de cette diplomatie préalable n'a pas été étudiée dans nos Commissions ; elle le sera peut-être à cette tribune. Je ne voudrais, en employant le mot de diplomatie, susciter dans votre esprit la pensée que je préconise, l'usage des finesses et des ruses inhérentes à cet art ; je veux simplement dire qu'entre les syndicats et les patrons il doit y avoir, préalablement à toute mesure brutale, des pourparlers organisés, basés sur des règles dont on ne pourrait s'affranchir sans se mettre dans son tort, et qui devraient dans tous les cas, quelles que fussent les circonstances, précéder ces conflits, que je ne veux pas appeler sanglants — les cas en sont heureusement fort rares — mais très regrettables, les grèves.

C'est surtout dans la grande industrie que cette diplomatie doit être organisée et fonctionner, car, dans la petite, les ouvriers toujours en contact avec le patron peuvent s'entendre avec lui assez aisément.

C'est sur ce point que je voulais, Messieurs, attirer spécialement votre meilleure attention. (*Vifs applaudissements.*)

M. Pierre Biétry. — Je crois qu'il conviendrait maintenant de solutionner par un vote la seule question qui jusqu'à présent ait été complètement vidée par les Commissions, je veux parler de celle relative à la répudiation du socialisme. La Commission chargée d'étudier cet important principe a voté une résolution qu'après les discours qui viennent d'être prononcés il suffira, je pense, de soumettre au vote du Congrès.

M. Czulowsky. — Il est bien entendu que ceux qui voudront prendre la parole contre la résolution pourront la demander.

M. le Président. — Naturellement.

M. Clément, *délégué de Montluçon*. — A condition que cela ne nous entraîne pas dans des discussions à perte de vue ; autrement, nous n'en sortirions pas, et nous avons bien d'autres questions encore à examiner.

M. le Président. — Voici le texte du projet de résolution présenté au Congrès par la Commission de la Réorganisation nationale et du Programme social :

« Le Congrès répudie tous les principes socialistes, quels qu'ils soient, collectiviste, communiste, révolutionnaire, municipal ou autre, et ce, parce qu'ils ont eu pour effet de limiter et même de supprimer la liberté des hommes, en rendant impossible la conquête de la propriété individuelle.

« Le Congrès décide de porter son action de propagande vers la réalisation de la participation des travailleurs à la propriété. »

M. Desormeaux. — Nous ne pouvons voter une semblable proposition.

M. Pierre Biétry. — Vous n'avez qu'à voter contre, c'est votre droit.

M. Desormeaux. — Je préfère m'en aller.

M. Pierre Biétry. — Comme il vous plaira.

(En se retirant, M. Desormeaux lance à l'adresse des congressistes une insulte.)

M. Pierre Biétry. — L'unique représentant de la minorité est parti. (*Vifs applaudissements.*)

M. Tinel, *délégué de la Fédération des Syndicats du Havre et de la Normandie.* — Je demande la parole.

Il me semble que les derniers mots de la rédaction qui nous est soumise ne traduisent pas très exactement la pensée qui a dicté la résolution dont il s'agit. Tous ici nous voulons que l'ouvrier parvienne à avoir une part dans les bénéfices que son travail aura contribué à assurer au patron. Cela ne ressort pas suffisamment du libellé de la résolution. Il faudrait qu'il n'y eût aucune ambiguïté, pas plus dans les termes que dans l'esprit de cette proposition.

M. Pierre Biétry. — Avez-vous une autre rédaction à nous proposer?

M. Ogier. — Je propose que l'on mette : « ... permettre l'accession de l'ouvrier à la propriété par la participation aux bénéfices. »

M. Japy. — La rédaction primitive me paraît beaucoup plus large, et je crois qu'il vaudrait mieux, en conséquence, la conserver.

M. Pierre Biétry. — C'est aussi mon avis.

Nous avons très longuement discuté sur ce point, hier, à la IVe Commission. Nous nous sommes attachés à trouver une formule aussi large que possible. Nous comprenons fort bien votre pensée, monsieur Ogier, et nous savons admirablement que votre loyauté ne peut avoir en vue que le bien de l'ouvrier. Mais je persiste à considérer que la modification que vous proposez restreindrait sensiblement notre formule : nous voulons, nous, diriger le prolétariat, actuellement dépossédé, vers la conquête de la propriété ; or celle-ci peut se conquérir de façons diverses ; nous n'avons pas qualité pour canaliser la forme de la conquête ; en le faisant, nous serions peut-être des utopistes ; il faut que nous nous gardions de cette extrémité, que nous reprochons à nos adversaires. J'estime que, si vous ne laissiez comme objectif que la participation aux bénéfices, vous restreindriez la formule au lieu d'en établir une qui se prêterait aux mille formes diverses d'accession à la propriété. (*Applaudissements sur de nombreux bancs.*)

M. Pierre Luneau. — L'idée de partage entraînant forcément l'idée de communisme, je demande que les mots « réalisation de la participation des travailleurs à la propriété » soient remplacés par les suivants : « réalisation de l'accession des travailleurs à la propriété ».

M. Pierre Biétry. — La modification étant de pure forme et l'idée restant entière, la Commission ne voit aucun inconvénient à accepter la nouvelle rédaction proposée.

M. le Président. — Je relis, avant de le mettre aux voix, le texte de la résolution, présentée par la

Commission de la Réorganisation nationale et du Programme social et modifiée comme il vient d'être dit :

« Le Congrès répudie tous les principes socialistes, quels qu'ils soient, collectiviste, communiste, révolutionnaire, municipal ou autre, et ce, parce qu'ils ont eu pour effet de limiter et même de supprimer la liberté des hommes, en rendant impossible la conquête de la propriété individuelle.

« Le Congrès décide de porter son action de propagande vers la réalisation de l'accession des travailleurs à la propriété. » (*Très bien ! Très bien !*)

Le Président. — Personne ne demande plus la parole ?...

Je mets aux voix, par appel nominal, le texte de la résolution dont il vient de vous être donné lecture.

(L'appel nominal a lieu dans les formes habituelles, chaque congressiste répondant, à l'appel de son nom, oui ou non, suivant qu'il vote pour ou contre la proposition. Le vote terminé, le Bureau constate que la résolution a été adoptée à l'unanimité des votants.)

N'ont pas pris part au vote :

MM. Martinetti, délégué de la Corse ;

  Berny, délégué de Marseille ;

  Béret, délégué de Paris ;

  Douet, délégué de la Corse ;

  Duxeuil, délégué de Paris ;

  Delcourt-Haillot, délégué de Valenciennes ;

  Massa, délégué de Marseille, absent au moment du vote ;

  Leclerc, délégué de Lille.

INCIDENT

L'abstention de M. Leclerc a donné lieu à un incident que nous rapportons d'après la sténographie des débats.

Au cours de l'appel nominal, M. le Président ayant nommé M. Leclerc, celui-ci répondit : « Absent. »

M. LE PRÉSIDENT. — ... Leclerc.

M. LECLERC. — Absent.

M. PIERRE BIÉTRY. — Comment absent? Mais c'est lui-même qui répond.

M. LECLERC. — Vous avez dit tout à l'heure que la minorité était sortie.

M. PIERRE BIÉTRY. — J'ai dit : le représentant de la minorité.

M. LECLERC. — J'ai le droit de ne pas prendre part au vote.

M. PIERRE BIÉTRY. — Vous n'avez pas même le courage de déclarer que vous vous abstenez et, quoique présent, vous vous portez absent...

M. LECLERC. — Je proteste contre de pareils procédés...

M. PIERRE BIÉTRY. — ... après nous avoir calomniés comme vous l'avez fait.

M. LE PRÉSIDENT. — Je rappelle les congressistes au calme dont ils ne devraient pas se départir. L'incident est clos.

La séance continue après la proclamation du résultat du vote.

M. LE PRÉSIDENT. — La parole est à M. Laroche-Joubert.

M. LAROCHE-JOUBERT. — Je vous demande pardon, Messieurs, de prolonger de quelques minutes cette si

intéressante et si importante séance. Mais je tiens
d'abord à remercier les organisateurs de ce Congrès
et tous les ouvriers jaunes qui ont répondu à leur
appel, du grand honneur qu'ils m'ont fait en me priant
d'y assister et d'y prendre part.

M. Czulowsky. — C'est vous qui nous faites
l'honneur.

M. Laroche-Joubert. — Mettons qu'il est par-
tagé.

J'ai pris part hier aux délibérations de la IVᵉ Commission, et j'ai présidé aujourd'hui à la préparation
des résolutions que la IIIᵉ Commission vous présentera
demain en ce qui concerne la participation aux bénéfices. Mais j'aurai le très grand regret de ne pouvoir venir moi-même appuyer les conclusions que
vous présentera le rapporteur. Je suis obligé aujourd'hui de me retirer dans quelques instants pour
remplir mon mandat politique, car des votes importants sont émis en ce moment à la Chambre ; quant à
demain, j'aurai à remplir des devoirs dont je ne puis
me dispenser.

Mais, avant de vous quitter, je voudrais vous résumer ce que j'ai pu dire au sein de la Commission, sur
la participation au capital et aux bénéfices et vous dire
aussi l'impression réconfortante que j'emporte des premiers travaux de votre Congrès.

Je vois ici des hommes, des travailleurs, venus des
quatre coins de la France, pour affirmer, en face des
théories décevantes et dangereuses du socialisme
révolutionnaire, leur résolution ferme de lutter contre
cette révolution et de rester étroitement et fermement
attachés aux saines idées d'ordre, de liberté individuelle et de propriété individuelle, sur lesquelles

seules peuvent être basées la grandeur et la sécurité de la nation. (*Vifs applaudissements.*)

Le patronat a commis bien des fautes, nous devons loyalement le reconnaître, durant ces cinquante dernières années ; il a méconnu maints devoirs lui incombant. Cependant il ne mérite pas tous les reproches qu'on lui adresse, et beaucoup de ceux qui ne manifestent pas ouvertement leurs opinions, qui ne se mêlent ni aux débats, ni à la vie publics, se préoccupent sérieusement de la solution de ces grands problèmes, nés des conflits si ardents entre le capital et le travail. Malheureusement ils ne peuvent tous s'affranchir des craintes justifiées que leur causent les progrès des syndicats rouges. C'est à vous, Messieurs des Syndicats jaunes, de répandre la bonne parole dans le pays, d'aller dire à vos camarades qu'on les trompe en les entraînant dans la voie de la Révolution, que là n'est pas l'avenir pour eux, que là au contraire est la misère et rien que la misère, sans compter l'esclavage qui pourrait résulter pour eux du triomphe du collectivisme. Dites-leur d'aller à leurs patrons, de laisser de côté les défiances qui les en ont éloignés si souvent, de parler avec eux de ces choses, de ces questions si complexes et si âprement passionnantes, de leur dire qu'en dehors de ces « Rouges » il y a une grande majorité de travailleurs qui ne demandent qu'à s'entendre avec le capital, qui ne demandent, — vous l'avez voté tout à l'heure, — qu'à accéder à ce capital, non pas par la violence, car, par la violence, ils commenceraient par détruire ce dont ils voudraient avoir leur part, mais par l'entente loyale et franche entre le capital et le travail.

Allez à eux, à ces patrons. S'ils viennent à vous,

écoutez-les. Discutez tranquillement et sans violence, sans impatience et sans méfiance, les propositions qu'ils pourront vous faire.

De même, j'adjure les patrons d'entendre les vôtres dans le même esprit.

Alors, la pacification des esprits pourra être entrevue, alors les exemples que quelques-uns auront pu donner — et laissez-moi vous remercier d'avoir bien voulu souligner celui qui s'est passé dans ma maison, — se répandront de plus en plus. Le capital et le travail s'uniront; leurs efforts communs augmenteront la prospérité de leur exploitation et la force des richesses produites. Les travailleurs, ayant accumulé les petites économies que le travail leur aura procurées, deviendront les propriétaires de ces usines, de ces champs, de ces maisons de commerce, dont ils sont en ce moment les serviteurs trop souvent humiliés, et notre chère France, comme le disait Biétry dans ces paroles enflammées qui nous soulevaient tous d'une admiration dont je veux être encore une fois l'interprète, et notre chère France, avec la tranquillité intérieure, recouvrera sa grandeur, sa force et sa place dans le monde. (*Applaudissements répétés.*) Nous marcherons alors tous vers cette prospérité ardemment désirée de notre pays, qui, s'il a pu voir pâlir un peu son étoile, s'il a pu voir d'autres nations le devancer dans la voie de la richesse économique, a du moins gardé toujours la première place pour les idées généreuses, les idées de justice, les idées de solidarité, de liberté et de fraternité humaine. (*Applaudissements prolongés.*)

Adieu, Messieurs, au revoir ! (*Nouveaux applaudissements. Une ovation est faite à M. Laroche-Joubert, lorsqu'il quitte la salle des délibérations.*)

M. le Président. — Que notre camarade, — j'insiste sur ce mot, car vraiment il mérite ce titre après tout ce qu'il a fait pour nos camarades ouvriers, — que notre camarade M. Laroche-Joubert me permette de le remercier, au nom de tous les congressistes, du vibrant appel qu'il vient de nous adresser et de l'aide si précieuse qu'il a bien voulu nous prêter dans ce Congrès.

J'espère que l'exemple qu'il a donné et qu'il donne depuis tant d'années dans ses usines sera suivi par de nombreux patrons. Ce jour-là, nous pourrons dire que, si le collectivisme n'est pas mort, du moins il est agonisant. (*Applaudissements.*)

La parole est à M. Biétry.

M. Pierre Biétry. — Messieurs, nous vous donnons rendez-vous demain matin, à huit heures et demie, dans vos Commissions respectives, pour la lecture des rapports que doivent faire les camarades que vous avez désignés à cet effet. Nous tiendrons ensuite notre dernière séance plénière.

Je vous remercie, au nom des organisateurs de ce Congrès et plus particulièrement au nom de la Fédération des Jaunes de France, de votre vigilance, de votre dévouement, de votre assiduité et de l'effort que vous produisez en vue du but que nous poursuivons en commun.

Je remercie d'une manière toute particulière MM. Laroche-Joubert, Japy, Raphaël Toutain, Ogier, Tinel, Gavelle, de Bellaigue, Legrand, — et je m'excuse auprès des membres du patronat que je pourrais oublier, — d'avoir bien voulu abandonner de pressants travaux pour suivre les nôtres et nous apporter l'appoint de leur dévouement et de leur expérience.

Quant à nos camarades, ils trouveront leur récompense en rentrant dans leurs foyers, parce qu'ils y apporteront, avec l'écho des discours prononcés ici, des résolutions définitives et le souffle d'ardentes espérances qui a retenti dans cette enceinte et qui se répercutera demain dans toute la France. (*Vifs applaudissements. Nombreux cris de : « Vive Biétry ! Vivent les Jaunes ! »*)

La séance est levée à cinq heures vingt.

QUELQUES RÉFLEXIONS

Rien ne peint mieux l'état d'esprit des congressistes que les extraits sténographiés que nous venons de citer. Les critiques d'adversaires, qu'ils viennent de droite ou de gauche, tombent devant le pur exposé des faits. Est-ce une tentative politique, celle où l'on proclame la malfaisance des politiciens sans distinction ?

Est-ce un piège patronal, ce Congrès où des patrons comme Japy et Toutain recommandent particulièrement aux ouvriers de ne pas renoncer au droit de grève ?

Est-ce un mouvement gouvernemental, ce mouvement jaune qui s'insurge contre l'étatisme, contre le fonctionnarisme et la centralisation ?

Est-ce enfin une diversion capitaliste, qui fait dire aux Jaunes que le capitalisme qui ne produit pas ; celui qui joue, qui agiote, spécule et donne des intérêts autrement que par le travail, est un capitalisme monstrueux, qui doit disparaître ? Mais nous en arrivons à la troisième journée, non moins fertile en enseignements et qui montre surtout (la lecture du rapport de Wayss en témoigne) avec quelle liberté d'esprit les Jaunes ont abordé les plus graves problèmes.

DIMANCHE 20 NOVEMBRE 1904

TROISIÈME SÉANCE PLÉNIÈRE

La séance est ouverte à dix heures.

Sur la proposition de M. Pierre Biétry, le Congrès procède à l'élection du bureau de séance.

Sont désignés :

Comme président : M. Caille, délégué de Saint-Quentin ; comme assesseurs : M. Rath, délégué de l'Union syndicale des mineurs et assimilés de Roche-belle, et M. Massa, délégué de l'Union fédérative des syndicats indépendants de Provence et du littoral.

Les camarades désignés prennent place au bureau.

M. LE PRÉSIDENT. — Mes chers Camarades, je vous remercie infiniment de l'honneur que vous venez de me faire en me chargeant de présider la dernière séance de notre Congrès.

Je n'ai pas besoin de vous demander d'apporter votre meilleure attention aux rapports dont il va vous être donné lecture. Si, à l'occasion de certains passages de ces rapports, une divergence de vues venait à se produire entre quelques-uns d'entre vous, je vous demande de faire en sorte que la discussion reste toujours courtoise, afin qu'on ne vienne pas dire demain que, même chez eux, les Jaunes n'ont pas pu s'entendre et qu'ils se sont battus. (*Applaudissements.*)

La parole est à M. Wayss, rapporteur de la Ire Commission.

M. WAYSS, *rapporteur :*

RAPPORT PRÉSENTÉ A L'ENSEMBLE DU CONGRÈS
AU NOM DE LA Ire COMMISSION : ORGANISATION CORPORATIVE

CHERS COLLÈGUES, CHERS CAMARADES,

La Ire Commission, composée exclusivement de délégués des syndicats ou des fédérations de syndicats a décidé : 1° de connaître tous les rapports qui lui étaient présentés, au moins dans leurs lignes principales et leurs conclusions ; 2° de se diviser en deux sous-commissions, la première s'occupant spécialement de l'organisation ouvrière, et la deuxième de la protection ouvrière et de la juridiction.

En conséquence, chaque rapport a été dirigé pour étude spéciale à la sous-commission compétente. Toutefois, la Commission s'est prononcée pour la priorité en faveur du rapport déposé par le délégué de la Fédération nationale, non pas parce que ce rapport est le plus documenté, mais parce qu'il est en quelque sorte le programme des Jaunes, donc le point de départ de la discussion de l'organisation ouvrière par le syndicalisme jaune.

Après cette décision, la Ire Commission s'est retirée dans ses sections.

La première section avait à examiner les rapports suivants :

Le syndicalisme nécessaire, 1 rapport ;

Organisation professionnelle, 4 rapports ;

Renseignements techniques professionnels, 1 rapport ;

Bureau de renseignements national, 1 rapport ;

Exposition nationale et internationale, 1 rapport ;

Règlement et subvention, 1 rapport ;

Statuts de syndicats agricoles, 1 rapport ;

Revendication ouvrière, 1 rapport.

La deuxième section avait à examiner les rapports suivants :

Règlement et heures de travail, 1 rapport ;

Accident du travail, 1 rapport ;

L'arbitrage, 1 rapport ;

Organisation du travail, 1 rapport ;

Loi sur les accidents du travail, 1 rapport ;

Maladies professionnelles, 1 rapport ;

Protection de l'enfance ouvrière, 1 rapport.

Cette énumération nous démontre combien était complexe le travail de la Ire Commission. Aussi ce rapport n'est que sommaire, car le temps dont nous disposons ne nous permet pas de traiter à fond les questions sus-indiquées et qu'ensuite tous les rapports seront soumis à votre appréciation par leur publication dans *le Jaune.*

La Commission ne s'est donc arrêtée que sur les points les plus saillants de chaque rapport pour former, autant que possible, les principes du syndicalisme jaune.

A la première section, l'étude a commencé sur le syndicalisme nécessaire, et il a été adopté que les « Jaunes » doivent se déclarer adversaires du syndicalisme officiel qui a fait faillite aux promesses données : d'unir les ouvriers, de protéger tous leurs intérêts et de garantir leur liberté, et de s'opposer également aux Rouges dont la doctrine est la destruction de la société actuelle pour lui en substituer une encore indéfinie. Car, au contraire, tout le syndicalisme des « Jaunes » consiste à conserver ce que les générations précédentes ont amassé et à le perfectionner, jusqu'à ce que l'ouvrier trouve la juste part de son travail. Le résultat de ce rapport et de la discussion qu'il a soulevée est que les « Jaunes » sont diamétralement opposés aux Rouges sans aucune possibilité d'entente.

Et qu'il est indispensable que les « Jaunes » soient unis par un groupement central qui réunira toutes les revendications ouvrières, entretiendra les rapports nécessaires entre syndicats, sera en un mot le centre d'unité et d'action des « Jaunes » de France.

La discussion des rapports sur les organisations professionnelles a soulevé la question des syndicats mixtes. La Commission se déclare, ce qui du reste est le programme des « Jaunes », en faveur de l'entente amiable des employeurs et des employés, mais rejette les syndicats mixtes comme incapables, quelles que soient les bonnes intentions de leurs membres, de donner les garanties nécessaires à la dignité et aux intérêts des ouvriers.

Le repos hebdomadaire a été adopté en manifestant que le dimanche soit le jour généralement choisi et que les exceptions ne soient accordées que dans un but d'intérêt général.

Les grèves, pour garantir qu'elles servent l'intérêt professionnel, doivent exclusivement être décidées par les ouvriers intéressés et nécessitées par l'impossibilité d'entente entre employeurs et employés : constaté par une Commission d'arbitrage composée de patrons et d'ouvriers qui, pendant huit jours, aura essayé de concilier le différend. Pour que la grève ne soit plus l'arme qui blesse toujours l'ouvrier, la Commission demande qu'elle ne soit plus la rupture du contrat de travail et que le nécessaire soit fait pour que la loi règle ce point.

L'idée de grève générale est rejetée par la Commission qui considère qu'elle ne peut pas modifier avantageusement la condition des travailleurs.

Il est important pour les ouvriers que la grève ne soit plus considérée comme une cause de rupture de contrat. On a dit qu'il n'était pas possible de suspendre le contrat de travail ; je prétends, au contraire, que cette suspension est non seulement possible, mais encore qu'elle est naturelle. Cela découle de la raison d'être même de la grève. La grève éclate, lorsque les ouvriers ne sont plus d'accord avec le patron sur l'exécution d'une ou de plusieurs des clauses du contrat qui les lie. Il est donc tout naturel que ledit contrat soit non pas déchiré, mais suspendu jusqu'à ce que les deux parties se soient mises d'accord. Le mot suspension n'est pas dans le rapport, c'est vrai...

M. DEGUESSELLE. — Vous pourriez l'y mettre, pour plus de clarté.

M. WAYSS, *rapporteur*. — Je demande au Congrès de se prononcer sur la question, et je formule en conséquence le vœu qu'une loi, ou, pour que nous attendions moins longtemps cette réforme, qu'un décret-loi vienne déclarer officiellement et explicitement que la grève ne rompt plus le contrat de travail, mais en suspend seulement les effets pendant la durée de la grève.

M. LE PRÉSIDENT. — Je mets aux voix le vœu formulé par le rapporteur de la Ire Commission sur ce point spécial.

(Le vœu, mis aux voix, est adopté.) (*Vifs applaudissements.*)

M. WAYSS, *rapporteur*. — Je reprends la lecture de mon rapport :

« La liberté du travail en cas de grève doit être garantie; mais les ouvriers doivent s'entendre corporativement sur la discipline à suivre pour que la grève ne compromette pas les intérêts professionnels... »

C'est là, Messieurs, une question syndicaliste. Il faudrait que les ouvriers s'entendissent pour que, lorsqu'une grève a éclaté, l'ouvrier qui veut travailler ne soit plus traité de lâche, alors qu'au contraire il se montre, en résistant à des entraînements contraires à ses intérêts, plus courageux que ses camarades. (*Applaudissements.*)

Nous arrivons à la question de l'apprentissage.

Pour l'apprentissage, la Commission regrette que les lois faites pour protéger les femmes et les enfants deviennent funestes à l'apprentissage, ce qui porte ce double préjudice de ne pas former des ouvriers connaissant leur métier et de rendre le placement des jeunes gens presque impossible. La Commission propose que, dans les ateliers mixtes, les femmes et les enfants ne puissent faire plus de dix heures, mais émet le vœu que l'apprenti ne fasse que huit heures et que les adultes conservent la liberté de leur travail.

M. Joonis, *délégué de Lille.* — Que voulez-vous au juste? Vous savez qu'actuellement les apprentis ne travaillent que dix heures; vous voudriez qu'ils n'en travaillent plus que huit?

M. Wayss, *rapporteur.* — C'est un vœu que la Commission soumet au Congrès.

M. Joonis. — C'est dangereux.

M. Deguesselle. — C'est dangereux pour certaines industries; faites au moins une restriction en faveur de certaines : dans les textiles, par exemple, la chose est matériellement inapplicable.

M. Japy. — Il n'y a pas que celle-là.

M. Deguesselle. — Quelle différence y a-t-il, à vos yeux, entre un apprenti et un enfant ? Qui définira ce que c'est qu'un apprenti dans l'industrie textile ?

M. Wayss, *rapporteur*. — Nous considérons comme enfants tous les mineurs jusqu'à l'âge de dix-huit ans.

M. Deguesselle. — Alors, vous allez forcer les adultes à ne faire que huit heures de travail par jour dans l'industrie textile ?

M. Wayss, *rapporteur*. — La proposition a fait l'objet d'une discussion en Commission ; le Congrès se prononcera.

M. Pierre Biétry. — Il s'agit plus là de la protection de l'enfance que de la protection des apprentis, car, dans certaines industries, il y a des apprentis de quarante ans.

M. Czulowski, *délégué du Havre*. — Je propose au Congrès de se prononcer sur un vœu tendant à demander que la loi autorise le patron à faire faire à ses ouvriers plus de dix heures, même s'il y a des mineurs de moins de dix-huit ans, à condition que ceux-ci soient renvoyés après dix heures de travail, ce que le patron ne peut pas faire aujourd'hui, puisque, du moment que, dans son atelier, il y a des mineurs, il doit renvoyer tous ses ouvriers.

M. Wayss, *rapporteur*. — Le rapport commence par dire à ce sujet que les lois, faites dans le but de protéger les femmes et les enfants, deviennent funestes à l'apprentissage.

M. Czulowski, *délégué du Havre*. — Parfaitement, elles l'ont tué. (*Approbation sur un grand nombre de bancs.*)

Si, dans certaines industries où l'on travaille à la journée, les ouvriers qui n'en touchent ni moins ni plus

se montrent assez volontiers partisans de la loi, il n'en
est pas de même dans celles où ils sont payés à l'heure
et où bon gré mal gré la présence d'apprentis dans
l'atelier ou dans l'usine entraîne l'obligation pour le
patron de renvoyer tout son monde au bout de dix heures
de travail, à moins qu'il ne préfère se passer complètement d'apprentis. C'est le cas d'un grand entrepreneur de menuiserie, dont je pourrais citer le nom, et
qui, pour pouvoir faire travailler douze heures ses
ouvriers adultes, payés à l'heure, a été obligé de renvoyer tous ses apprentis. Avec le système actuel, il est
impossible aux ouvriers d'une industrie employant des
apprentis d'augmenter leurs ressources, en veillant
aux époques où le travail donne. Si le patron avait la
faculté de renvoyer au bout de dix heures les mineurs
au-dessous de dix-huit ans, les adultes pourraient faire
des heures supplémentaires, le cas échéant.

M. LE Dʳ GRAVELINE. — La motion du camarade
Czulowski est inspirée par des considérations évidemment très louables, mais elle va manifestement à l'encontre d'une décision de la Commission, qui, j'en
appelle à M. Wayss lui-même, a décidé qu'un apprenti
âgé de moins de dix-huit ans ne pourrait faire plus de
dix heures de travail.

M. WAYSS, *rapporteur*. — C'est exact.

M. CZULOWSKI, *délégué du Havre*. — Nous ne demandons pas que l'apprenti de moins de dix-huit ans
travaille plus de dix heures, nous demandons simplement qu'après ces dix heures il quitte l'usine ou l'atelier, mais que les adultes qui travaillent avec lui aient
la faculté de rester plus longtemps.

M. PIERRE BIÉTRY. — En Allemagne, les jeunes gens
ne peuvent pas travailler plus de trois heures consé-

cutives dans les usines ou les ateliers ; toutes les trois heures, on est obligé de les faire sortir quelques instants.

M. Czulowski, *délégué du Havre*. — En France, nous sommes réactionnaires à ce point de vue-là. (*Sourires.*)

M. Pierre Biétry. — Ils travaillent autant d'heures que la loi le permet, mais encore une fois jamais plus de trois heures consécutives.

M. Ogier. — Je trouve la proposition de M. Czulowski excellente.

Un délégué. — Je demande que l'on se montre plus difficile dans le choix des apprentis et qu'on ne les admette pas dans les usines ou ateliers sans un certificat d'aptitude physique.

M. Deguesselle, *délégué de Tourcoing*. — Nous avons demandé à la Commission parlementaire des textiles que le travail des apprentis fût réglementé, et nous avons demandé comme première mesure qu'un certificat d'aptitude physique fût exigé. M. Jaurès en personne nous a répondu que le certificat en question était une fumisterie et qu'il suffirait, pour l'obtenir, de le demander à un médecin avec qui l'on fût bien.

M. Czulowski, *délégué du Havre*. — Je maintiens le vœu que je viens de déposer sur cette question.

M. Wayss, *rapporteur*. — En définitive, le rapport demande de poursuivre une modification à la loi de protection des femmes et des enfants, parce que cette loi est funeste à l'apprentissage. Telle est la pensée qui nous a guidés dans la rédaction de ce passage du rapport.

M. Czulowski, *délégué du Havre*.— Encore une fois cette prétendue loi de protection tue l'apprentissage.

M. Pierre Biétry. — Je crois que, dans l'intérêt de nos travaux, il vaudrait mieux laisser terminer la lecture du rapport. Si certains d'entre nous ont des objections à présenter sur certains points de détail, ils n'auront qu'à demander la disjonction de ces points, sur lesquels on voterait, après discussion, s'il y a lieu.

M. le Président. — Je mets aux voix cette proposition qui me paraît très sage. (*Adopté.*)

La parole est à M. le Rapporteur.

M. Wayss, *rapporteur* (*lisant*). — Pour les écoles professionnelles, la Commission estime qu'il n'en faut pas poursuivre l'extension, que l'intérêt de l'apprentissage est qu'il se passe dans l'atelier commun.

Pour engager les adhésions dans les syndicats professionnels, la Commission est d'avis d'y développer le mutualisme et l'économie sociale sous ses diverses applications.

Enfin, la Commission réclame que tous les syndicats légalement constitués profitent également de tous les avantages et droits des syndicats professionnels et qu'ils soient consultés sur les questions importantes qui régissent le travail par voie de référendum.

La Ire Commission de l'organisation corporative soumet à l'approbation du Congrès ses décisions dans l'espoir d'en obtenir la sanction.

Vous me permettrez d'ajouter, Messieurs, que l'on ne consulte jamais les Jaunes, alors que l'on prend l'avis des Syndicats rouges dans toutes les questions intéressant les ouvriers. La Commission demande que nos Syndicats jaunes légalement constitués soient consultés par les Pouvoirs publics au même titre et dans les mêmes conditions que les Syndicats rouges. (*Applaudissements.*)

Voici maintenant les rapports que M. le Dr Graveline a été chargé d'élaborer par la deuxième sous-commission de la Ire Commission que vous avez nommée hier.

RAPPORT PRÉSENTÉ AU NOM DE LA DEUXIÈME SECTION (HYGIÈNE INDUSTRIELLE) DE LA Ire COMMISSION

Par le Dr GRAVELINE

MESSIEURS,

La deuxième section de la Ire Commission s'est constamment trouvé en présence de deux tendances, également respectables, et néanmoins opposées : les nécessités actuelles de l'industrie d'une part, ou, si vous préférez, le souci immédiat du développement économique français, et, d'autre part, les préoccupations hygiéniques, c'est-à-dire les précautions à prendre pour protéger la santé de la race et sauvegarder l'avenir national. Notre œuvre, élaborée avec calme, et en toute conscience, est un essai loyal de conciliation : nous avons poussé le scrupule jusqu'à réserver, sur certains points, nos décisions, laissant le soin à l'Assemblée plénière de trancher ces questions délicates et de prendre parti entre deux solutions également inspirées par des sentiments louables, mais si opposées que tout rapprochement a semblé impossible.

Il n'en a pas été ainsi, heureusement, des accidents du travail, et nous vous proposons d'adopter les vœux suivants, qui sont ceux de la section entière :

Que l'article 1er de la loi actuelle soit amendé : *a)* par la substitution des mots : *salariés des deux sexes* au mot : *travailleurs* ; b) par l'allocation d'une indemnité dès le moment de l'accident ;

A l'article 3 : que l'incapacité partielle et permanente donne droit à une rente égale au moins aux deux tiers de la différence du nouveau salaire avec le salaire touché lors de l'accident, sans aucune espèce de retenue ;

A l'article 4 : que les frais médicaux et pharmaceutiques, si la victime de l'accident a choisi elle-même son médecin, soient supportés intégralement par le chef d'entreprise ;

A l'article 11 : que tout accident occasionnant une incapacité de travail soit déclaré dans les vingt-quatre heures, non compris les dimanches et jours fériés, par le chef d'entreprise ou ses préposés ;

A l'article 17 : que l'assistance judiciaire soit accordée de droit en cas d'appel ;

Que la loi soit complétée par les dispositions suivantes :

Les médecins de l'armée et de la marine ne pourront en aucun cas être choisis comme experts ;

En cas d'appel, l'avoué de première instance devra transmettre dans le délai d'un mois, et contre récépissé, le dossier à l'avoué d'appel ;

Pour les déclarations à la mairie, les employés municipaux doivent être à même de donner aux intéressés tous renseignements nécessaires ;

Les médecins de l'assurance ne pourront en aucun cas fournir de certificat qui fasse foi ;

Les seuls assureurs autorisés par la loi seront des compagnies françaises ;

En aucun cas, les salariés étrangers ou leurs ayants droit ne pourront toucher d'indemnités ; mais le montant des indemnités qui seraient dues, si les sinistrés étaient Français, devra être versé par le patron ou ses représentants dans les caisses de secours, de prévoyance ou de mutualité départementales, en attendant la création des caisses de retraites ouvrières, dans lesquelles ces indemnités devront être versées.

Pour la question des maladies professionnelles, l'accord s'est également produit, et la section a fait à son rapporteur le grand honneur d'approuver ses conclusions :

Que l'on assimile au point de vue des indemnités, et sur la base : *incapacité partielle ou totale de travail*, les maladies professionnelles aux accidents du travail, avec les modifications suivantes :

Ces maladies seront divisées en deux catégories : maladies *purement professionnelles*, avec indemnités calculées d'après le barème des accidents, et maladies *en partie professionnelles*, avec indemnités proportionnelles à l'excédent de morbidité et de mortalité présenté par les salariés de chaque profession sur la moyenne générale française.

Un *registre de santé*, contenant tous les renseignements nécessaires à cet effet, sera déposé au siège du syndicat pour les salariés syndiqués, au siège de l'entreprise pour les salariés non syndiqués.

Le médecin chargé de ce service sera proposé par le patron, choisi par les ouvriers.

Le délai de déclaration, passé lequel aucune réclamation ne sera plus admise, sera de trois mois, sauf exceptions à déterminer.

L'ensemble des patrons successifs d'un salarié atteint sera responsable, au prorata du temps passé chez chacun d'eux.

Aucun compte ne sera tenu de la prédisposition.

L'assurance sera obligatoire.

La liste des maladies et des professions visées pourra s'accroître avec nos connaissances, mais il n'en sera jamais rien retranché.

A cet effet, une enquête médico-sociale permanente sera ouverte.

La section proteste, en outre, contre toute convention internationale assurant aux étrangers, sous prétexte d'illusoire réciprocité, le même bénéfice qu'à nos nationaux ; elle demande encore l'institution de tribunaux spéciaux pour les maladies et accidents du travail, de façon à atteindre un jour, par la suppression du recours aux tribunaux ordinaires, la simplicité et la rapidité de procédure les plus grandes.

La section fut heureuse de trouver, dans le projet élaboré par M. Faron, l'application de cette dernière idée à tous les conflits professionnels. Elle goûta fort le lumineux exposé de notre sympathique camarade, et, allant plus loin que lui-même, vous soumet la motion suivante :

Un tribunal d'arbitrage, comprenant trois patrons élus par leurs pairs, trois ouvriers élus par leurs camarades, et un septième arbitre qui ne sera ni patron, ni ouvrier, sera institué dans tous les centres ouvriers. Ses décisions seront obligatoires, sauf appel aux conseils de prud'hommes.

Le section entendit un travail de son rapporteur sur la protection de l'enfance ouvrière. Elle en adopta les conclusions suivantes :

Que les travaux dangereux ou fatigants soient interdits aux femmes enceintes, et qu'on les astreigne au repos, avec paie entière, deux mois avant, quatre semaines après l'accouchement ;

Que l'allaitement maternel soit favorisé par la création de mutualités spéciales ;

Que l'assurance des jeunes enfants soit interdite.

Pour le quatrième vœu, relatif au travail des adolescents, la section s'en rapporte à la sagesse du Congrès ; elle lui soumet, sans les apprécier, ces deux motions :

Camarade Lecroisey. — Revision de la loi du 30 mars 1900 sur les bases suivantes : faculté aux patrons de faire autant d'heures supplémentaires que l'exigent leurs engagements, avec faculté d'employer les jeunes ouvriers au-dessous de dix-huit ans aux heures supplémentaires dans la mesure de leurs forces et de leur bon vouloir.

Le Rapporteur. — Règlement du travail des adolescents sur les bases suivantes : interdiction formelle des travaux dangereux ; interdiction de tout travail avant douze ans, du travail à l'atelier avant quatorze ans ; obligation du travail réduit (avec augmentation graduelle de la journée) jusqu'à vingt ans.

Le principal argument du camarade Lecroisey est la difficulté de l'apprentissage créée par la loi du 30 mars 1900. Très préoccupé de cette question, le camarade propose l'*obligation de l'apprentissage*, et la section l'approuve pleinement sur ce point.

Nous vous demandons encore d'émettre un vœu en faveur du repos hebdomadaire (dominical autant que possible), et un autre en faveur des retraites ouvrières, organisées d'après le type suivant :

Cotisation facultative du salarié, avec subvention de l'État proportionnée à l'importance des versements, et allocation supplémentaire si le salarié est affilié à une mutuelle ; subvention des patrons représentée par les indemnités versées en cas de maladie ou d'accident d'un salarié étranger ; subventions facultatives des départements et des communes ; âge de la retraite choisi par l'ouvrier ; retraite d'autant moins élevée que cet âge est moins avancé.

Le camarade Borny, délégué de Marseille, demande, au nom des inscrits maritimes :

La suppression de la caisse dite de prévoyance ; l'augmentation des invalides ; la jouissance de la retraite des invalides sitôt la navigation terminée (sans limite d'âge) ; la séparation de la Caisse des invalides du commerce d'avec celle de l'État.

Enfin, nous vous proposons un vœu en faveur de la limitation à dix heures au maximum du travail des garçons limonadiers, au moyen d'un roulement d'équipes.

Voilà, Messieurs, le résultat de nos efforts et le fruit de nos délibérations. Il n'a pas tenu à moi que le rapporteur ne fût un de nos camarades ouvriers manuels ; c'est leur volonté qui m'a imposé la tâche dont je me suis acquitté de mon mieux, sans me dissimuler pourtant ce qu'a de hâtif et d'inachevé peut-être l'œuvre due à notre collaboration. Nous n'en aurons pas moins, dans la mesure de nos forces, préparé la bonne besogne du prochain Congrès, contribué à la diffusion de nos idées dans la foule, apporté notre pierre à l'édifice glorieux que sera, n'en doutons point, la France future.

Au travail inclus, le Dr Graveline (de Lille), rapporteur, avait également ajouté :

1° Un rapport sur la protection de l'enfance ouvrière ;

2° Un rapport sur l'assimilation par voie législative, des maladies professionnelles aux accidents du travail.

RAPPORTS DE LA IIe COMMISSION

MUTUALITÉ ET COOPÉRATION

M. SENNEVILLE, *rapporteur*. — La IIe Commission avait à s'occuper des questions se rattachant à la mutualité et à la coopération.

Voici les conclusions qu'elle m'a chargé de présenter au Congrès :

« Les Jaunes de France réunis en Congrès décident que, s'inspirant des données qui précèdent, ils commenceront la création « du Fonds social du Travail » au moyen de la constitution d'associations mutuelles de crédit et d'épargne formées par les adhérents aux syndicats professionnels.

« Dans le but de mettre à exécution cette création, le Congrès décide de nommer une Commission de 12 membres, lesquels seront désignés par le sort... »

M. BOUGNIAUX, *délégué de Troyes*. — Vous dites que cette Commission sera désignée par le sort ; mais, dans la circonstance, le tirage au sort ne rendra pas le service que nous en attendons, car il y a des hommes qui ont des aptitudes pour une chose, et leurs voisins qui en ont pour une autre...

M. SENNEVILLE, *rapporteur*. — Attendez la suite.

« Ces 12 membres formeront un Comité d'études, lequel, en s'entourant des concours qui pourront lui être utiles, sera chargé d'élaborer les statuts-types de l'Association mutuelle de crédit et d'épargne ; d'en adresser un exemplaire, accompagné d'un questionnaire, à chaque Bourse indépendante des « Jaunes » ;

enfin, de centraliser les réponses et d'établir un rapport d'ensemble pour le prochain Congrès des Jaunes. »

Un congressiste. — Nous sommes réunis pour élaborer un programme ; ceci n'en est pas un.

M. Pierre Biétry. — Cela ne peut avoir de sanction pratique ; vous voulez faire nommer une Commission de 12 membres : l'un sera en Corse, l'autre à Lille, un troisième à Besançon, etc. Comment voulez-vous que la Commission se réunisse et fonctionne ?

M. Czulowski, *délégué du Havre.* — Je propose de confier le soin d'étudier et de rédiger ces statuts à la Société qui a créé, à Paris, le crédit mutuel, à M. Luneau, président de *la Gerbe*, qui pourra s'aider des lumières de M. Dufourmentelle.

M. Brillouin. — Il ne s'agit que d'une étude ?

M. Czulowski, *délégué du Havre.* — Parfaitement. Le Congrès prierait alors MM. Luneau et Dufourmentelle de vouloir bien se livrer à l'étude de la question de la création d'une société mutuelle.

M. Pierre Biétry. — Aux voix !

M. le Président. — Je mets aux voix la proposition de M. Czulowski, ainsi conçue :

« Le Congrès demande aux camarades Luneau et Dufourmentelle de vouloir bien étudier la question des sociétés de crédit mutuel. Ils pourront s'adjoindre telles personnes qu'ils désireraient pour établir des statuts-types de ces sociétés, qui seront soumis au prochain Congrès. »

Personne ne demande la parole ?...

Je mets aux voix la motion dont je viens de donner lecture.

(*La motion, mise aux voix, est adoptée.*)

M. Senneville, *rapporteur*. — Voici le texte de la seconde proposition de la IIe Commission :

« Le Congrès des Syndicats indépendants,

Considérant que la coopération, tant pour la production que pour la consommation, est le moyen pratique d'émanciper les salariés et d'arriver à la multiplication de la propriété individuelle,

Délibère :

Les syndicats professionnels indépendants devront, en toute occasion, encourager et faciliter la fondation des sociétés coopératives de production et de consommation. Mais ils ne se poseront pas d'abord en concurrents du petit commerce, pour ne pas s'attirer ainsi son hostilité ; lorsque la fondation de coopératives de consommation, achetant et vendant elles-mêmes les denrées, présentera des inconvénients ou des difficultés, les syndicats commenceront par fonder des associations d'achat mutuel chez les commerçants, avec stipulation de ristournes trimestrielles ou semestrielles à verser à l'association. »

M. Joonis, *délégué de Lille.* — On ne peut faire nulle part une coopérative de production et de consommation sans nuire au commerce local. Mais, pour donner satisfaction aux commerçants qui disent que les coopératives sont en dehors du droit commun, parce qu'elles ne paient pas patente, nous pouvons demander qu'elles en paient une. L'objection qu'on leur fait tomberait ainsi.

M. Czulowski, *délégué du Havre.* — La première partie du vœu présenté par la IIe Commission vise surtout certaines petites villes où les ouvriers sont en majorité. Ainsi, à Romilly-sur-Andelle, près de Rouen, sur 600 habitants, il y a 400 ouvriers ; nous n'avons pas cru devoir y créer de coopérative, parce que les moyens de transport des denrées n'étaient pas suffisants, et nous avons songé à nous adresser aux commerçants de l'endroit et à leur demander de faire aux ouvriers des ristournes.

M. Pierre Biétry. — M: Deguesselle fait cela à Tourcoing depuis des années.

M. Czulowski, *délégué du Havre*. — Oui, mais à Tourcoing il y a un syndicat.

M. le Président. — Cela existe aussi à Saint-Quentin maintenant.

M. Czulowski, *délégué du Havre*. — Je demande au Congrès d'adopter le vœu dans les termes où il lui est présenté par la IIe Commission.

M. Jooris, *délégué de Lille*. — Encore une fois, il n'est pas possible à une coopérative de fonctionner sans nuire au petit commerce local; or le vœu en question dit le contraire.

M. Japy. — Le vœu est en effet en contradiction avec le principe même de l'existence d'une coopérative.

M. Jooris, *délégué de Lille*. — Dites que l'on remplacera les coopératives par des ententes avec les commerçants.

M. Deguesselle, *délégué de Tourcoing*. — Le vœu est fait dans l'intérêt de l'ouvrier qui doit pouvoir acheter le meilleur marché possible.

M. Czulowski, *délégué du Havre*. — Je propose la nouvelle rédaction suivante :

« ... Ils ne se poseront pas d'abord en concurrents du petit commerce, mais dans le cas où la chose sera possible... »

M. Deguesselle, *délégué de Tourcoing*. — « ... Dans le cas où la chose sera plus avantageuse pour les ouvriers, ils procéderont à une entente avec le petit commerce... »

M. Czulowski, *délégué du Havre.* — «... Mais dans le cas où la chose sera plus avantageuse pour l'ouvrier... »

M. Joonis, *délégué de Lille.* — Elle ne sera jamais assez avantageuse, mais elle sera possible.

M. Deguesselle, *délégué de Tourcoing.* — Ce qui doit nous guider en la circonstance, c'est l'intérêt de l'ouvrier ; nous n'avons pas à nous préoccuper dans la circonstance de celui du commerce. On vous dit : dans le cas où la chose serait plus avantageuse pour les ouvriers, on procéderait par une entente avec le commerce ; dans les autres cas, marchez avec les coopératives.

Dans le cas que cite M. Czulowski, à Romilly-sur-Andelle, il est évidemment plus avantageux de s'entendre avec le petit commerce.

M. Czulowski, *délégué du Havre.* — La formule : « dans le cas où la chose serait plus avantageuse pour l'ouvrier » nous donne satisfaction.

M. Joonis, *délégué de Lille.* — Cela se présentera assez rarement.

M. Brillouin. — Mettez « préférable » au lieu de « plus avantageuse ».

M. Czulowski, *délégué du Havre.* — Soit ! «... mais dans le cas où la chose serait préférable pour les ouvriers, ils traiteraient avec le petit commerce pour fonder des associations d'achat mutuel avec stipulation de ristournes trimestrielles ou semestrielles à verser à l'association. »

M. Deguesselle, *délégué de Tourcoing.* — Pourquoi dire « le petit commerce » ? Disons simplement « le commerce ».

M. Czulowski, *délégué du Havre*. — Il n'y a en effet pas d'inconvénient.

M. le Président. — Personne ne demande plus la parole?...

Je mets aux voix, en tenant compte des modifications que la discussion vient d'y faire apporter, le vœu présenté par la IIIe Commission.

(*Le vœu, mis aux voix, est adopté.*)

Un délégué. — Il y a encore à se prononcer sur un vœu très important que la IIe Commission a étudié hier. C'est le suivant :

« Le Congrès émet le vœu que les coopératives rentrent dans le droit commun et soient soumises à la patente. »

Ainsi, comme le disait tout à l'heure M. Jooris, les commerçants recevraient satisfaction en ce qui concerne les coopératives, et ils ne pourraient plus se plaindre que celles-ci font du commerce dans des conditions où il ne leur est pas permis à eux d'en faire.

M. le Président. — Personne ne demande la parole?... Je mets aux voix le vœu dont il vient de vous être donné connaissance.

(*Le vœu, mis aux voix, est adopté.*)

M. le Président. — La parole est à M. Japy, rapporteur de la IIIe Commission.

IIIe COMMISSION. — PARTICIPATION AUX BÉNÉFICES

RAPPORT EXPOSÉ ET DÉTAILLÉ PAR M. GASTON JAPY

« Le Congrès des « Jaunes » de France s'élève avec énergie contre les doctrines socialistes collectivistes qui sont des idées rétrogrades et contraires à l'émancipation des travailleurs.

Le Congrès considère que seule la continuation de l'évolution distribuant la propriété dans le plus grand nombre de mains possible peut assurer aux travailleurs la liberté et l'indépendance indispensables aux citoyens d'un pays libre.

En conséquence, le Congrès des « Jaunes » de France vote les déclarations ci-dessous :

Le principe suivant doit être admis :

Dans toute exploitation industrielle, agricole ou commerciale, il y a trois facteurs de production, qui sont :

Capital, direction, main-d'œuvre.

Chacun de ces trois facteurs reçoit un salaire. Le bénéfice de l'exploitation, s'il y en a un, lorsque les trois facteurs ont reçu leurs salaires, doit être distribué entre les trois facteurs de l'exploitation suivant des bases équitables.

Le sursalaire n'est pas une participation aux bénéfices, mais seulement un mode d'établissement du salaire ; il peut, dans certains cas être nuisible à l'œuvre générale de l'usine, si, en le recherchant, l'ouvrier ne se préoccupe pas de ménager l'intérêt général de l'entreprise ; mais il est à recommander pour encourager les ouvriers à tirer le meilleur parti possible des machines qu'ils conduisent, à condition que les ouvriers n'oublient pas l'intérêt général de l'entreprise.

L'évolution de l'humanité dessinant d'une façon continue la diffusion de la propriété individuelle, et non la reconstitution de la propriété collectiviste dans les mains de l'État, « qui n'est dans ce cas que le prince ou le roi de jadis », le Congrès déclare que le machinisme ne peut pas provoquer l'abandon de l'évolution humaine tendant à la désunion de la propriété.

En effet, le machinisme n'est qu'un incident dans l'existence de l'humanité, qui doit non pas rétrograder par suite de cet incident et revenir à la propriété collectiviste que le progrès détruit, mais s'appliquer au contraire à trouver des solutions permettant la diffusion de la propriété industrielle parmi les travailleurs.

Afin de faciliter la diffusion si désirable de la propriété industrielle dans la main des travailleurs, le Congrès préconise l'emploi des répartitions des bénéfices faites aux ouvriers, à l'achat des parts ou actions des usines dans lesquelles ils travaillent.

Le Congrès estime que les Sociétés minières qui ont des actions valant plusieurs milliers de francs doivent les fractionner afin de permettre aux mineurs l'achat d'actions de la mine dans laquelle ils travaillent.

Le Congrès déclare qu'il admire l'œuvre de M. Laroche-Joubert et qu'il la donne en exemple aux patrons et aux ouvriers comme un modèle de l'organisation et de la répartition de la propriété industrielle entre ouvriers et patrons dans l'avenir. (*Applaudissements.*)

M. Laroche-Joubert reçoit des versements de ses travailleurs; il lève sur ces versements un intérêt fixe, plus une part de bénéfices; puis, lorsque ce versement est assez élevé, l'ouvrier peut acheter une action de l'usine.

Les ouvriers possèdent les deux tiers du capital social de l'usine Laroche-Joubert; ils nomment un Conseil de 16 membres qui sont écoutés par la gérance et qui peuvent vérifier les écritures.

Quelques congressistes ont mis en avant diverses objections à la diffusion du capital industriel, nous allons les réfuter.

Dans le cas où l'usine n'est pas une société anonyme, le patron sera forcé de dévoiler son inventaire.

Nous répondrons : l'impôt sur le revenu le forcera à le dévoiler au fisc, et il sera beaucoup mieux placé le jour où son bilan sera connu par son personnel, car alors le fisc sera forcé de s'incliner et ne pourra pas chercher à l'imposer pour des sommes supérieures à son gain.

La publication d'un mauvais bilan pourra nuire au crédit de l'industriel; il est certain qu'un mauvais bilan est fâcheux, mais le personnel de l'usine s'efforcera certainement de relever l'usine; le fait s'est produit dans des usines, en Angleterre, qui ont été sauvées par le syndicat ouvrier apportant des capitaux.

Si l'usine fait des pertes par spéculation, nous dit-on, qui sera fautif? Nous répondons : le système de l'admission des ouvriers à la possession de l'usine diminuera la spéculation, car nous estimons qu'un industriel doit, quand il a vendu sa marchandise, se couvrir de matières premières ; s'il vend à découvert, il spécule, il ne fait plus de l'industrie ; s'il perd, c'est qu'il a agi en spéculateur et non en travailleur. Si le système préconisé par le Congrès des Jaunes diminue la spéculation, la société en vaudra mieux certainement.

Nous sommes convaincus que les usines qui admettront leurs ouvriers à titre d'actionnaires seront plus faciles à diriger, que les frais généraux y seront très réduits, et que les autres usines, voyant les avantages formidables que leurs voisines retirent de leur association avec leurs ouvriers, suivront l'exemple donné.

L'argent déposé dans les Caisses d'épargne, et dont le total dépasse 4 milliards, montre que beaucoup d'ouvriers pourront devenir actionnaires des usines où ils travaillent. L'argent des ouvriers, au lieu d'aller s'engouffrer dans les usines de l'Etat qui le gaspille à faire des dépenses inutiles, à payer des fonctionnaires inutiles qui font augmenter les impôts, sera employé utilement à la prospérité de la nation française, et, en même temps, le pays se soustraira petit à petit à la tyrannie de la haute banque, qui opprime la France. En outre, le jour où patrons et ouvriers seront unis, ils défendront ensemble les vrais intérêts du travail national, qui sont délaissés par les politiciens qui gouvernent la France.

Le Congrès des « Jaunes » n'a pas la prétention de dire qu'il a trouvé la solution à tous les maux dont souffrent les travailleurs ; non, car il est sincère et voit les choses d'une façon pratique, ne cherchant pas à leurrer les camarades, mais il proclame qu'il prépare une amélioration considérable à la situation des ouvriers et que sa proposition est scientifique, étant conforme aux lois de l'évolution humaine.

Le Congrès estime que les mines, les sources ne sont que des propriétés de la nation. L'État, les départements, les communes devraient imposer aux sociétés ou aux particuliers à qui ils accorderont à l'avenir des concessions ou des monopoles, ou à qui ils renouvelleront soit des concessions, soit des monopoles, la participation aux bénéfices de l'exploitation pour tout personnel, employés et ouvriers. (*Vifs applaudissements.*)

M. LE PRÉSIDENT. — Personne ne demande la parole sur les conclusions du rapport de la IIIᵉ Commission ?....

Je mets aux voix les conclusions de ce rapport.

M. LUNEAU. — Mais il ne formule aucune proposition

très nette. Sur quoi allons-nous nous prononcer ?

M. Gravano, *délégué du Syndicat des ouvrières et ouvriers de l'industrie textile de Vienne* (Isère). — De quelle façon entend-on appliquer la participation aux bénéfices ?

M. Joonis, *délégué de Lille.* — Nous pouvons approuver le rapport, sans que celui-ci renferme des indications sur la réalisation pratique de la participation aux bénéfices.

M. Gravano, *délégué de Vienne.* — Mais, si les patrons refusent d'accorder dans ces conditions la participation aux bénéfices ?

M. Pierre Biétry. — C'est chacun chez vous que vous devez vous appliquer à obtenir la participation aux bénéfices, car nous n'avons pas le pouvoir de l'imposer à personne.

Pourquoi le Congrès ne ferait-il pas parvenir au Parlement un vœu lui demandant d'obliger les grosses sociétés anonymes à diviser en petites coupures, sur la demande de leurs ouvriers, un certain nombre des actions d'une valeur nominale élevée, émises par elles. L'achat de ces petites coupures serait ainsi facilité aux ouvriers, qui, pour prendre part aux assemblées générales, se réuniraient à plusieurs de façon à représenter le minimum d'actions voulu.

M. Japy. — C'est ce que je demande.

M. Brillouin. — Je crois que le seul moyen d'arriver à faire accorder aux ouvriers cette facilité, c'est de demander au Parlement de modifier en conséquence les lois sur les sociétés anonymes.

M. Japy. — La IIIe Commission n'a précisément pas voulu dire dans son rapport de quelle manière il convenait d'arriver à la participation aux bénéfices. Il n'y a pas qu'un seul moyen ; il y en a de multiples : nous avons parlé de celui employé par M. Laroche-Joubert, parce que c'est l'un des mieux organisés ; il est arrivé à donner de merveilleux résultats : 2/3 de l'usine appartiennent aux ouvriers ; mais il y a beaucoup d'autres moyens de parvenir au même résultat, celui par exemple de la surprime : on peut accumuler chaque année la surprime revenant à l'ouvrier, la capitaliser et, lorsqu'on arrive à une somme suffisante, la transformer en actions de l'usine.

M. GRAVANO, *délégué de Vienne.* — Oui, c'est ce qu'il faut arriver à faire, rendre l'ouvrier propriétaire d'actions de l'usine, sans qu'il ait rien à débourser.

M. JAPY. — Je tiens à ajouter, et j'insiste sur ce point, que beaucoup d'ouvriers pourraient devenir actionnaires de leur usine dès maintenant. L'encaisse des caisses d'épargne s'élève en effet à 4 milliards ; on peut supposer, sans se tromper, je crois, que, sur ces 4 milliards, 2 ont été déposés par les ouvriers. Si, sur ces 2 milliards, 1 seulement était mis dans les usines, la question sociale aurait fait en France un pas énorme en avant. (*Très bien! Très bien!*)

M. PIERRE BIÉTRY. — Je crois que le Congrès serait heureux de voir résumer le rapport en une proposition qui synthétiserait la pensée de son auteur et permettrait ainsi d'avoir une base certaine d'action.

M. JAPY. — La chose est facile, et voici comment l'on peut résumer le rapport dont il vient de vous être donné lecture au nom de la IIIᵉ Commission :

« Les travailleurs doivent diriger tous leurs efforts vers la conquête de la propriété par tous les moyens possibles en tenant compte des modifications de tac-

tique imposées par les différences de métiers, de régions, et des conditions dans lesquelles fonctionnent
ces industries. »

M. le Président. — Personne ne demande la parole ?...

Je mets aux voix la proposition dont M. Japy vient
de nous donner lecture et qui résume le rapport qu'il
a bien voulu nous présenter au nom de la IIIe Commission.

(*La proposition, mise aux voix, est adoptée.*)

APRÈS LE CONGRÈS

Nous avons laissé aux documents leur aridité, nous ne les avons pas commentés, ils se suffisent à eux-mêmes, et voilà définitivement la légende d'un mouvement *jaune* créée artificiellement pour servir de louches intérêts s'écroulant de toutes pièces.

Depuis cette époque, nous avons couvert la France de nos organisations qui s'accroissent chaque jour en force et en nombre.

Quelques-uns de nos discours furent recueillis pour la propagande.

Nous reproduirons les passages essentiels de celui qui fut prononcé, le 2 février 1905, dans la grande salle de l'Institut catholique et dont la sténographie fut recueillie.

Mesdames, Messieurs,

« Les temps sont changés. Il fut une époque, encore récente, où les ouvriers se taisaient, où les mœurs et la loi leur faisaient du silence une obligation ; mais, à l'heure actuelle, sur tous les points de la terre, ces mêmes ouvriers ont le droit de parler. Voilà, n'est-il pas vrai ? un argument, qui, mieux que tout autre, vous explique pourquoi je prends aujourd'hui la parole devant vous.

La question que nous avons à envisager est très simple à poser. Voici comment elle peut se formuler.

Pourquoi, en ce moment, sommes-nous en butte à l'indifférence des uns et à l'hostilité des autres? Pourquoi y a-t-il en France des syndicats rouges et des syndicats jaunes?

Avant d'essayer de répondre à cette question, je vous demanderai la permission d'esquisser à grands traits l'historique de l'organisation ouvrière, non seulement en France, mais aussi dans les grandes nations civilisées. Cet exorde est nécessaire pour permettre une compréhension nette des explications que j'aurai à vous donner par la suite.

EXAMEN RÉTROSPECTIF

« Si les travailleurs français sont violents, si, en particulier, nos adversaires présentent leurs revendications avec la plus extrême violence, s'ils se livrent à des menaces, à des manifestations tumultueuses, ils n'en sont pas entièrement responsables; ils ne le sont pas en ce sens que, de même que les peuples enfants, longtemps tenus en servage, vont partout criant qu'ils sont libres, dès qu'ils s'éveillent à la liberté, de même encore que le peuple russe, qui brusquement a secoué sa torpeur et manifesté sa vitalité avec violence; les ouvriers français, dès qu'ils ont eu entre les mains l'arme qui constitue pour eux les syndicats professionnels, se sont livrés à des manifestations bruyantes, témoignant par là que, trop longtemps asservis, ils se sentaient désormais armés pour la lutte et prêts à combattre à leur tour.

La Révolution française, il faut avoir le courage de

le dire, avait placé les travailleurs français dans des
conditions pires que celles dans lesquelles se trouvaient
les travailleurs des autres nations. Elle avait, en bri-
sant le compagnonnage et les corporations, mis les
travailleurs, les prolétaires de notre pays dans une
condition sociale telle qu'ils étaient dans l'impossibilité
non seulement d'exercer des revendications légitimes,
mais même de s'associer pour les étudier ensemble et
les présenter aux pouvoirs publics.

Jusqu'en 1884, alors que le XIXᵉ siècle était peut-être
le plus décisif des temps modernes, au point de vue de
la civilisation, les travailleurs français ont été obligés
de vivre dispersés ; ils étaient à la merci des capitalistes, de toutes les tentatives gouvernementales ou
politiques ; ils n'avaient ni le droit de s'associer ni
même celui de se réunir; l'article de loi qui le leur in-
terdisait était plus insolent et plus violent que le langage même du tsar le plus autocrate et, quand, à
l'heure actuelle, on s'insurge aussi véhémentement
qu'on le fait contre des événements qui se passent ailleurs, on oublie très volontiers que, jusqu'à ce jour
presque, nous avons vécu sous un régime pire que celui
pratiqué dans des pays où la République n'existait pas.
(*Vifs applaudissements.*)

Je ne voudrais point que l'on pût m'accuser d'employer ici des termes que ne justifient ni les faits ni les
lois auxquels je me réfère. Je n'ai en l'espèce aucun
parti pris et je parle sans passion d'une situation que
la production d'un seul texte de loi suffira à montrer
telle que je l'indique. Le texte que j'invoque à l'appui
de mon argumentation est l'article 1ᵉʳ de la loi révolutionnaire des 14-17 juin 1791, qui, jusqu'en 1884, nous
fut appliquée à nous, travailleurs français, et nous in-

terdit de la façon la plus formelle de nous associer, de nous coaliser en vue d'une action professionnelle commune. Voici comment était conçu cet article :

« L'anéantissement de toutes les espèces de corpora-
« tions de citoyens du même état et profession étant
« une des bases fondamentales de la Constitution fran-
« çaise, il est défendu de les rétablir de fait sous
« quelque prétexte et sous quelque forme que ce soit. »

Voilà l'article de loi qui nous a régis, nous, prolétaires, jusqu'au 21 mars 1884.

On s'étonne après cela que des travailleurs, que l'on a tenus dans cet état de servage absolu pendant ce siècle décisif où l'argent et le développement du machinisme concentraient dans les usines, dans les mines, des milliers d'êtres humains qui ne possèdent rien et qui, de fait, se trouvaient soumis à une nouvelle forme de servage, pire que le servage antique, on s'étonne, dis-je, que les travailleurs, les ouvriers, mis brusquement en possession d'une arme réellement puissante, aient manifesté quelque incohérence, se soient laissés aller à quelques violences. Ce n'est pas à eux, je vous le dis, que la responsabilité de ces incohérences et de ces violences incombe, c'est à leurs maîtres.(*Applaudissements.*) Rien, en effet, dans l'histoire de la civilisation de notre pays, n'est venu atténuer cette rigoureuse attitude des politiciens et des gouvernants contre la classe ouvrière française. Sous des formes diverses, les corporations et le compagnonnage ont toujours existé de temps immémorial dans le monde civilisé. En Allemagne, pays féodal, la liberté syndicale, telle qu'elle existe actuellement en France, existait déjà en 1848,

avec cet avantage pour l'ouvrier que le compagnonnage avait subsisté jusque-là, préparant ainsi le
recrutement des cadres et des membres des syndicats
modernes. Il y a cinquante ans, on se querellait encore
à Francfort sur les privilèges économiques entre serru-
riers et charpentiers, comme au xv° siècle. »

LES LOIS DE LA RÉVOLUTION ET LE PROLÉTARIAT

« En Angleterre, les compagnonnages et les corporations existent depuis un temps immémorial : il y a
cependant une lacune dans leur existence, et cette lacune
vient en quelque sorte confirmer les accusations que je
portais tout à l'heure contre les agissements des
hommes de la Révolution française à l'égard du prolétariat. On a accrédité — et personne n'a jamais, que je
sache, relevé cette erreur — on a accrédité cette
idée que les prolétaires de l'univers entier bénéficiaient
actuellement des droits codifiés par la Révolution, alors
qu'en réalité une seule classe, la bourgeoisie, en a tiré
parti. On a prétendu que les prolétaires avaient été
libérés par voie de conséquence dans l'univers entier
par les agissements révolutionnaires. Or, si l'on étudie avec soin, si l'on examine scrupuleusement les origines des organisations ouvrières dans le monde, on
trouve ceci, qui est bien décisif : c'est que l'Angleterre,
c'est que le prolétariat anglais, qui jouissait jusqu'à la
Révolution des mêmes prérogatives que le prolétariat
français, c'est-à-dire du compagnonnage et des corporations, s'en vit brusquement déposséder par une loi
copiée sur celles de la Révolution et reproduisant les
mêmes expressions, justifiant les mêmes procédés,
pour briser les corporations et les compagnonnages,
comme la Révolution avait brisé les nôtres.

Ainsi donc, la Révolution a eu cette conséquence, que l'on cache et que l'on dissimule avec soin, de servir des intérêts de classe, de la classe bourgeoise, et d'opprimer davantage la classe la plus pauvre, la plus déshéritée, et ce, non seulement en France, mais encore dans les autres pays qui avaient pris leurs exemples et leurs modèles chez nos révolutionnaires pour opprimer davantage ceux qui méritaient le plus de sollicitude ». (*Applaudissements.*)

SYNDICALISME MODERNE

« La question étant ainsi posée devant vous, Mesdames et Messieurs, il me sera maintenant plus facile d'aborder, sans en sortir, le sujet que j'ai choisi comme thème de ma conférence : *les Syndicats rouges et les Syndicats jaunes.* Pourquoi y a-t-il en France des « Rouges » et des « Jaunes » ? Il y a *a priori* des Rouges — et un examen superficiel et rudimentaire de la question permet de s'en rendre immédiatement compte — parce que, trop longtemps serfs et esclaves, les ouvriers, à qui l'on accordait une demi-liberté, se sont déchaînés immédiatement avec des gestes violents.

C'est là la formule sentimentale. Il y en a une autre, plus scientifique, celle-là, si j'ose m'exprimer ainsi.

En 1884, après le vote de la loi de Waldeck-Rousseau, ni les patrons, ni les socialistes, ni les chefs d'aucun parti ne virent quel était le devoir qui leur était tracé. Seuls, quelques ouvriers intelligents comprirent le parti qu'ils pouvaient tirer des associations professionnelles, dont la loi nouvelle autorisait la création et réglementait le fonctionnement et, s'emparant de l'instrument qu'on leur donnait, ils se mirent à l'organiser. A la fin de l'année 1884, il y avait 68 syndicats ouvriers, ne comprenant toutefois qu'un nombre infime d'adhérents. Pendant près de huit années, de 1884 à 1892, le recrutement du syndicalisme fut exclusivement professionnel ; il ne se fit que très lentement, mais les groupes ainsi formés méritaient certainement plus de bienveillance qu'ils n'en rencontrèrent.

A cette époque, le syndicalisme n'était pas socialiste. Je dis plus, le socialisme n'était pas syndicaliste : les socialistes n'avaient pas encore vu tout le parti qu'ils pouvaient tirer des syndicats, et ils étaient nettement antisyndicalistes ; les guesdistes, les blanquistes formaient des clubs, des comités politiques, des comités révolutionnaires ; ils conspiraient, tout comme les carbonari italiens, mais ils étaient hostiles à l'organisation syndicaliste. Cet état d'esprit n'était d'ailleurs point particulier aux socialistes français ; il était commun aux socialistes de tous les autres pays, et nous trouvons dans les documents qui constituent l'histoire du socialisme en Allemagne, en Belgique et ailleurs, des chapitres entiers consacrés par Bebel, Liebknecht et autres chefs du parti, au dénigrement des syndicats ouvriers ; ils n'étaient pas les seuls, tous les partis semblaient coalisés contre les syndicats naissants.

A l'heure où le socialisme, ignorant encore des ressources profondes qu'il trouverait le lendemain dans les syndicats et qu'il ne songeait pas encore par conséquent à utiliser, combattait ou, tout au moins, méprisait nos associations, le patronat, de son côté, avec l'incompréhension absolue qui a jusqu'à maintenant caractérisé son attitude, combattait avec violence et passion ces mêmes syndicats. Dans les usines, dans les fabriques dans les mines, dans toutes les industries, partout où ils essayaient de se syndiquer, les patrons faisaient aux ouvriers une guerre impitoyable, particulièrement féroce ; on renvoyait les présidents, les secrétaires, les différents fonctionnaires des syndicats, on les chassait, on inscrivait sur leur livret des signes spéciaux qui leur fermaient les portes de tous les autres ateliers où ils auraient pu trouver à se faire embaucher. On en faisait des parias, des révoltés ; bien vite ils devinrent des grévistes. »

GRÈVES OUVRIÈRES

« Les premières grèves fomentées et dirigées par les syndicats se distinguent des suivantes en ce qu'elles ne furent pas des grèves socialistes, mais de simples manifestations d'ouvriers révoltés, de gens qui, comprenant enfin que la loi nouvelle leur donnait le droit de reconstituer les corporations et les compagnonnages d'antan, dont ils sentaient l'impérieux besoin, se rendaient compte du parti que légalement ils pouvaient tirer de ces organisations nouvelles et se révoltaient contre l'opposition systématique qu'y faisait le patronat et contre les persécutions dont ils étaient victimes de sa part. Les grèves ne furent donc, à ce moment, je le répète, que des grèves purement ouvrières ; d'un bout à l'autre du pays, on assista à des scènes tumultueuses, à des manifestations ouvrières qui attirèrent l'attention des politiciens. Quand ce mouvement se produisit, il y avait déjà plusieurs années que les théoriciens du socialisme cherchaient par quels procédés ils pourraient gagner la confiance du peuple et par quels moyens ils pourraient créer une agitation populaire favorable à leurs principes, permettant la diffusion de leurs idées et donnant de l'autorité à leur parti. Ils constatèrent, avec une habileté que les autres partis doivent aujourd'hui déplorer de n'avoir pas eue, cette haine grandissante dans les milieux ouvriers contre le patronat, et, avec une stratégie parfaite, ils décidèrent de l'utiliser.

C'est de cette époque que date l'intervention des socialistes dans les conflits ouvriers. C'est à cette date que vous voyez Jaurès, ancien député centre-gauche et modéré, prendre la tête des colonnes de grévistes, monter sur les tables de cafés pour haranguer la foule et donner le diapason à des masses hurlantes qui chantaient la *Carmagnole*. C'est à ce moment que vous voyez les intellectuels du socialisme, ces gens qui avaient été élevés sur les bancs de l'Université, dont certains même avaient fait leurs études dans des collèges ecclésiastiques, ces gens d'éducation parfaite et d'instruction soignée, planter, comme on dit, le décor, mettre des habits râpés, un chapeau bossué, cesser de se laver les mains pour paraître plus peuple, commander les manifestations, régler les cris et diriger les coups. (*Vifs applaudissements.*)

Le socialisme, parti politique et parti démagogique, s'était emparé des révoltés de la classe ouvrière, les avait canalisés et allait désormais les diriger. Cette intervention fut conduite avec une ténacité, une intelligence et une discipline auxquelles il convient de rendre hommage. »

LES SUBVENTIONS

« Mais, s'ils étaient ambitieux, s'ils avaient peu de scrupules et beaucoup d'audace, les socialistes n'étaient pas fortunés. Ils avaient bien recruté des troupes, désireuses de s'affranchir, désireuses de faire quelque chose ; ils avaient bien mis l'embargo sur les syndicats, qui allaient rapidement devenir entre leurs mains des comités électoraux puissants et féconds, mais il fallait nourrir ces troupes, pour les faire servir à leurs desseins.

C'est alors que les socialistes imaginèrent et réalisèrent ce tour de force de faire nourrir leurs comités électoraux, leurs troupes de combat, leurs clubs révolutionnaires par les contribuables, par nous-mêmes : ils inaugurèrent le système des Bourses de Travail officielles, des subventions officielles à des syndicats non moins officiels, eux aussi. Aujourd'hui, nous avons en France 114 Bourses de Travail stipendiées, qui coûtent, bon an mal an, 4 ou 5 millions aux contribuables, alimentées qu'elles sont par les subventions des municipalités, des départements et de l'État. Dans ces Bourses, les agitateurs et les meneurs ne trouvent pas seulement des locaux où ils sont chauffés et éclairés, où on leur fournit même le papier ; ils y trouvent encore des appointements : les secrétaires et les présidents des syndicats rouges reçoivent en effet, sous la forme de subventions, des appointements qui leur permettent de vivre, de sorte que l'on peut dire à juste titre que ces révolutionnaires qui voulaient libérer l'humanité et émanciper leurs frères, selon leurs propres expressions, se sont sournoisement fonctionnarisés, et qu'aujourd'hui tous les secrétaires de syndicats rouges sont autant de fonctionnaires qui vivent avec notre argent. (*Applaudissements.*)

Je ne voudrais pas, sur ce point non plus, me borner à vous donner des affirmations verbales sans les étayer sur des documents qui les confirment de tous points.

J'ai précisément apporté dans ce but l'*Annuaire des Syndicats professionnels*, publié par le Ministère du Commerce. Les chiffres portés dans cet *Annuaire* sont ceux qui sont fournis par les intéressés eux-mêmes; vous savez en effet qu'une ou deux fois par an l'Office du Travail, qui dépend du Ministère du Commerce, envoie à chaque Syndicat rouge, à chaque Bourse du Travail officielle un questionnaire, qui lui est retourné rempli : on demande aux intéressés quel est le nombre de leurs adhérents, quel est le chiffre de la subvention qu'ils reçoivent, etc., et ce sont leurs données qui figurent sur cet *Annuaire*.

Voici quels sont ces chiffres pour l'année 1903; il n'a pas encore été publié de bulletin pour l'année 1904 :

Les frais d'installation des Bourses du Travail se montent, pour cette année, à 3.166.159 francs; les subventions municipales, à 197.345 francs; les subventions départementales à 48.550 francs ; soit, au total, près de 4 millions pour un chiffre de 288.000 syndiqués rouges déclarés, et c'est cette armée parasitaire qu'on appelle dans le monde socialiste l'armée de l'émancipation ouvrière. (*Applaudissements.*)

Vous me direz qu'il est peut-être légitime de la part des Pouvoirs publics d'aider pécuniairement les hommes qui préparent les groupements destinés à émanciper les travailleurs et que cette contribution de l'État, des départements et des municipalités en faveur du monde du travail est toute naturelle, les bénéficiaires étant généralement, toujours même, de pauvres gens. C'est là l'argument invoqué, précisément, par les socialistes; ils ajoutent que, si l'organisation du monde du travail en France n'a pas encore donné de meilleurs résultats, c'est parce que des secours suffisants ne lui ont pas été accordés, alors qu'en Angleterre, en Allemagne, en Belgique, en Amérique, partout enfin où les ouvriers ont conquis déjà maints avantages, ils ont été puissamment soutenus par les Pouvoirs publics.

En présence d'un argument qui apparaît comme sérieux, puisque, s'il était reconnu exact, il n'aboutirait à rien moins qu'à faire tomber nos.griefs, nous avons voulu savoir ce qu'il en était et nous avons fait des recherches. Le résultat a été loin d'être conforme à la thèse socialiste, car nous avons trouvé que jamais, ni en Angleterre, ni en Allemagne, ni en Amérique, ni dans tous les autres pays où le socialisme a remporté le plus d'avantages, les Pouvoirs publics n'avaient subventionné les organisations ouvrières.

Il faut, d'ailleurs, ajouter qu'à l'étranger c'est dans cette ignorance voulue de la part des Pouvoirs que les organisations ouvrières ont puisé, si l'on peut dire, leur puissance.

Je trouve une nouvelle confirmation de ce que j'avance dans les publications mêmes faites par nos adversaires. Je suis allé chercher à la Bibliothèque socialiste, pour que l'on ne m'accuse pas de puiser aux sources impures de la réaction (*Rires*), les documents dont j'avais besoin (*Nouveaux rires et applaudissements*) et, la date concordant au bilan que je vous ai fait connaître tout à l'heure et qui s'appliquait à la France, j'ai trouvé les chiffres suivants.(*Suivent les chiffres que nous donnons aux pages 128 à 144, concernant l'Angleterre et l'Allemagne.*)

. . . .

Voilà donc des organisations purement ouvrières et socialistes qui, en dehors de toutes subventions et de toutes protections officielles, ont assisté leurs affiliés dans des proportions étonnantes et presque incroyables, capitalisé des sommes énormes! Et c'est à ces organisations, à ces hommes qui pratiquent un tout autre système que celui suivi par nos socialistes français, que ces derniers se réfèrent pour se justifier? C'est trop d'impudence!

Nous reprochons aux chefs socialistes en France de leurrer la classe ouvrière, pour laquelle ils ne font rien; nous les accusons d'avoir fait prisonniers les syndicats, pour les exploiter, et nous en concluons qu'ils les ont en même temps corrompus, qu'ils les ont détournés de leur véritable but et de leur véritable voie et que, s'il n'y a plus de syndicalisme à proprement parler, si les syndicats ont été remplacés par des clubs révolutionnaires, cela tient à ce que le socialisme a pourri, à la fois par la base et par le sommet, des organisations qui furent à l'origine purement professionnelles. (*Applaudissements.*)

Pour conserver leurs privilèges et leurs postes, les meneurs des syndicats, au lieu de ne faire figurer sur les registres d'inscription que des affiliés régulièrement recrutés, des membres payant leurs cotisations, y portent un nombre de n. ..s aussi considérable que possible, des noms de syndiqués fictifs, illusoires, de manière à fournir aux municipalités, au moment du vote du budget, des chiffres fantastiques d'adhérents, ce qui leur permet d'émarger des sommes de beaucoup plus importantes que celles qui leur seraient octroyées, si leur comptabilité était régulière. »

LA GRÈVE ET LA RÉVOLUTION
ORGANISÉES AUX FRAIS DES CONTRIBUABLES

« C'est ainsi qu'à Paris la Bourse du Travail du Château-d'Eau, dite officielle, touche à elle seule des subventions diverses qui se chiffrent en moyenne à 100.000 francs par an.

Il y a mieux encore. Ladite Bourse du Travail officielle, non contente de grouper et de nourrir la Confédération générale du Travail et des Unions de syndicats divers, abrite en même temps la *Fédération des Bourses du Travail;* celle-ci, comme la *Confédération générale du Travail* d'ailleurs, est dirigée par des énergumènes qui organisent ouvertement, avec notre argent, l'émeute dans la rue, la ruine des usines et le chambardement de la patrie. Ils ne sont pas des Rouges ! mais des anarchistes militants, les Greffulhe, les Yvetot, les Pouget, ancien rédacteur du *Père Peinard*, les Latapie et autres Lévy. (*Sensation.*) Ce Comité de la *Fédération des Bourses du Travail* est en même temps *Comité de la* GRÈVE GÉNÉRALE, et c'est lui qui publie le *Bulletin mensuel de la grève générale ;* c'est lui encore qui fait publier le *Manuel du soldat*, dans lequel on engage nos jeunes conscrits à déserter. Ces gens-là sont dans leur rôle, puisqu'ils sont anarchistes. Soit ! Mais vous ne savez pas tout. Vous ignorez que la Fédération des Bourses du Travail reçoit directement de l'État une subvention annuelle de 10.000 francs, de sorte que c'est avec votre argent, à vous patriotes, que l'on publie le *Manuel du soldat* et le *Bulletin de la grève générale.* (*Mouvement.*)

Toute l'organisation rouge est basée sur le même principe. »

Ce discours se terminait par un examen approfondi des responsabilités, en particulier du *rôle des intellectuels de tous les partis*, qui avaient contribué à acclimater le socialisme dans la classe ouvrière ; puis, venaient le développement du programme des « Jaunes », les résultats obtenus et, enfin, un nouvel appel au pays.

LES MANIFESTES

Entre temps et dans les occasions urgentes, la Fédération des « Jaunes » publia des manifestes retentissants, qui furent placardés en immenses affiches, tant à Paris qu'en province.

Nous en donnons quelques types à titre documentaire.

TRAVAILLEURS !! FRÈRES !!

Les *Jaunes* méprisent les agitateurs et les fainéants.

Les *Jaunes* veulent le travail pour tous.

Les *Jaunes* demandent la propriété des outils.

Les *Jaunes* revendiquent les profits de leur travail.

Travailleurs, levons-nous, pour combattre l'ennemi qui ne veut point reconnaître ces droits.

L'ennemi, c'est le socialisme ! doctrine esclavagiste.

Pourquoi souffres-tu, mon frère l'ouvrier ? parce que tu ne possèdes rien.

Soulève-toi contre les socialistes qui prétendent te faire signer une renonciation définitive à la propriété.

Travailleurs !! Depuis les débuts de l'humanité, les hommes qui ne possèdent rien ont lutté pour conquérir quelque chose. Les esclaves se sont révoltés contre leurs maîtres, les serfs contre les féodaux, les sujets contre les États, chaque fois que le droit de propriété leur fut contesté.

Ce qui distingue l'esclave de l'homme libre, c'est que l'esclave ne possède rien, ne se possède pas soi-même, n'est pas le propriétaire de son outil, ni le bénéficiaire de son labeur.

Eh bien ! camarade, écoute la raison de nos angoisses.

Le socialisme dont les chefs se sont tous enrichis, le socialisme qui prêche des utopies vieilles comme le monde, n'est pas une nouveauté scientifique.

Le socialisme est l'attentat le plus cynique que les capitalistes et les politiciens aient jamais dirigé contre l'émancipation des prolétaires.

Frère, écoute les Jaunes :

Les créateurs de la richesse sont d'abord les inventeurs, les vrais savants, les ingénieurs, puis les citoyens qui ont su économiser et qui développent l'activité et la richesse humaine en risquant leur capital dans l'industrie, le commerce, l'agriculture.

Ouvrier français, ne brise pas tes instruments de travail en suivant les conseils de faux intellectuels qui veulent te diriger ; ne détruis pas ton usine, ce serait folie.

Ton devoir est de chercher à acquérir ta part légitime des outils communs qui sont l'Industrie.

Travailleurs,

Nous sommes des milliers et des milliers prêts à la bataille, contre ceux qui veulent nous réduire au collectivisme, au communisme, à l'étatisme, contre ceux qui veulent nous mettre en régie.

Ouvrier rouge, les Jaunes sont tes frères ; ils veulent travailler avec toi à l'émancipation commune ; ne mérite pas leur mépris en restant dans le troupeau des esclaves collectivistes.

CAMARADE,

Si tu veux être ton maître, si tu veux devenir libre par l'accession à la propriété dans une société libre, viens avec les Jaunes.

L'heure sonne pour les conquêtes prolétariennes.

La paix, l'union doivent exister entre les trois facteurs de toute production :

1° *L'intelligence scientifique et directrice ;*

2° *Le travail manuel ;*

3° *Le capital.*

L'accord se fera entre ces trois facteurs par la participation légitime des travailleurs au capital.

OUVRIER FRANÇAIS ! Les meneurs socialistes te dupent, ils méprisent le travail manuel. Or, le travail est noble, ne l'oublie pas, et ceux qui ne travaillent pas sont ces meneurs socialistes au service de l'usure, de la spéculation et du pouvoir.

OUVRIER FRANÇAIS ! Les chefs révolutionnaires sont presque tous millionnaires, ils t'ont écrasé d'impôts et n'ont rien fait pour te faire vivre à bon marché. Et ils se servent de toi et ne te servent jamais ! Apprends, camarade, à résister à la tyrannie de la bande des faux intellectuels que tu entretiens par les impôts.

L'effort de tous les hommes libres de tous les pays, s'il est dirigé vers la paix et le développement de la propriété individuelle, de l'agriculture, du commerce, de l'industrie, fera cesser le chômage dont tu souffres.

L'union des travailleurs décidés à défendre eux-mêmes leurs intérêts et leur travail mettra fin aux entreprises guerrières et aux louches spéculations des socialistes millionnaires.

Enfin, Camarade, lis le programme des Jaunes, programme de vraie liberté, de vrai progrès, de vraie émancipation. Compare le programme rouge des socialistes, théorie de néant, d'esclavage, d'exploitation du peuple par des bourgeois politiciens.

Lis nos brochures et nos journaux. Après cette étude, tu viendras grossir notre armée.

Allons, travailleur, crie avec nous : « *Vivent les Jaunes! Vivent les hommes libres* dans la nation pacifiée ! »

Le Comité exécutif de la Fédération
nationale des Jaunes de France

AUTRE MANIFESTE

A tous les Français! Aux Jaunes!

Comme suite aux décisions de notre Congrès national, corporatif et social, qui tint ses assises les 18, 19 et 20 novembre dernier, salle des Agriculteurs de France, 8, rue d'Athènes, le Comité exécutif de la *Fédération nationale des Jaunes de France* a travaillé au remaniement de ses statuts et à élargir, en le précisant, notre programme social.

Le mouvement social jaune a pour but de préparer et de réaliser la renaissance nationale en créant la réconciliation des classes sur un programme de justice sociale.

Nous voulons faire régner l'accord entre le capital et le travail, ressusciter nos industries, relever notre commerce, notre agriculture et notre marine. Les Syndicats ouvriers, syndicats patronaux, d'agriculteurs et d'ouvriers agricoles, de marins, etc., etc., réunis et fédérés, d'abord par corporations, régions et métiers, ensuite nationalement, sont les cadres de cette organisation puissante.

Blâmant les méthodes jusqu'ici employées et qui excluent les capacités des organismes vitaux du pays, nous avons résolu de faire appel à des personnalités éminentes de la classe ouvrière, du patronat, de l'agriculture et du commerce. Nous avons aussi sollicité et obtenu les concours désirés pour les questions plus spéciales de l'instruction publique, de la marine et de l'armée, qui sont des organes essentiels de notre vie nationale.

C'est de concert avec ces forces nouvelles que l'ancienne direction du mouvement jaune a rédigé l'appel ci-dessous, qui donne l'expression définitive de nos déclarations aux travailleurs et à la France.

APPEL AUX JAUNES DE FRANCE

Nous vous prions de vouloir bien contribuer à fixer avec nous, sur des bases durables et solides, l'avenir de la *Fédération nationale et du Parti des Jaunes de France*, dont les doctrines et la vitalité se sont affirmées avec tant d'éclat lors de notre récent Congrès des 18, 19 et 20 novembre 1904.

Nous vous rappelons qu'au cours de ces journées désormais historiques, où de simples travailleurs manuels ont étonné ceux qui les ont écoutés, par leur sagesse, par leur entente profonde des problèmes sociaux, par la sérénité et la clarté de leurs débats et de leurs décisions, dans cette assemblée de travailleurs, le socialisme actuel et le collectivisme ont été définitivement rejetés et condamnés, comme des doctrines rétrogrades, allant à l'encontre de la civilisation et qui tendent à ramener le monde à la servitude primitive.

Nous vous rappelons qu'il a été reconnu dans ce Congrès que l'aboutissement unique et fatal de toutes ces doctrines esclavagistes était le socialisme municipal ou le socialisme d'État, c'est-à-dire l'État-Roi et maître de tout, réglant sans appel par ses préfets, ses tribunaux, ses fonctionnaires, le sort de chacun, lui distribuant le salaire et la nourriture et pouvant, au gré de sa tyrannie, le priver de l'un et de l'autre et le tenir ainsi toujours à sa merci.

Nous devons combattre le socialisme avec d'autant plus d'esprit de suite que la pente des choses nous y mène toute seule; qu'il est dans la nature des États de tout tirer à eux et d'augmenter leurs moyens de pression et leurs monopoles. Les *Jaunes* doivent combattre les mises en régie et les confiscations et multiplier, autour d'eux, les groupements, les associations, qui peuvent faire contrepoids à la toute-puissance de l'État et des municipalités.

Les *Jaunes* ont pour dogme économique et social : la liberté par la propriété individuelle. Un homme qui ne possède rien n'est pas un homme libre, car, attendant tout d'autrui, il est contraint, s'il veut vivre et manger, à une soumission éternelle. On lui dispute jusqu'au droit de penser, tandis qu'une propriété, si petite *qu'elle soit, lui assure le moyen de résister.*

Le citoyen est celui qui possède; il ne peut s'intéresser à sa ville et à son pays que s'il y a quelque chose à défendre.

Les *Jaunes* ont donc décidé de diriger tous leurs efforts vers la conquête par l'ouvrier de la propriété individuelle.

Ils ont décidé de travailler à la transformation du salariat en contrat d'association et proposent que, chaque fois que c'est possible, l'ouvrier devienne associé, c'est-à-dire co-propriétaire de l'entreprise...

L'expérience démontre tous les jours que, partout où ce système est appliqué, les conflits cessent et que la prospérité et la paix succèdent aux difficultés.

Les *Jaunes* forment une Fédération qui n'est pas seulement composée d'ouvriers, mais de patrons et, en général, de toutes les personnes qui adhèrent à leur programme, pour la réalisation duquel ils comptent, non sur les Pouvoirs publics, mais sur leur activité personnelle, sur la force de leur union et sur la logique de leurs revendications.

Ils considèrent aussi que quiconque travaille et produit augmente la richesse publique et, par conséquent, le bien-être individuel, et regardent comme des fous ceux qui croient que les patrons sont des ennemis nés.

Ouvriers et patrons sont des travailleurs; ils ont des intérêts communs, s'ils en ont de différents. Ils doivent s'entendre, tout en gardant chacun leur indépendance et leur autonomie.

Nous ne faisons pas de politique en ce sens que notre parti n'a pas d'opinion particulière à émettre sur des questions d'ordre purement idéologique et religieux. Mais les travailleurs doivent diriger la vie économique et sociale du pays et non pas se laisser diriger par ceux qui ne produisent pas.

Les travailleurs doivent tous s'unir pour perfection-

ner la République en augmentant l'initiative des citoyens et la part qu'ils doivent prendre à l'amélioration
des intérêts du pays.

Les travailleurs français n'étant pas organisés en
corporations professionnelles, puisqu'un travailleur à
peine sur 75 fait partie d'un syndicat, il résulte de
cette situation que le monde du travail en France ne
peut soutenir ses intérêts professionnels d'une façon
sérieuse.

En outre, la plupart des syndicats ouvriers actuels
non indépendants, au lieu de s'occuper des intérêts de
leurs industries, font de la politique, agitent le pays,
s'occupent de questions absolument étrangères au travail national, parce qu'ils sont dirigés non par des travailleurs, mais par des ambitieux se servant de ceux
qui peinent pour satisfaire leurs seules cupidités per-
sonnelles.

Cet état de choses est des plus périlleux pour les ouvriers qui sont écrasés d'impôts et qui ne s'habituent
pas à se défendre eux-mêmes. Grâce à cet émiettement
des citoyens, quelques politiciens mènent seuls tout
le pays, font augmenter les dépenses de la nation par
un accroissement constant du nombre des fonctionnaires.

Le travail national ne peut se développer, enrichis-
sant les ouvriers, que si les impôts pèsent le moins
lourdement possible sur notre pays.

Il est donc nécessaire que le monde du travail, qui
constitue l'immense majorité des Français, se groupe
dans le but d'arrêter l'augmentation constante du
nombre des fonctionnaires et du traitement trop élevé
de beaucoup d'entre eux, cause de l'accroissement
constant des impôts et de la dette nationale.

Les impôts directs et indirects sont le produit des pouvoirs publics et des politiciens, mais ils intéressent au plus haut degré tous les citoyens. Les travailleurs en particulier et le monde du travail en général doivent donc être appelés à se prononcer sur les systèmes fiscaux.

Depuis la Révolution, la France va de l'anarchie à la tyrannie, parce que la nation n'est pas organisée et que la vraie République n'existe pas dans notre patrie. Les impôts augmentent, parce que les travailleurs ne sont pas unis en des corporations puissantes.

L'assistance, la solidarité doivent surtout s'organiser en dehors de l'État, qui, lui, ne peut faire produire des intérêts aux capitaux qui lui sont confiés. L'assistance faite par l'État prend au peuple des sommes colossales et ne donne aucun résultat, parce que les fonctionnaires absorbent inutilement une part considérable des sommes prises aux travailleurs.

Si les travailleurs veulent progresser, voir leur situation s'améliorer; s'ils veulent vivre à bon marché, ils doivent s'unir pour imposer leur volonté à l'État; ils sont le nombre, la force et le droit. Ils n'ont qu'à vouloir.

Que, donc, tous les vrais ouvriers cessent de se laisser tromper par les rêves des collectivistes, qui les conduiront à l'esclavage et à la misère, et s'unissent pour former la Fédération nationale des Jaunes de France. C'est pour arriver à ce résultat que nous demandons à tous les citoyens à l'esprit libre et indépendant, à tous ceux qui veulent le vrai progrès, de répondre à notre appel.

Se grouper en syndicat ne suffit pas pour arriver à des résultats sérieux; sans une association, les syndicats ouvriers ne sont pas une force ; seule, une Fédération nationale leur donnera la puissance nécessaire pour améliorer la situation des travailleurs de France.

Le Président de la Fédération nationale
des Jaunes de France,

P. BIÉTRY,
Ouvrier horloger.

INTERVENTIONS DÉCISIVES

Dans tous les grands conflits ouvriers de ces dernières années, la Fédération intervint avec sa tactique propre et un programme pratique.

Citons pour mémoire:

Les mouvements : de Laval (tissages), Pas-de-Calais et Nord (mines et tissages); Longwy, Montluçon et tout le département de Meurthe-et-Moselle (mines et métallurgie) ; Toulon, Brest, Lorient, Cherbourg (arsenaux maritimes), Marseille (dockers et inscrits maritimes), Paris (toutes corporations), Le Havre, Caen, Combrée, Alais, Nice, Boulogne-sur-Seine, Évreux, Audincourt, Belfort, Nantes, Lyon, Ajaccio, etc., etc.

Les évaluations actuelles donnent environ 400.000 adhérents à la Fédération.

LES JAUNES DE FRANCE

STATUTS

FÉDÉRATION NATIONALE

Article premier. — Il est formé, entre tous les Français qui adhèrent aux présents statuts, un groupement national, professionnel et social qui prend le nom de *Fédération nationale des Jaunes de France*.

BUT

Art. 2. — La Fédération nationale poursuit le but :

1° D'organiser la France du travail en syndicats ouvriers, agricoles et patronaux, par corporations, régions et métiers ;

2° De les relier ensuite à elle afin de former le *Parti des Intérêts nationaux ;*

3° D'assurer à tous les travailleurs de France un contact permanent avec les éléments patronaux, afin de souder plus étroitement l'accord du capital et du travail ;

4° De poursuivre auprès des Pouvoirs publics la réalisation du programme des *Jaunes de France*, ainsi que les revendications isolées ou collectives des membres ou groupements affiliés à la Fédération ;

5° Enfin, de faire bénéficier tous les travailleurs, tous les corps de métiers et l'ensemble des membres adhérents, d'une solidarité rationnelle et puissante dont l'influence sur le terrain économique et social sera décisive.

ADMISSION

Art. 3. — Peuvent adhérer à la *Fédération nationale des Jaunes de France* :

Les syndicats ouvriers, les syndicats patronaux, les syndicats d'agriculteurs et d'ouvriers agricoles, les fédérations de métiers, cercles d'études, groupes de « Jaunes », et en général toutes les corporations ou individualités qui, ayant accepté les présents statuts et s'y conformant, auront été admis dans la *Fédération*, conformément à l'article 4.

Art. 4. — Pour être admis dans la Fédération, les groupements et syndicats doivent adresser au président, à Paris : 1° une demande autographe de leur président ou secrétaire autorisé ; 2° un exemplaire de leurs statuts ; 3° une statistique de leurs affiliés.

Il sera statué chaque mois sur ces demandes, par le Comité national, réuni en Assemblée plénière.

Sont adhérents de droit à la *Fédération nationale des Jaunes de France*, tous travailleurs ou Français appartenant à un groupe ou syndicat affilié lui-même.

COTISATIONS

ADHÉRENTS INDIVIDUELS

Art. 5. — 1° Le droit d'admission et la cotisation pour la première année sont de 3 francs.

La cotisation annuelle est de 2 francs ; elle donne droit aux insignes corporatifs et aux avantages inscrits dans les présents statuts ;

2° Les droits d'admission, de réadmission et les cotisations annuelles sont payables d'avance, entre les mains du trésorier ou de son fondé de pouvoirs. Toute somme versée est définitivement acquise à la Fédération ; toute année commencée est due.

GROUPEMENTS COLLECTIFS

Droit d'admission. — 3° Syndicats d'ouvriers, d'employés, de marins et d'ouvriers agricoles :

	francs
Au-dessous de 500 membres......................	10
Au-dessus de 500 — et jusqu'à 1.500....	20
De 1.500 jusqu'à 10.000......................	40

4° Syndicats patronaux :

	francs
Au-dessous de 10 membres...................	10
De 10 à 20 membres........................	20
De 20 à 50 membres........................	50
De 50 à 100 et au-dessus....................	100

5° Syndicats d'agriculteurs :

	francs
Au-dessous de 25 membres...................	20
De 25 à 50 membres........................	35
De 50 à 100 — et au-dessus..............	60

Droit de cotisation mensuelle. — 6° Syndicats d'ouvriers, d'employés, de marins, et syndicats agricoles :

Par membre et par mois jusqu'à 500 membres.	0 fr. 10
— — de 500 à 1.500 —	0 fr. 08
— — de 1.500 à 10.000 —	
et au-dessus......................	0 fr. 05

7° Syndicats patronaux :

Par membre et par mois......................	0 fr. 50

ART. 6. — Les cotisations de tous les groupes et membres individuellement affiliés à la Fédération

doivent être versées, à la fin de chaque mois, au trésorier général à Paris, pour les syndicats ouvriers, patronaux et agricoles, groupes, cercles, etc., etc., ce sont les trésoriers de chacune de ces organisations qui expédient les cotisations collectives (celles-ci peuvent être anticipées), en les appuyant de statistiques et états justificatifs. Chaque mois commencé est dû jusqu'à la date de l'exclusion ou de l'acceptation de la démission par le Comité national.

RADIATION

ART. 7. — Pourront être rayés du nombre des sociétaires par décision du Comité national : 1° tous membres ou groupements qui (sauf le cas de force majeure) seront en retard de deux cotisations ; 2° qui auront, par leurs agissements, causé un préjudice quelconque à la Fédération.

Le but de la Fédération étant de procurer à tous les Français adhérents des moyens pour l'amélioration économique et sociale de leur sort, des organisations de défense et d'action sociale, sera donc exclu : celui qui sera convaincu de l'avoir compromise, ou tenté de l'engager sur les terrains purement politique ou religieux ; celui qui, par conférences, par la voie de la presse, ou tout écrit rendu public, aura porté atteinte à la juste considération dont jouit la *Fédération nationale des Jaunes de France.*

DE LA FÉDÉRATION

ART. 8. — La Fédération nationale des Jaunes de France est divisée en régions qui englobent, sous le contrôle du Comité national et la loi des statuts fédé-

raux, confirmés par les Congrès nationaux, tous les
syndicats, groupements divers et unités, affiliés à la
Fédération.

ART. 9. — Chaque groupement fédéré nomme son
Bureau, conformément aux lois.

· Les nominations sont définitives après l'accusé de
réception du Comité national.

Le Comité national s'inspire, pour la validation des
élections partielles, des renseignements généraux donnés par les Comités régionaux et les présidents des
Fédérations de métiers similaires. Ces dispositions
sont prises afin d'assurer dans tous les rouages de
la Fédération nationale la pensée des Congrès et
l'application de ses décisions. Dans le cas où un conflit
s'élèverait entre un groupe affilié et le Comité national,
ce dernier aura le droit de convoquer l'Assemblée générale du groupe divisé.

ART. 10. — Dans chacune des capitales régionales
siège un Comité régional composé de 25 membres,
dont 7 membres désignés par le Comité national.

ART. 11. — Des Comités régionaux se réunissent
mensuellement. Ils ont pour mission d'étudier les rapports de leurs organisations régionales, d'en discuter
et d'en poursuivre l'application, d'assurer dans leur
rayon les décisions du Comité national, décisions ap-
pliquées conformément aux indications données par
les Congrès annuels.

ART. 12. — La *Fédération nationale des Jaunes de
France* est dirigée par un Comité national composé de
32 membres, dont 18 ouvriers et employés, 14 patrons,
agriculteurs et personnalités appartenant aux diverses
professions libérales.

ART. 13. — Les membres du Comité national sont

nommés pour trois ans et rééligibles. Le Comité est renouvelable par tiers tous les ans. Un tirage au sort déterminera les deux première séries sortantes.

Art. 14. — Le Comité national nomme lui-même son Bureau; il sera composé de : 1 président, 1 secrétaire général, 1 secrétaire général adjoint, 9 conseillers, 1 tréorier général, 1 trésorier adjoint, 1 archiviste. Ce Bureau sera le Comité exécutif; il devra être composé d'ouvriers et de patrons dans les proportions de l'ensemble du Comité.

Art. 15. — Le Bureau a pour mission d'administrer la Fédération nationale, de la représenter en toutes circonstances, de prendre les décisions qui doivent être immédiates, d'assurer l'application des résolutions des Congrès et du Comité national, de faire toutes démarches utiles dans l'intérêt de la Fédération et de ses divers groupes, de diriger la publicité, la propagande et tous rapports avec les Pouvoirs publics et les particuliers.

Art. 16. — Le Comité national fixe chaque année la date du Congrès général de la Fédération, qui prend le nom de *Congrès national des Jaunes de France*.

Il tient compte des indications du Congrès de l'année précédente, pour le choix de région où ce Congrès doit tenir ses assises.

Il organise le Congrès, d'accord avec le Comité régional.

ADMINISTRATION

Art. 17. — Toutes les fonctions permanentes sont rétribuées. Les appointements du président, des secrétaires, des trésoriers et de l'archiviste, seront fixés par les Congrès, sur un rapport du Comité national.

Les autres membres du Comité national n'ont droit à aucune indemnité pécuniaire.

Le Comité national fixe, chaque mois, les sommes destinées à la propagande, choisit les conférenciers, détermine les indemnités à allouer aux militants en déplacements, et statue sur les dépenses engagées par son Bureau.

Art. 18. — Tous les documents ayant trait à la comptabilité, registres, achats et ventes de titre, et, en général, toutes pièces ayant trait à l'administration et à la propagande de la Fédération nationale, doivent être contresignés par le président.

Art. 18. — Le trésorier gère les fonds de la Société, il perçoit et assure le recouvrement régulier des cotisations, dons, etc.

Le trésorier ne doit jamais garder par devers lui, pour les besoins journaliers, une somme supérieure à 1.000 francs. Les sommes appartenant à la Fédération seront placées dans un établissement de crédit, en nom collectif du président et de trois membres du Bureau. Les signatures de ces trois membres et le visa du président seront nécessaires pour le retrait et tout maniement des fonds appartenant à la Société.

DES CONGRÈS

Art. 20. — Il sera fait, à chaque Congrès national, un résumé de la situation financière. Le Congrès nommera annuellement une Commission de vérification.

Art. 21. — Les Congrès nationaux sont souverains

pour la fixation des cotisations et les modifications à apporter aux statuts s'ils réunissent les deux tiers des suffrages.

Art. 22. — Cinquante organisations comprenant chacune au moins cinq cents membres, adhérentes à la Fédération nationale des Jaunes de France, peuvent provoquer un Congrès national extraordinaire.

Neuf Comités régionaux peuvent provoquer un Congrès national extraordinaire.

Art. 23. — Les Congrès seront composés des délégués des syndicats d'ouvriers, d'employés, d'agriculteurs et d'ouvriers agricoles, de patrons, de marins, et, en résumé, de toutes les organisations économiques régulièrement affiliées.

Les pouvoirs des délégués seront déterminés :

1° *Syndicats d'ouvriers, d'employés et agricoles :*

			voix
Par syndicat comprenant 100 membres et au-dessous.			1
—	—	101 à 200 membres......	2
—	—	301 à 600 —	4
—	—	601 à 1.000 —	6
—	—	1.001 et au-dessus.........	10

2° *Syndicats patronaux :*

	voix
Par 10 membres et au-dessous.....................	1
De 10 à 20 membres........................	2
De 20 à 50 —	3
De 50 à 100 et au-dessus....................	4

3° *Syndicats d'agriculteurs :*

	voix
Par 10 membres et au-dessous................	1
De 10 à 20 membres.......................	2
De 20 à 50 —	3
De 50 à 100 et au-dessus....................	4

4° Les adhérents individuels, pour participer aux votes, devront représenter au moins 10 autres adhérents, dont ils seront régulièrement mandatés ; s'ils en représentent 100, 300, 600 ou 1.000, ils disposeront du nombre de voix équivalentes au barême indiqué pour les syndicats ouvriers.

ART. 24. — Le Congrès tiendra ses assises pendant cinq jours au moins.

Le Comité national, assisté du Bureau des Comités directeurs régionaux, vérifiera le premier jour les pouvoirs et délégations.

Les deux jours qui suivront seront consacrés aux travaux isolés les uns des autres :

1° Des syndicats ouvriers professionnels ;

2° Des syndicats patronaux;

3° Des syndicats agricoles ;

4° Des syndicats de marins ;

5° De toute corporation ou métier ayant des intérêts distincts ;

6° Des délégués adhérents individuels.

Des séances pourront être organisées d'un commun accord entre syndicats ouvriers et syndicats patronaux des mêmes industries et métiers.

Les quatrième et cinquième jours, le Congrès, réuni en séances plénières, entendra les rapports de chacune de ces sections et statuera.

DES GRÈVES

ART. 25. — Les Jaunes s'engagent à ne faire aucune grève sans avoir donné par écrit leurs revendications et avoir attendu la réponse quinze jours au moins. Par réciprocité, les patrons s'engagent à ne pas fermer leurs ateliers sans en avoir prévenu les ouvriers par écrit quinze jours à l'avance au moins ; en cas de grève les Jaunes ne doivent se livrer à aucune violence, et les patrons ne renvoyer aucun ouvrier pour faits de grève.

ARBITRAGE

Art. 26. — En cas de désaccord entre les ouvriers et les patrons pendant la période de quinze jours établie ci-dessus, si les patrons ne peuvent tomber d'accord avec leurs ouvriers, le Comité régional nomme deux de ses membres, un ouvrier et un patron, qui, joints à deux délégués des patrons et deux des ouvriers, établissent l'arbitrage ; au cas où la Commission ainsi nommée se partage, le Comité régional nomme aux 2/3 des voix un troisième arbitre.

AVANTAGES

Art. 27. — Le Comité national nommera six Commissions :

1º Des grèves ;
2º Agricole ;
3º Commerciale ;
4º Industrielle ;
5º Ouvrière ;
6º Sociale.

La Fédération s'efforcera, dans chaque corporation, de diminuer le chômage, de faire par son action, reporter le travail dans les régions où il est en excès sur celles où il manque.

La Fédération se mettra en rapport avec les Fédérations ou corporations étrangères dans le but d'être utile aux travailleurs et s'efforcera de faire égaliser les conditions de travail de façon que les travailleurs trouvent un avantage réel dans des accords nationaux et internationaux.

La Fédération devra s'occuper de toutes les questions relatives aux traités de commerce, aux droits de douane, aux tarifs de transports. Elle devra s'intéresser aux travaux publics, et, lorsque de vrais travaux publics seront reconnus, par son Congrès, utiles aux intérêts de la nation, elle devra, par des publications, des conférences, des pétitions, amener les Pouvoirs publics à s'occuper de ces graves questions qui sont délaissées en ce moment par les politiciens.

ART. 28. — Quand une organisation ouvrière régulièrement affiliée, et au pair de ses cotisations, voudra se mettre en grève, elle devra en référer au Comité national (Commission des grèves) qui interviendra, d'accord avec le Comité régional.

Si le Comité national est impuissant à solutionner le conflit par suite du refus de la sanction arbitrale par le patron, le syndicat aura le droit de faire grève.

En ce cas, chacun de ses membres, régulièrement affilié depuis au moins trois mois avant la déclaration de grève et au pair de ses cotisations, recevra une indemnité journalière équivalente au tiers du salaire, à partir du cinquième jour de la grève et pendant toute sa durée.

ART. 29. — Les syndicats patronaux et patrons individuellement affiliés, victimes de manœuvres dolosives sciemment concertées par des ouvriers, des syndicats ou d'autres patrons, sont autorisés à en saisir le Conseil national qui assumera la charge et les frais de lui faire rendre justice dans toute la mesure de ses forces statutaires.

Il en sera de même pour les syndicats agricoles et pour tous les affiliés individuellement.

UN MAUVAIS CHANT

A titre de curiosité nous donnons un *type* des attaques et « brocards » décochés par nos adversaires. On verra que la violence haineuse y occupe beaucoup plus de place que l'esprit.

LES CHANSONS DE LA JAUNISSE [1]

UN NOUVEAU MICROBE

(Air : *Le Concours de Pompes*, de la Revue des Folies)

I

Déjà depuis quelque temps
Existe une maladie,
Et plus d'un méd'cin d'talent,
En cherchant, perdit la vie.
Le microbe en est affreux
Et la Faculté d'M'd'cine
Un beau jour, ouvrant les yeux,
Dit : Ce mal c'est, je l'devine :

REFRAIN

C'est la jaun' la jaunisse
Et faudrait que l'on puisse
Trouver l'médicament
Pour la guérir viv'ment.

1. Du *Progrès socialiste révolutionnaire* (du Havre).

C'est la jaun' la jaunisse
Et faudrait que l'on puisse
Traiter vit' ce mal-là,
Pir' que le choléra.

. . . .

V

Tous ceux qu'j'ai cités ici :
La calotte et la vermine,
Il faut ajouter Biétry :
C'est le grand chef qui domine, ·
Puis un tas de petits poux
A biceps, à rouflaquettes,
Qui entrent en grand courroux
Quand on leur jette à la tête :

VI

Tous ces microb's destructeurs
Qu'n'avait pas l'histoire ancienne,
S'attaquent avec ardeur
A la class' prolétarienne ;
Mais l'remède est maintenant
Trouvé, car faut qu'ça finisse,
On replong'ra dans l'néant
L'infecte et puante jaunisse

REFRAIN

Oui, faut que ça finisse.
Plus de jaun' de jaunisse,
Ce germe destructeur
Du libre travailleur,
La race disparue,
On jett'ra dans la rue,
Du phénol, mes amis,
Et tout sera fini.

Nous nous en voudrions de laisser nos lecteurs
sous l'impression de cette vilaine... littérature, et nous
leur offrons la belle poésie de *Paul Harel*, dédiée
à notre ami M. Alb. de Guigné.

L'INSIGNE DES JAUNES
LA FLEUR D'OR

A M. Albert de Guigné.

Tous ligués contre l'esclavage
D'un collectivisme menteur,
Librement, du genêt sauvage
Nous avons déployé la fleur.

Elle est la grande poésie
Du sol pauvre, du vieux chemin ;
Le monde ouvrier l'a saisie
D'une amoureuse et forte main.

Sur les talus, dans les ornières,
Nous l'avons cueillie en passant.
La fleur d'or à nos boutonnières
A remplacé la fleur de sang.

Quand, par les monts et les vallées,
Mûriront les jaunes moissons,
Genêt vert, aux tiges ailées,
Tu frémiras à nos chansons.

Bientôt, sur la ville voisine,
Dressant la tête avec orgueil,
Tu verras, autour de l'usine,
L'ouvrier maître de son seuil.

Beau genêt des pics et des gorges,
Ombrageant de nouveaux sentiers,
Tu conduiras au feu des forges,
Vers la machine et les métiers.

Et nous, ô fleur, dans l'air qui tremble
Ouvrant ton calice vermeil,
D'une même âme et tous ensemble,
Nous chanterons vers le soleil :

Sur les talus, dans les ornières,
Nous l'avons cueillie en passant.
La fleur d'or à nos boutonnières
A remplacé la fleur de sang.

Paul HAREL.

TABLE DES MATIÈRES

PARIS. — PLON-NOURRIT ET Cie, IMPRIMEURS, RUE GARANCIÈRE, 8.